特攻　なぜ拡大したのか

大島隆之

幻冬舎

目次

本書に関係する陸海軍組織図

海軍第一航空艦隊（昭和19年10月）

司令部
- 司令長官　大西 瀧治郎　中将（40期）
- 参謀長　小田原 俊彦　大佐（48期）
- 先任参謀　猪口 力平　大佐（52期）

- 第二〇一　海軍航空隊
- 第一五三　海軍航空隊
- 第七六一　海軍航空隊
- 第一〇二一　海軍航空隊

二〇一空
- 司令　山本 栄　大佐（46期）
- 副長　玉井 浅一　中佐（52期）
- 飛行長　中島 正　中佐（58期）

海軍軍令部（昭和20年2月）

- 軍令部総長　及川 古志郎　大将（31期）
- 軍令部次長　小沢 治三郎　中将（37期）
- 作戦部長　富岡 定俊　少将（45期）
- 作戦課長　田口 太郎　大佐（47期）
  - 企画班長　大前 敏一　大佐（50期）
  - 参謀　寺崎 隆治　大佐（50期）
  - 航空部員　寺井 義守　中佐（54期）

陸軍参謀本部（昭和20年2月）

- 参謀総長　梅津 美治郎　大将（15期）
- 参謀次長　秦 彦三郎　中将（24期）
- 作戦部長　宮崎 周一　中将（28期）
- 作戦課長　天野 正一　少将（32期）
  - 航空班長　鹿子島 隆　中佐（42期）
  - 航空作戦主任　田中 耕二　少佐（45期）
  - 航空参謀　矢作 十郎　少佐（47期）

陸軍第六航空軍（昭和20年8月）

司令部
- 司令官　菅原 道大　中将（21期）
- 参謀長　川嶋 虎之輔　少将（31期）
- 高級参謀　鈴木 京　大佐（35期）

- 第三十戦闘飛行集団　集団長　三好 康之　少将（31期）
  - 主席参謀　田中 倭文　中佐（40期）
  - 参謀　高橋 太郎　中佐（43期）
  - 参謀　河内山 譲　少佐（50期）

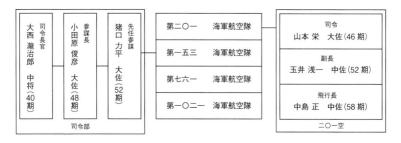

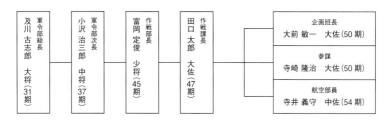

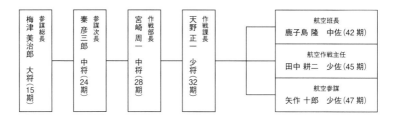

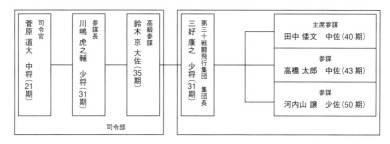

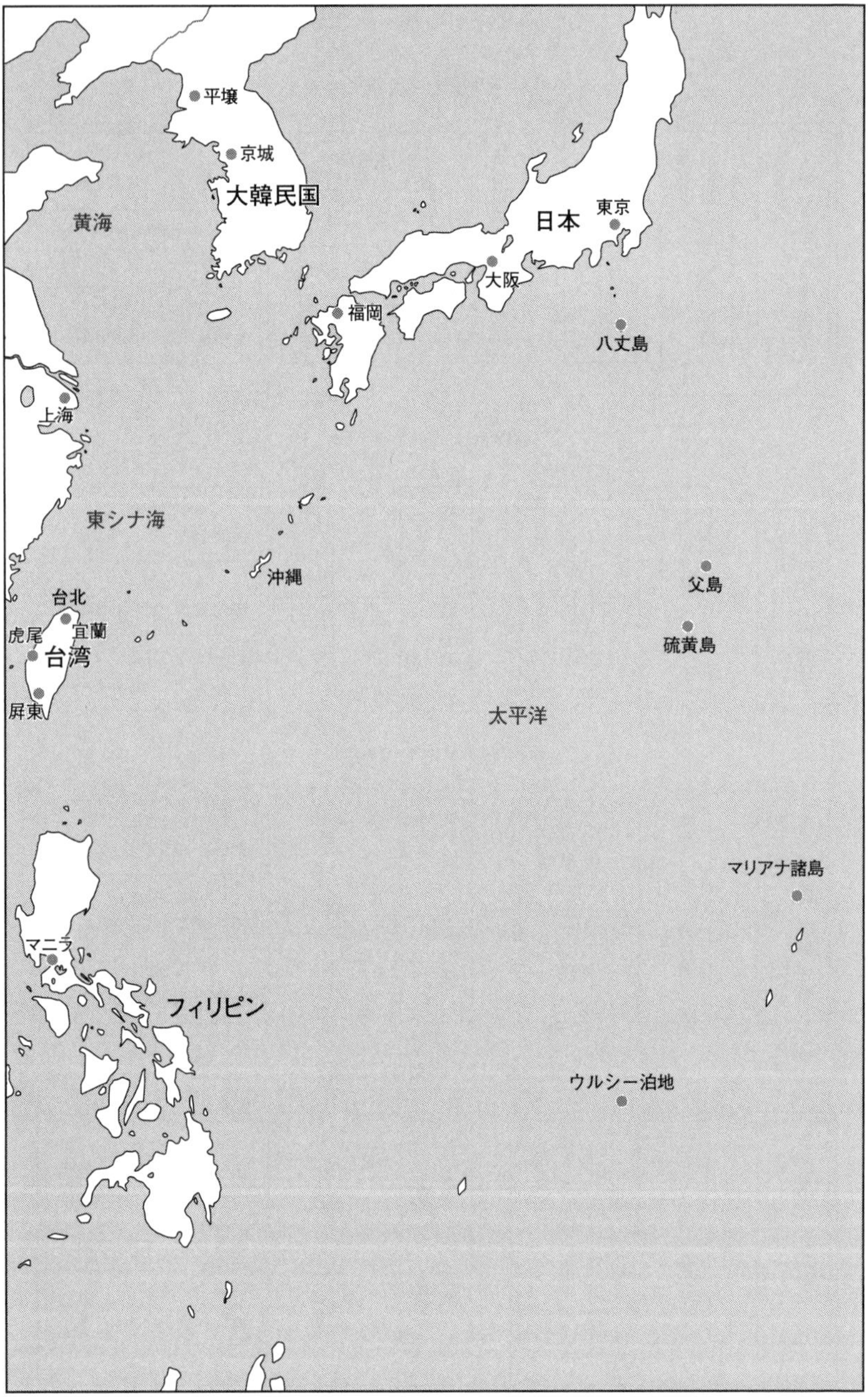
平壌
京城
大韓民国
黄海
日本
東京
大阪
福岡
八丈島
上海
東シナ海
沖縄
父島
台北
宜蘭
虎尾
台湾
硫黄島
屏東
太平洋
マリアナ諸島
マニラ
フィリピン
ウルシー泊地

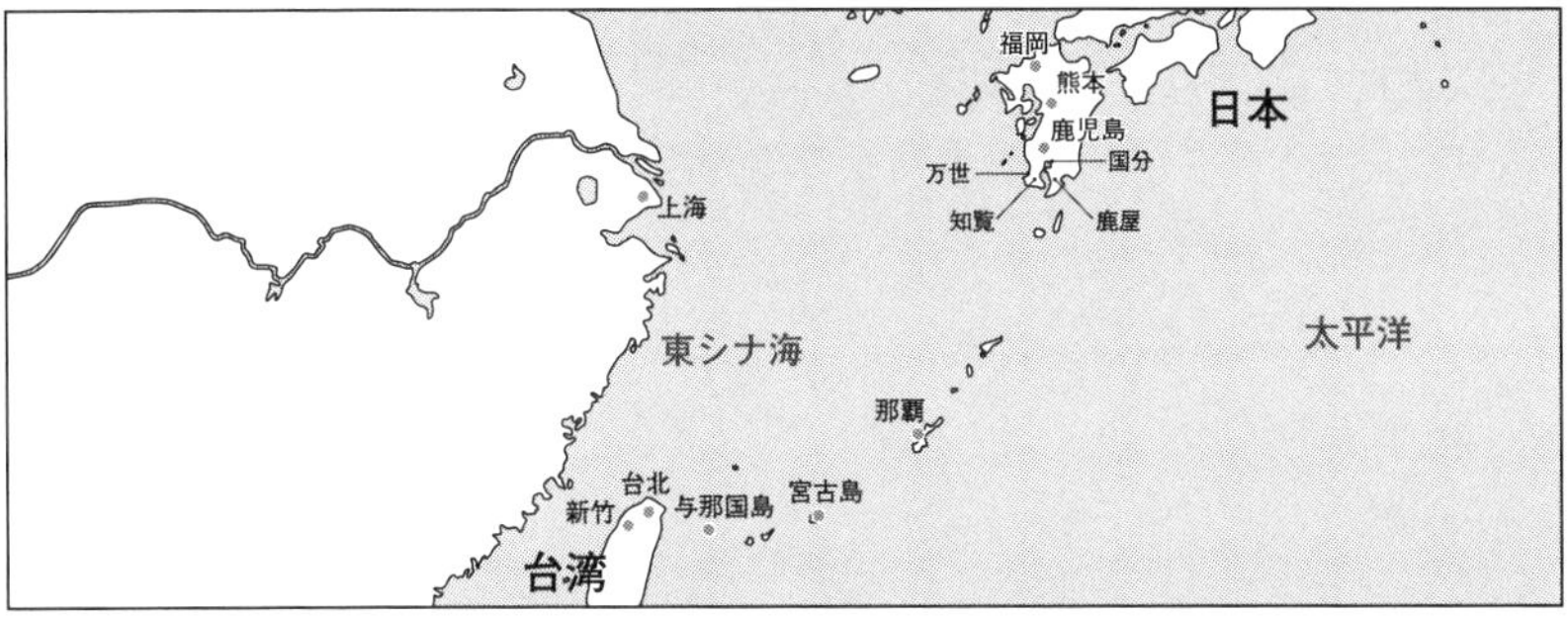
福岡
熊本
日本
鹿児島
国分
万世
知覧
鹿屋
上海
東シナ海
太平洋
那覇
台北
新竹
与那国島
宮古島
台湾

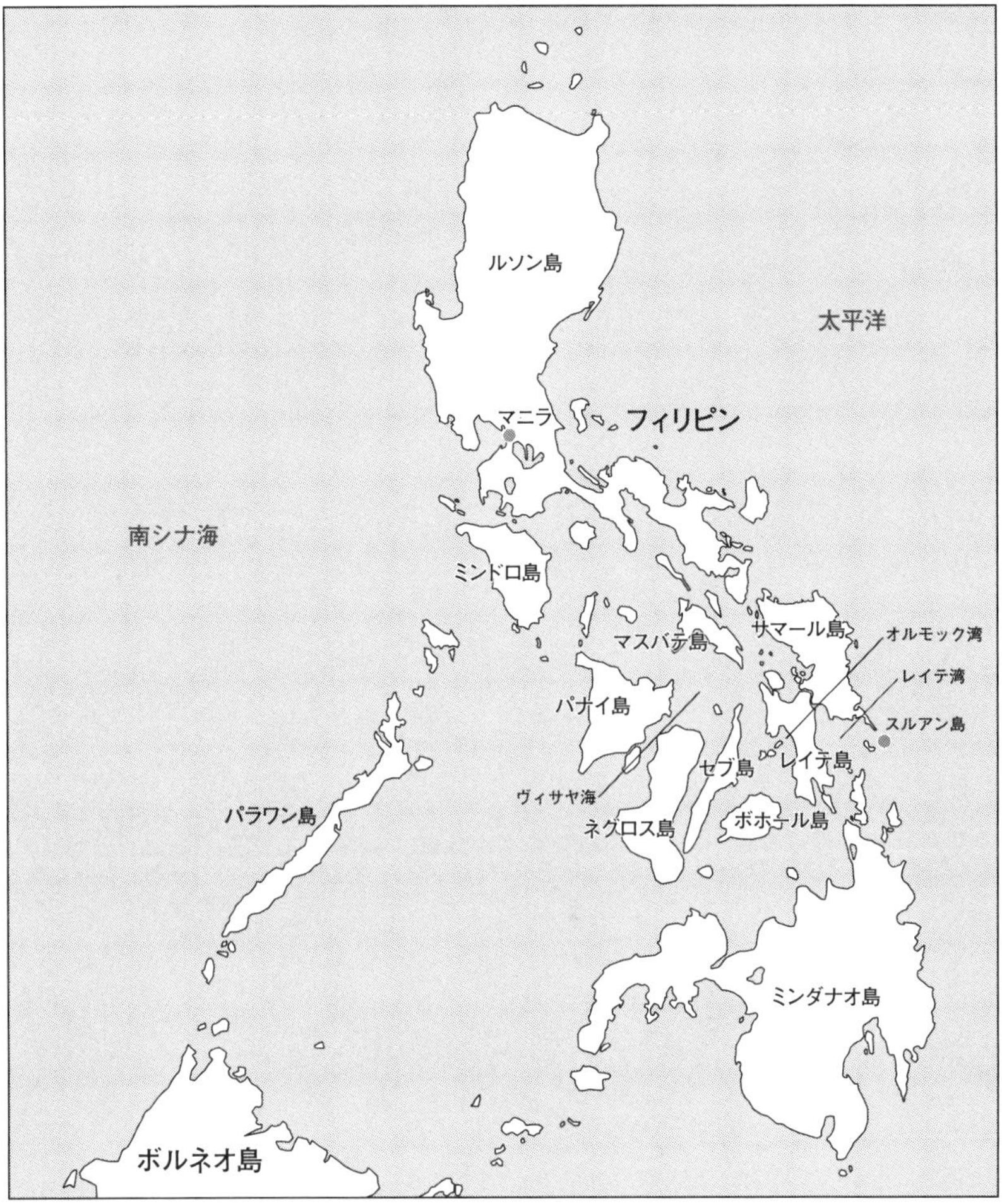
ルソン島
太平洋
マニラ
フィリピン
南シナ海
ミンドロ島
サマール島
オルモック湾
マスバテ島
レイテ湾
パナイ島
スルアン島
レイテ島
セブ島
ヴィサヤ海
パラワン島
ボホール島
ネグロス島
ミンダナオ島
ボルネオ島

プロローグ

思い返してみるとその町は、あの戦争で傷ついた孤独な魂が身を落ちつけるには、これ以上ない場所だったのかもしれない。

日本という国が、明治の昔からつみあげてきたものすべてを根底から覆されたあの負け戦から七〇年となる二〇一五年の五月上旬、僕は電車を乗り継ぎ、西武新宿線にある小さな駅にやって来た。昭和の面影の残る静かな駅前を抜け、武蔵野の原野を切り開いた茶畑の脇を通り、一五分ほど歩いた先に目指すその家はあった。玄関の呼び鈴を鳴らすと、ひとりの女性が出迎えてくれた。水野妙子《たえこ》さん。九〇歳とはとうてい思えないほどしっかりとした、それでいて穏やかな語り口が印象的な方だった。

「帝《みかど》が亡くなってからもうかれこれ二〇年になるのですが、処分するわけにもいかないですし、どうしたものかなと思っていたところなのでございます」

玄関をあがってすぐの居間に通され、挨拶を済ますと、妙子さんが大きな衣装ケースを二箱見せてくれた。そこには、手書きの原稿や資料、そして手紙や葉書がぎっしりと、大切にしまわれていた。

「帝は毎晩、正座して机に向かい、一心に何かを書いておりました。特攻隊のことだろうとは分かっておりましたが、それ以上は語ろうとしないので、私もあえて聞かなかったのでございます。帝の戦後は、特攻隊員の方々の霊をなぐさめるために捧《ささ》げられた五〇年間でございました」

妙子さんの夫、水野帝さんは、太平洋戦争中、陸軍航空隊の戦闘機搭乗員として従軍した。熊本県八代の出で、男ばかり八人兄弟の長男だった帝さんは、尋常小学校を卒業した後、広島の陸軍幼年学校に進み、昭和一六年六月、一八歳で、空中勤務の幹部将校を養成する「陸軍航空士官学校」に五六期生・六三八名の一員として入校した。昭和一八年五月に卒業し、三重県明野にある陸軍飛行学校で戦闘機搭乗員としての訓練を受けたのち、千島列島の占守《しゅむしゅ》島に拠点を持つ飛行第五四戦隊に配属され、アリューシャン方面の守りを固めていたが、昭和一九年一〇月、フィリピンへと押し寄せて来たアメリカ軍を迎え撃つため、第五四戦隊主力と共に南方へと出発した。日本の敗勢を挽回するためフィリピンで始まった特攻作戦において陸軍航空隊の中核を担ったのが、水野さんら士官学校五六期の若者たちだった。しかし、同期生が次々と特攻で戦死していくなか帝さんに命じられたのは、特攻機を敵艦隊上空まで護衛・誘導する「直掩《ちょくえん》」の任務だった。多くの同期、部下の出撃を見送った帝さんは、ついに終戦まで戦い抜き、生き残った。
復員後、故郷の八代に戻った帝さんは、妙子さんと出会い、結婚した。特攻隊員の慰霊に心を砕き、定年を迎えてからは、妙子さんによれば「事あるごと、毎日のように」靖国《やすくに》神社に通っていたが、戦後五〇年の節目の年を終えた翌一九九六年の正月、「長く生きすぎた」と言って持病である心臓病の薬を絶ち、約半年後の七月三一日に心筋梗塞で他界した。七三歳だった。

僕は帝さんが、特攻隊の直掩隊長を務めていたということを書籍で読み、当時の状況が分かる資料が残されていないかと考え、手紙をお送りしたところ妙子さんにお招きいただいてご自宅を訪れた。帝さんが書き残そうとしていたものとは、いったい何だったのか。僕は衣装ケースに納められた資料をひとつずつ取り出し、目を通し始めた。帝さんが亡くなってから二〇年近く、誰も手に取ることのなかった資料は、少し埃っぽく、湿った匂いがした。特攻隊員の遺族や、特攻に関わった戦友たちと交わした数百通にも及ぶ手紙。戦死した特攻隊員をしのぶ遺稿集や回想録。それらのどこかに帝さんの思いの一端が書き綴《つづ》られているかもしれない。そんな興味に駆られて、資料の山に埋もれていった。時折、航空自衛隊のジェット機が離着陸する爆音が聞こえてくる。すぐそばに航空自衛隊の入間《いるま》基地があるのだが、そこはかつて帝さんが通っていた航空士官学校があった場所だ。「お疲れになるでしょう」と、妙子さんが気を遣って時折お茶をつぎに来てくださる。尋ねてみると、ご自宅のある辺りは当時雑木林で、帝さんにとって士官学校時代、余暇でウサギ狩りをした思い出の地だとのことだった。「やっぱり飛行機の音が聞こえるところがいいみたいで、ここに決めたんですよ。他もいろいろ見たんですけどね」。妙子さんは、ありし日の帝さんを懐かしむような様子で、いろいろな昔語りを聞かせてくれた。

夕暮れ時まで居間で作業をし、持ち帰れるだけの資料をお借りし、後日再度訪ね残りの資料に目を通すということを繰り返すうちに、一綴りの手書きの原稿を見つけた。それは、帝さんがフィリピンでの特攻作戦に参加してちょうど一〇年後にあたる一九五四年、三二歳頃に書かれたものだった。その文章は、次のような一節から始まっていた。

あの時、彼等《かれら》は本当はどうすべきだったのか。

あれから早くも十年の歳月が流れた。十年と云《い》っても、私にはそれが昨日のことの様に思はれる。しかし、この十年の祖国の変貌ぶりはどうであらうか。彼等の霊はこれを何と見ているであらうか。それを思うと耐えがたい悲愁と空《むな》しく生きてあることのさびしさが私の胸をしめつける。

彼等のむくろは空しく南の海底に沈んでいるのか。彼等は裏切られたのか。誰か答

えてくれよ！　しかし、いくら叫んでも、いくら嘆いても、もはや過ぎ去ったものは、再び還《かえ》らない。若《も》しさうであるなら、それが本当なら彼等の霊は何処《どこ》に帰ればよいのか。彼等はやはり死ぬべきでなかったのか。

「彼等」とは、体当たり攻撃で命を落とした特攻隊員たちのことだ。彼等は、死ぬべきではなかったのかもしれない……。帝さんは彼らの死の意味を、見出《みいだ》せずにいた。この鬱々とした胸の内が書き留められた一九五四年当時、日本という国はまだ戦後の混迷を抜け出せずにいた。悲惨な敗戦をもたらした軍国主義に対する怨嗟《えんさ》の声は根強く、そうした世相にあって、「特攻隊員とは軍国主義の片棒を担いだ浅はかな愛国主義者」という言葉を公言してはばからない日本人もまた、大勢いた。かつては「軍神」とまつりあげていた国民からの手のひら返しを受けて、帝さんは生き残った者として、「生きてあることのさびしさ」を抱えていたのである。しかしその一方で帝さんは、自嘲を込めて、このようにも書いている。

今から思えば、全く先の戦争の頃は、私に限らず、日本の国民の大部分が子供だったわけである。大人の文化人が指摘したごとく、馬鹿正直だったわけである。なるほど、さう云えば、此《こ》の頃善意とか正義とか素直さなどと云うものは通用しない。通用しないだけでなく、そんなものは軽蔑される。此の近代にあって有能とは、ずるく、悪賢いことであり、悧巧《りこう》に振舞うことである。

文中にある「大人の文化人」というのは、戦後、特攻隊員たちを「無駄死にした愚か者」と切り捨てた知識人たちのことをさす。こうした「文化人」たちに対し帝さんは、「特攻隊員たちが次々と死んでいく日に、おのれの命を慮《おもんぱか》って口を閉ざした不実の徒」「それ等の文化人たちは、何故あの悲惨な事態の中で、戦争の誤謬《ごびゅう》と指導者の欺瞞《ぎまん》を堂々と暴露しなかったのか」と手厳しい。その一方で、「馬鹿正直」という言葉には、特攻隊員たちの犠牲が、決して日本を正しい方向へと導いてはいかなかったという歴史的事実に対する、やりきれない思いが込められているように思われた。それは、特攻を指揮した陸海軍の作戦指導者たちに対して、帝さんが痛烈な批判を加えていることからも読み取ることができる。「胸がつかえる様な不快と憤激を覚え、当時の軍幹部を罵倒し続けたい思いにかられる」「『特攻攻撃によって、いくらか戦局はよくなるだろう。そのことによって、自分たちの生命や地位は安全になるだろう』幹部たちの脳裡をかすめたのは、おそらくそんな自己保全の希望だったに違いない」

特攻隊員たちが命を捧げれば捧げるほど、特攻を命じる側の軍上層部は敗戦の現実から目をそむけ、日本は滅亡の淵《ふち》へと突き進んだ。帝さんの目には、そう映っていた。

「あの時、彼等は本当はどうすべきだったのか」
帝さんが絞り出したこの言葉にこそ、「特攻」というものの本質の何かが隠されているのではないか。僕は帝さんの文章を読みながら、そう考えていた。

僕が、この本のタイトルにもなっている番組NHKスペシャル「特攻 なぜ拡大したのか」を制作した二〇一五年は、先の大戦を体験した方々への取材を始めてから一〇年目にあたる節目の年だった。取材にとりかかったのは、まだ入社して五年目の若年ディレクターだった二〇〇六年のことだった。なぜこのテーマを選んだのかというと、それは僕の少年時代の体験が大きく関係している。

僕は小学校の一年生から四年生までを、父の仕事の関係でアメリカのニュージャージー州で過ごした。現地の学校に通い、毎朝星条旗を見上げてアメリカ国歌を歌い、左胸に手を当てて国家への忠誠を誓う言葉を唱えた。その頃の僕にとって、「国家」「軍隊」「軍人」というものはごくごくありふれた存在だったし、何ら忌避する対象ではなかった。しかし日本に帰って来てみると、「国家」「軍隊」「軍人」は、毎年八月に、声をひそめながら語るものだった。アメリカと日本、どちらが健全という話をしたいわけではないし、する意味もない。ただ子ども心に、そのギャップが印象的だったということだ。

小学校から中学校、高校にかけて、学校の図書館にある戦争関係の本は読みつくし、毎年八月になるとテレビ各局で流れる「声をひそめた番組」も欠かさずに見た。アジア諸国を食い物にした欧米列強の植民地主義の歴史を知り、「アジアの解放」を大義名分に掲げながらも、やがては欧米諸国と同じ穴のムジナとなり、結果アジアの人びとに多大なる犠牲を強いた軍国日本の悲しい歴史を学ぶなかで、いつしか、戦争の当事者たちから直接話を聞きたいと思うようになった。そしてテレビディレクターという職業に就いてからは、そうした方々の証言が主役となるドキュメンタリーを作りたいと考えた。

しかし、ディレクターになってはみたものの、番組の提案というものはなかなか通るものではない。そうこうしている間に、貴重な証言を残してくれるはずだった方が次々と亡くなっていった。残された時間は少なかった。そこで、当時たまたま仕事を一緒にしていて、戦争体験者のオーラルヒストリーにも強い関心を抱いていた金沢裕司カメラマンと共に、手弁当でインタビューを始めることにした。互いの仕事の合間を縫いながらの撮影で時間が限られているため、まずは太平洋戦争を象徴する存在である「零戦《ゼロ》」にテーマを絞り、元搭乗員の方々を中心に話をうかがうことにした。当時はまだ「零戦ブーム」なるものも始まっておらず、忘れられた存在になろうとしていたため、元搭乗員の証言をしっかりと残しておく必要があると思ったからだった。そして四年後、気づいてみたら、取材テープは合計二〇〇時間にも及んでいた。

そうして得られた貴重な証言をもとに提案を通し、ようやく放送にこぎつけたのが二〇一一年八月一五日のこと。特攻の先駆けとなった、とある零戦隊のドキュメンタリーだった。

それがきっかけとなり、戦争関連の番組を作る機会に恵まれるようになった。翌年には、「戦艦大和《やまと》」の元乗組員を訪ね歩き、史上類を見ないこの巨大戦艦の誕生から沖縄への特攻出撃、乗組員たちの戦後までを三時間の証言ドキュメントで描いた。そしてアニメ「風立ちぬ」、映画「永遠の0《ゼロ》」が封切られた二〇一三年には、にわかに脚光を浴び始めたこの稀代《きたい》の戦闘機「零戦」を題材に、それまでの取材の集大成として、ふたたび三時間の証言ドキュメンタリーを制作した。

ところが、「大和」「零戦」といったテーマを追ううちに、僕はあることに気がついた。それは、「特攻」に関する本や研究が数多くあるなかで、特攻の本質に関わるテーマがひとつぽっかり抜けおちているということだった。それは、「昭和一九年一〇月に始まった特攻が、なぜ、どのような経緯で、終戦まで一年近くも続くことになったのか」という点だった。本屋に行けば、特攻に関するさまざまな書籍が並んでいる。それらはある特定の特攻隊、あるいは特定の人物に焦点を当てていて、それぞれとても興味深い話ではあるものの、僕の抱く疑問に答えてくれる書籍には、なかなか出会えなかった。

そこで戦後七〇年の節目を迎えた去年、僕は特攻の最前線にいた元搭乗員たちへさらに取材を重ねると同時に、その彼らに特攻を命じた作戦担当者たちが残した資料を可能な限りくまなく集めてまわり、それを一本の番組にまとめることにした。これまでは海軍の関係者を中心に取材してきたが、今回は陸軍にまで手を広げた。戦後に作られた戦友会名簿などを調べて、関係のありそうな方々には片端から手紙を送り、電話をかけた。その中にはご健在の方もあり、そうした方々にインタビューを重ねていった。

一方、このテーマで取材を進めるうえで一番の難点は、作戦立案に関わった幹部のほとんどが亡くなっており直接話を聞けないということだった。ご遺族のもとを訪ねたり、東京目黒にある防衛研究所に足を運んだりして、彼らが戦時中、あるいは戦後に書き残した文書にはくまなく眼を通したが、やはり限界があった。

そんな時、大きな力を与えてくれたのが、国立国会図書館の憲政資料室に残されている元陸海軍幹部の音声テープだった。これは昭和四二年から昭和五〇年まで読売新聞紙上で連載された「昭和史の天皇」というシリーズの取材のために読売新聞の記者が録音した取材テープだ。激動の昭和を生き抜いた日本人の歩みを、昭和天皇とその周囲にいた人びとを中心に描こうという企画であったため、日中戦争から太平洋戦争にかけて軍の中枢にあった人びとの貴重な肉声が多く収められていた。

どのような証言が残されているかは聞いてみないと分からないため、リストを見て関係がありそうな人を選び、ご遺族に連絡を取って特別な許可をいただき、読売新聞社および国会図書館の協力のもとこれらの音声テープをひとつずつ聞いて確認していった。テープレコーダーの向こうの彼らは、なじみの記者と話している気楽さもあってか、あけっぴろげに語っていて、特攻作戦を指揮する側にいた人びとの内実に迫る内容が多く含まれていた。

そうした資料も用いながら制作し、二〇一五年八月八日に放送したのが、NHKスペシャル「特攻」だった。そして取材を進めるなかで、特攻拡大の過程をつぶさに見てゆくことが、今を生きる日本人に大きな示唆を与えてくれるということを再認識し、番組で紹介しきれなかった膨大な資料を改めて書籍という形にまとめることにした。

一〇か月に及んだ特攻作戦によって、四五〇〇柱を超えるとも言われる前途洋々の若者が命を落とした。彼らをおとしめるのでも美化するのでもなく、そこから僕たち日本人はどんな教訓を学び取っていけるのか。それを後世に伝えることで、命を散らした特攻隊員の御霊《みたま》やご遺族を慰める一助になればと願っている。

なおこの本は、一〇年にわたって続けてきた取材の蓄積をもとにしており、この間に取材させていただいたすべての方々からのご厚情の賜物である。また、長年戦争体験者への地道な取材を続けてきた神立尚紀氏を始め、多くの関係者からのご助力、励ましの賜物でもある。そして、昨年放送のＮＨＫスペシャルを制作するにあたり、時に激しくぶつかりながらも一緒に考え悩んでくれたＮＨＫ福岡放送局の久保田瞳ディレクター、リサーチャーの吉見直人、そして編集マンの太田一生らとの示唆に富む議論なくして、このテーマが書籍として結実することもなかった。

最後に記し、心からの謝意としたい。

二〇一六年七月八日

第一章　火柱

昭和一九年一〇月一九日、フィリピン・ルソン島のマニラから郊外に延びる幹線道路をひた走る、一台の車があった。黒塗りのボディには、将官が乗っていることを示す黄色の旗が立てられている。その後部座席に座っていたのは、フィリピンの空の防衛を担っていた海軍第一航空艦隊の司令長官・大西瀧治郎中将だった。大西長官の乗る車は、日本人が郷愁を込めて「マニラ富士」と呼んだ円錐形の独立峰・アラヤット山（一〇二六メートル）を右手に見ながら、一路北へと向かっていた。目指す先は、アラヤット山の西麓に広がる「クラーク航空基地群」のほぼ中央にある、マバラカット飛行場だった。当時このマバラカットには、南北に走る幹線道路をはさんで東飛行場と西飛行場があったが、その東飛行場には第一航空艦隊の指揮下にあった零戦隊のひとつ、第二〇一海軍航空隊（以後「二〇一空」）の指揮所が置かれていた。

　飛行場に到着した大西長官は、不在の司令に代わって指揮を執っていた二〇一空副長の玉井浅一中佐、第一航空艦隊の先任参謀である猪口力平《いのぐちりきへい》大佐ら五人の航空隊幹部を集め、訪れた目的を述べ始めた。

戦局はみなも承知のとおりで、こんどの「捷号《しょうごう》」作戦にもし失敗すれば、それこそ由々しい大事をまねくことになる。したがって、一航艦としては、ぜひとも栗田《くりた》艦隊のレイテ突入を成功させなければならないが、そのためには敵の機動部隊をたたいて、少なくとも一週間ぐらい、敵の空母の甲板を使えないようにする必要があると思う。そのためには、零戦に二五〇キロの爆弾を抱かせて体当たりをやるほかに、確実な攻撃法はないと思うが……、どんなものだろうか？

猪口力平・中島正『神風特別攻撃隊』より

この時、フィリピンの日本軍は大きな危機に直面していた。マッカーサー将軍の率いる二〇万のアメリカ軍がレイテ島に迫っており、その一部が一〇月一七日、レイテ湾の入り口にある小さな島、スルアン島に上陸を開始していた。陸軍の「参謀本部」と海軍の「軍令部」、作戦立案を担う陸海それぞれの代表からなる「大本営」では、敵上陸の知らせを受けて「捷一号作戦」を発動する。それまで海軍が温存してきた戦艦「大和」「武蔵」を中心とする大艦隊でレイテ湾に殴り込みをかけ、押し寄せたアメリカ軍の輸送船団を撃滅し、大きな被害を与えたうえで講和交渉に持ち込もうというのが作戦の狙いだった。

レイテ湾に向け進撃中の栗田艦隊。右から戦艦「長門」「武蔵」「大和」

もともと日本の陸海軍首脳の多くは、太平洋戦争に踏み切った当初から、この戦争を終わらせるには敵の継戦意欲をくじいたうえで講和に持ち込むしかない、と考えていた。しかし、昭和一七年のミッドウェー海戦でつまずき、ガダルカナル島をめぐる戦いに敗れて以来、陸でも海でも負けを重ねていた日本軍は、この捷一号作戦に残されたすべての戦力を注ぎ、戦争を終わらせるきっかけをつかもうとしていた。

戦艦部隊による殴り込みを成功させるためには、空母三〇隻以上からなる敵機動部隊の攻撃を抑え込む必要がある。そこで大西長官は、零戦に爆弾を装着して体当たり攻撃をかけることで、敵空母の飛行甲板を一時的に使用不可能にするという非情な作戦を幕僚たちに提案したのだった。

この日、大西長官を囲んだ五人の幹部のひとり、第一航空艦隊の先任参謀であった猪口大佐の肉声が、国立国会図書館の憲政資料室に残されている。海軍士官を養成する「海軍兵学校」を卒業した後、その中からさらに高級幕僚となる将校を選抜する「海軍大学校」を優秀な成績で卒業したこのエリート軍人は、特攻に対しいったいどのような思いを語り残しているのか。僕たちは、猪口大佐のご子息から許可をいただき、その証言を聞くことができた。

テープから聞こえてきたのは、戦後二〇年近く経《た》っても色あせない大西長官への親愛の情に満ちた言葉だった。

大西長官が来られたというので、士気が上がったですな、航空隊の。自分たちの親父が来たと、こう思うわけですわ。そういう気分だからやれたわけですよ。

大体において大西長官という人は、非常に決断と実行っていうかな、そういうことの腹がきちっと決まったら動かんということは、誰でも知っておったんじゃないですか。その代わり、非常に考えて決断したことですよ。だから命令出したことは、どんなことでも、必ずやらせる。

猪口（詫間）力平証言（読売新聞社「昭和史の天皇」取材資料）より

大西長官の訪問を受けて、航空隊幹部たちは「士気が上がった」のだという。大西は、当時の日本海軍の将官としては珍しく、航空畑を中心にキャリアを積んだ指揮官だった。海軍航空隊の黎明期《れいめいき》から操縦術を学び、口径の大きな戦艦による砲撃戦が海戦の勝敗を決するという「大艦巨砲主義」を否定して航空機を軍の中心に据《す》えるべきだと主張し、国産航空機会社の設立に奔走するなど、文字通り「海軍航空隊の育ての親」と言うべき存在だった。太平洋戦争開戦にあたり、聯合艦隊司令長官だった山本五十六《いそろく》大将から真珠湾攻撃の草案を手掛けるよう命じられたのも、大西だった。奇策に長《た》けた大西長官ならば、この苦境を脱する妙案を出してくれるのではないか。今からおよそ七〇年前、猪口らが大西の言葉を聞いて抱いた淡い期待が、その言葉の端々から感じられた。

当時、フィリピンにいた海軍の航空隊は、敗退を重ね、打つ手を失《な》くしていた。開戦当初は圧倒的な強さを誇った零戦もまた、性能と数とに勝るアメリカ軍の新型戦闘機を前に次々と撃墜され、熟練の搭乗員も残り少なくなっていた。八月下旬の時点で一〇〇機あった二〇一空の零戦は、わずか二か月の間に二〇機を切るまでに減っており、戦力の中心も「飛行予科練習生」、通称「予科練《よかれん》」を出たばかりの若い飛行兵たちだった。

当時予科練には、旧制中学三年修了以上の学歴を要する「甲飛」、高等小学校卒業以上の「乙飛」、水兵などから航空に適した者を選抜する「丙飛」の三種類があったが、この時二〇一空の搭乗員の大部分を占めていたのは、甲飛の十期生だった。彼らは太平洋戦争が始まった直後の昭和一七年四月に予科練に入隊したものの、南方での戦況の悪化を受け、従来の課程を半年繰り上げて昭和一八年五月に卒業し、飛行訓練も大幅に短縮され、右も左も分からないままに戦場に投入されていた。彼らは多くの仲間を失いながらも懸命に戦い続けていたが、敗勢を挽回できる見込みは、もはや失われていた。

二〇一空副長の玉井中佐らは、大西長官からの提案を受け入れることにした。そして、零戦に爆弾を装着して敵空母に体当たりする攻撃隊の編制にとりかかった。

その日の晩、玉井中佐は、甲飛十期の搭乗員三三人を司令部に集め、体当たり攻撃を行うことを告げ、その中から一二名を隊員に選んだ。そして、彼らの隊長として、海軍兵学校出身の関行男大尉に白羽の矢が立てられ、最初の体当たり攻撃隊「神風《しんぷう》特別攻撃隊」が結成された。この時、司令部に集められた甲飛十期三三人のひとりだった井上武《いのうえたけし》さんは、当時の心境をこう振り返った。

命令みたいな感じでしたよ。志願を募るなんてそんなことは一言も出なかったですよね。玉井さんの口からはそんな言葉は出なかったな。なにしろ命を捧げてくれというようなことを言っていた。それだけを言っていたですね、そういうことだけを。どうしても戦局を有利に導くにはそれ以外にないと言ってね。

普通の状態で考えたらね、戦争をするような状態ではなかったですね。でもあの当時は、そういう状況に置かれていると判断ができなくなるんじゃないですか、人間はね。言われた時は、もうしょうがないなという、そういう気持ちだったですね。反論するとか何とか、そういう気は起こらなかった。戦争とはこういうものだ、しょうがないと思ってね。難しい問題だね、これは。


生と死のはざまで懸命に戦っている二〇歳前後の若者たちが、ある日突然生きることを諦めろと命じられる。その残酷さは、改めて述べるまでもない。大西長官が下したこのあまりに非情な命令に対して、批判を加えることは簡単だ。だがそれは、特攻というものの本質をかえって見えにくくする。「難しい問題だね、これは」という井上さんのつぶやきはそのことをも意味しているのだが、最初にそれを気づかせてくれたのは、取材を始めた頃に出会った元零戦搭乗員、角田《つのだ》和男《かずお》さんだった。

日中戦争で初めて空中戦を経験し、その後終戦まで零戦で戦い続け、最後はみずからも特攻隊員となりながら終戦を迎えた角田さんは、フィリピンでの戦いが始まった昭和一九年一〇月当時、沖縄から台湾にかけての防空を担当する「第二航空艦隊」の指揮下にある零戦隊「二五二空」に所属していた。「捷一号作戦」が発令されるや、第二航空艦隊もフィリピンへと進出することとなり、角田少尉もまた千葉県茂原にあった二五二空の基地を出発し、一〇月二〇日頃、マバラカット飛行場へと到着した。角田少尉はそこで、二〇一空で結成された最初の体当たり攻撃隊を目撃することとなる。

目の前（の滑走路）を、飛行帽をかぶらずに、日の丸のハチマキを締めたままで飛んでいった人たちがいたんですよね。もし油なんかがエンジンから漏れた時には目を開けていられなくなりますから、これはおかしいな、とは思ったんですが。その晩に初めて、ハチマキをした人たちは特攻隊員だと、二五〇キロ爆弾を持って体当たりするんだ、という話を聞きました。それ以前から、とても普通の空戦で勝てる見込みはないっていうことは、はっきり分かってたもんで、とうとうここまで来たかという感じで。かわいそうだとか、気の毒だというようなあれはなかったですね。

私は支那事変の時、一年戦争していても、私の部隊では戦死者はひとりもいなかったです。二回目に戦地に行ったラバウルでは、一年間で部隊が全滅しました。五〇人戦死してます。それから硫黄島では、三日間三回の空戦で、全滅しちゃいましたね。その挙げ句の果てのフィリピンですから。茂原を出る時は、遺書を書いて、恐らくこれが最後だろうと。今度の空戦では全滅するだろうと思って、遺書と髪の毛を一握り置いて出ています。だから、初めて特攻を見た時も、違和感は全然持ちませんでした。

角田少尉が所属していた第二航空艦隊では、体当たり攻撃のような奇策ではなく、爆弾を搭載した「爆撃機」、魚雷を搭載した「雷撃機」、そしてそれらを護衛する「戦闘機」という通常の布陣からなる攻撃隊を送り出す決断を下した。その数は一〇月二一日からの四日間でのべ数百機にも及んだ。わずか十数機の第一航空艦隊の体当たり攻撃隊と、数百機からなる第二航空艦隊。皮肉にも、より少ない犠牲でより大きな戦果をあげたのは、特攻だった。

角田和男少尉。フィリピンにて

第二航空艦隊からの攻撃隊は、レイテ周辺に集結しているアメリカ艦隊を目指したが、ほとんど戦果をあげることのないまま撃墜され、多くの搭乗員が戦死していった。一方、第一航空艦隊の体当たり攻撃隊は一〇月二五日ついに敵を発見し、一一機の零戦が未帰還となる一方で、護衛空母一隻を撃沈、五隻に損害を与えることに成功した。より少ない犠牲でより多くの戦果をあげるのがよい作戦であるとするならば、この時特攻を命じた大西を批判するのは筋違いということになる。
その大西も、当初、爆弾を装着した戦闘機で体当たりしたとしても、どの程度の損害を与えることができるのか自信を持てずにいたと言われる。マバラカットからマニラの司令部に戻り、報告を待っていた大西のもとに、一〇月二五日の昼頃、戦果を報告する最初の無電が入った。大西が編制した「敷島《しきしま》隊」「大和《やまと》隊」「朝日《あさひ》隊」「山桜《やまざくら》隊」の四つの特攻隊のうち、関行男隊長率いる「敷島隊」を敵艦隊上空まで護衛し、その突入の瞬間を見届けた零戦隊の報告だった。その電文の内容を、大西の副官を務めていた門司《もじ》親徳《ちかのり》大尉が記憶している。

神風特別攻撃隊敷島隊、一〇四五スルアン島の北東三〇浬《かいり》にて空母四を基幹とする敵機動部隊に対し奇襲に成功、空母一に二機命中撃沈確実、空母一に一機命中大火災、巡洋艦一に一機命中撃沈。

門司親徳『空と海の涯で』より

門司の記憶によれば、黒ぶちのロイド眼鏡をかけて電文を読んだ大西は、幾度か目を通した後、鉛筆でサインをし、近くにいた門司にその電信函《かん》を手渡し、ほとんど聞き取れないような

声で「甲斐《かい》があった」とつぶやいたという。この時、関行男大尉以下五機からなる敷島隊を護衛した西澤廣義《にしざわひろよし》・飛行兵曹長は、乙飛五期出身の角田少尉の二期後輩にあたり、太平洋戦争緒戦の快進撃からラバウルでの死闘まで数々の戦場を戦い抜いてきた歴戦の零戦搭乗員だった。特攻機を護衛し、敵の反撃を受けながら西澤が見届けた戦果は、正確だった。アメリカ側の記録によれば、敷島隊五機のうち、一機が護衛空母「セント・ロー」に命中。この空母は、六度の大爆発を引き起した後、沈没した。他にも、二機が護衛空母「カリニン・ベイ」に、一機が同じく護衛空母「キトカン・ベイ」に命中し、大きな火柱を立たせた。

門司大尉（左）と大西中将（右）

戦果をあげる見込みがほとんどなく生還の見込みもほとんどない通常攻撃を命じるのと、生還の可能性はないが戦果をあげられるかもしれない体当たり攻撃を命じるのと、どちらが残酷なのか、答えは簡単ではない。受け止め方は人それぞれだろう。しかし大西は、ひとりの司令官としてこれを決断し、実行に移し、戦果をあげた。

このおよそ一〇か月のち、昭和二〇年八月一五日の深夜、敗戦の日の大西は渋谷区南平台にあった海軍官舎で腹を切って自決するのだが、最初に特攻を命じた時、大西は自らの死を決意していたはずだ、と第一航空艦隊の先任参謀・猪口大佐は語っている。

大西中将という方は、山本五十六元帥亡き後はですな、自分が海軍航空隊の育ての親で、海軍航空隊というものが自分と一体という考えですよ、ずっと接して見ておると。自分が育ててきた航空隊と共に自分は終始したいという心持ちがある。そういう心持ちがなきゃあ、特攻は命じられませんよ。火はつけられません。大西長官だから、火がつけられたんですよ。他の長官じゃあ、まぁ、やられんでしょうね。

猪口（詫間）力平証言（読売新聞社「昭和史の天皇」取材資料）より

大西が出撃を命じたこの初めての特攻隊は大きな戦果をあげたが、大和や武蔵を中心とする戦艦部隊でレイテ湾に突入し、敵の輸送船団を撃滅するというそもそもの狙いは、失敗に終わった。レイテ湾を目指した栗田《くりた》健男《たけお》中将率いる戦艦部隊は、敵空母から飛び立った艦載機の猛攻撃にあい、敵輸送船団への突入を果たせないままに撤退した。戦艦「武蔵」を始め莫大《ばくだい》な税金をつぎ込んで建造してきた多くの軍艦が沈み、アメリカとの決戦のため猛訓練を重ねてきた幾千もの精鋭の乗組員を失い、聯合艦隊は壊滅した。残されたのは、戦艦「大和」など、わず

敷島隊の突入で大爆発を起こす護衛空母「セント・ロー」。直後に沈没

かな軍艦だけであり、もはや日本海軍には戦い続ける力は残されていないはずだった。

しかし皮肉にも、この最初の体当たり攻撃隊が立ち上らせた「火柱」が、日本をさらなる戦いへと駆り立てることとなる。戦争を終結に導くためやむにやまれず行われたはずの「特攻」が、一転、戦い続ける希望となったのだ。

大西の副官だった門司大尉は、敷島隊の大戦果を知らせる電報に目を通し「甲斐があった」とつぶやいた大西が、続けて漏らした言葉も聞いていた。「これで、どうにかなる」。門司もまた、「みんながこの気になれば、負けることはないのではないか、そんな気持ちが胸の底に湧いた。それまでの体験で、味方の敗色も、敵の物量も、充分知っていたはずであるが、それでも、体当たり攻撃という自己犠牲を目《ま》のあたりにして、その行動に強い感動と刺戟《しげき》を受けた」と記している。

特攻による大戦果と、レイテ湾殴り込み作戦の失敗。ふたつの知らせが海軍内を駆け巡った一〇月二五日の夜、大西はみずからが指揮を執る第一航空艦隊だけでなく、海軍兵学校の同期生である福留繁《ふくとめしげる》中将が指揮を執る第二航空艦隊の航空隊幹部を集め、訓示を行った。

本日、第一航空艦隊と第二航空艦隊は合体し、第一連合基地航空部隊が編成された。知っている通り、本日、神風特別攻撃隊が体当たりを決行し、大きな戦果を挙げた。自分は、日本が勝つ道はこれ以外にないと信ずるので、今後も特攻隊を続ける。このことに批判は許さない。反対するものはたたき斬る――

門司親徳『空と海の涯で』より

門司によると、大西はこの「たたき斬る」という言葉を決意のこもった低く静かな声で言い放ったという。

こうして「特攻」という巨大な歯車がゆっくりと回り始めていく。フィリピン各地にある海軍の航空基地からは、特攻隊が連日出撃するようになった。最初の体当たりから五日後の一〇

葉桜隊。上列左から山下憲行、広田幸宜（ともに一飛曹）、櫻森文雄（飛長）。
下列左から崎田清、山沢貞勝（ともに一飛曹）、鈴木鐘一（飛長）

月三〇日、セブ島の飛行場にいた角田和男少尉は、六機の零戦からなる特攻隊「葉桜隊《はざくら》」の直掩を命じられた。

この日、レイテ島の沖合には、敵機動部隊が発見されていた。そこで、まず二機の零戦が敵艦隊上空に侵入して護衛の戦闘機をおびき寄せ、守りが手薄になったところに特攻隊が突入するという作戦が採られることになった。角田少尉はこの時初めて、出撃する特攻隊員たちの表情を、間近で見ることになる。

特攻隊員たちは、本当に明るい朗らかな連中でしたね。出撃はお昼ちょっと前だったので弁当をもらったんですが、「飛行機に乗って食べるのは面倒だ、食っちゃって行こうや」なんて言って。セブにはどういうわけか、よそにはなかった、いなり寿司やぼた餅の缶詰があったんですよね。それを指揮所の前で開けてもらって、サイダー一本もらって、昼飯にして食べたんですが。みんな喜んで、遠足に行った子どもたちのように、わいわい騒ぎながら食べてましたね。

午後一時三〇分、特攻隊六機と直掩隊四機はセブ島を出撃し、レイテ沖へと向かった。一時間後、角田少尉が敵機動部隊を発見する。大型空母四隻を中心に、戦艦や駆逐艦などが輪形陣で取り囲んでいる。先発した二機がうまくおびき寄せたのか、敵艦隊上空には護衛の戦闘機はおらず、敵はまだ角田さんたちの隊には気づいていなかった。敵艦隊まで三〇キロと近づいた地点で、角田少尉は突撃の合図を送り、特攻機は一機また一機と降下を開始した。

最初の一機が空母に突っ込んだ時は、まだ防御砲火はなかったですね。空母の前甲板に命中しました。二番機も戦艦の煙突の後ろに命中。三番機が突っ込む頃になって、ようやく敵の対空射撃が始まりました。それでも三番機は突っ込んでいったのですが、高射機銃を受けて、だいたい一五〇〇（メートル）くらいの距離まで来たところで、命中して火だるまになりました。でもそのままの角度で突っ込んでいって、空母の飛行甲板の後部にぶつかったんですよ。

火の玉になったので恐らく前もよく見えなかったと思いますが、操縦桿《かん》を握った姿勢のまま突っ込んでいったと思います。揺るぎなくそのままの角度でぶつかっていきましたから。すごい気迫だったと思いますよね。櫻森《さくらもり》という兵長、一八歳でしたね、まだ。

セブの飛行場に戻った角田少尉からの報告を受けた航空隊幹部は、次のようにまとめた。

大型空母一隻　三機命中　大火災停止
中型空母一隻　一機命中　大火災停止
小型空母または巡洋艦　一機命中　炸裂《さくれつ》焔を認むるも大型空母の火焔内に入り不明
戦艦一隻　一機命中　炸裂焔を認むるも火災または停止するに至らず

「第一神風特別攻撃隊戦闘報告」より

一方、アメリカ側に残されている戦闘報告書を確認してみると、多少の齟齬《そご》はあるものの、角田少尉の報告の正確さに驚かされる。この日攻撃を受けたのは、正規空母「フランクリン」と軽空母「ベロー・ウッド」。フランクリンに向かった三機のうち、一機目が舷《げん》側ギリギリの海面に突っ込み、二機目が飛行甲板に命中して大火災を発生させ、三機目が同じく至近の海面に突入した。戦死者は五六人。一方、ベロー・ウッドの飛行甲板にも一機が命中し、大火災を発生させている。戦死者は九二人。甲板を破壊され炎上する二隻の空母の写真が、アメリカ・バージニア州にある米国立公文書館の資料の中に残されている。両艦とも沈没は免れたものの大きな被害を受け、アメリカ西海岸にある海軍工廠《こうしょう》で修理するため、長期にわたって戦線を離脱することになった。

米国立公文書館にはアメリカ軍によって撮影された特攻機の写真も数多く所蔵されているのだが、ある時それらの写真を調べていたところ、偶然、葉桜隊の特攻機を捉えたと思われる一枚を見つけた。空母に突入寸前の特攻機を、別の軍艦から写したもので、キャプションには、「一九四四年一〇月三〇日」、空母の艦名はフランクリンとある。その特攻機は、火炎を噴き出しており、空母の周囲からは既に黒煙があがっている。角田さんの証言とぴたりと符合するこの写真こそ、火だるまになりながら敵空母に突入していった一八歳の特攻隊員、櫻森文雄さん

葉桜隊の突入で炎上する軽空母「ベロー・ウッド」(手前)と空母「フランクリン」(奥)

の最期の姿ではないかと思われた。その零戦は、揺るぎなく、一直線に、敵空母に向かって突き進んでいた。

この日、敵艦隊上空から敵をおびき寄せるため先発した二機の零戦もまた還らなかった。八人の若者の命と引き換えに海軍が手にした、大きな戦果だった。

こうして二〇歳前後の明るく朗らかな隊員たちの壮烈な最期を目の当たりにした角田少尉だったが、その日の晩、死を控えた特攻隊員たちのもうひとつの顔を見ることになる。葉桜隊の大戦果を祝って酒宴を開き、「天皇陛下万歳」を繰り返す航空隊幹部らの姿にいたたまれなくなった角田少尉は中座をし、若い搭乗員たちが寝泊まりする宿舎へと向かった。士官用の立派な宿舎と違い、椰子《やし》の葉で屋根を葺《ふ》いただけの粗末な建物に足を踏み入れると、出撃を待つ特攻隊員たちの姿があった。

目をギラギラさせて、本当に見ただけで鬼気迫るという感じの部屋だったですね。昔の部下が部屋の入り口で番をしていたので聞いたところ、今日朗らかに喜んで行った当人も、夕べはやはりこういうふうにしていたんだと。目をつぶると、いろいろな雑念が出て来て眠れなくなるんだ、って。だから本当に眠くなるまでみんなあぐらをかいて、目をギラギラさせて起きているんですね。

でも、夜が明けて飛行場に行く時は、そんな姿は全然残さずにみんな喜んで朗らかになって飛行場に出ていくんですよね。その特攻隊員たちの気持ちは、なかなか分かってもらえないと思うんですよね。死ぬ時は本当に喜んで死んでいくんだ、とみんなに見てもらって、悩んでいる姿、嫌がっている姿は他人には一切見られたくないという一種の自尊心といいますか、攻撃精神といいますか、本当に特別な気持ちがあったろうと思いますね。

深い葛藤を抱えながらも、若者たちは従容と死んでいった。そしてその犠牲の上に海軍は大きな戦果をあげていった。それを受けもうひとつの巨大な歯車が動き出すことになる。それが、陸軍による特攻だ。

当時、日本軍もアメリカ軍も、陸軍と海軍がそれぞれ独自の航空隊を持ち、独自に開発した航空機を使い、それぞれが搭乗員を訓練して戦場に送り出していた。そもそもこれは、歩兵や戦車による陸上戦闘を主体とする陸軍と、軍艦による洋上戦闘を主体とする海軍と、航空隊に求める能力がまったく違うことに由来している。一例を挙げれば、大海原を越えて攻撃に向かう海軍の搭乗員には、長い時間洋上を飛ぶための技量が必要とされるのに対し、戦場まで陸伝いに飛んでいく陸軍ではそれが必要でない。さらに、これも日米問わずではあるが、両者は激しいライバル関係にあった。

空母「フランクリン」に突入寸前の櫻森機と思われる零戦（丸印）

当時、東京市ヶ谷にある陸軍参謀本部で航空作戦を担当していた参謀のひとり、田中耕二《こうじ》少佐の肉声が憲政資料室に残されていることを知った僕たちは、使用許諾をいただくためご遺族のもとを訪ねたのだが、その際に貴重な資料をいただいた。それは昭和六三年九月、田中が航空自衛隊の幹部学校で指揮幕僚課程の学生に講義をした際のＶＨＳテープだった。

田中少佐は、明治四五（一九一二）年生まれ。昭和八年に陸軍士官学校（四五期）を卒業し、昭和一四年には、成績優秀な将校を集めて幕僚を育成する「陸軍大学校」を優等で卒業、二年後陸軍参謀本部に配属された。戦後は航空自衛隊の発足に奔走し、空将として航空幕僚副長まで務めあげた田中は、既にこの講義の時七六歳だったが、その語り口はなお力強く、切れ者参謀として鳴らしていた往時をしのばせた。おびただしい若者の死の上に、田中の戦中・戦後の経歴はあるわけだが、映像に見える表情や口調は抑制的であり、みずからを含め戦時中の陸軍が下した決断、犯した過ちをありのままに語り残そうという誠意が感じられた。田中はその講義の中で、太平洋戦争を通して海軍の後塵《こうじん》を拝していた陸軍航空隊の焦りを、次のように述べている。

海軍の航空隊の戦果は、誠に華々しいものであります。母艦をたくさん沈めているのに、陸軍航空は何もしていないじゃないか。しょっちゅう叱られますので、私はまったく、参謀本部に来てからの二年間、毎日針の蓆《むしろ》の上におる思いがしているわけであります。

海軍と張り合っての無理。張り合って無理をしちゃう。そして、挙げ句の果てには、悲惨なる特攻作戦等々、どれを捉えても免れることのできぬ責め苦を私は負っているのであります。実際、お世辞ではなく、他の適任者と代わっていたら、同じ敗《ま》けるにせよもっと損害少なく、上手に敗けただろうという念でいっぱいであります。これは、本当に私の言い訳でなくて、私は今でもこの十字架を背負っておるわけであります。

田中耕二・航空自衛隊幹部学校講演テープより

それにしてもなぜ陸軍は、海軍に先陣を切られて焦ったのか。実は、特攻の最初の引き金を引いたのは海軍の大西中将ではあるものの、「体当たり攻撃」の計画自体は、大西の決断のはるか前から、陸海軍それぞれの中で秘密裏に進められていたからだった。

特攻兵器の開発に最初に手をつけたのは、海軍だった。フィリピンで特攻が始まる半年以上前の、昭和一九年二月二六日のことで、きっかけとなったのは、そのおよそ一週間前、聯合艦隊が長らく碇泊《ていはく》地としていたトラック諸島に対して行われた、アメリカ軍の大空襲だった。二月一七日から一八日にかけての二日間、九隻の空母から飛び立った延べ一二〇〇機の艦載機が襲いかかり、艦艇一〇隻と輸送船など三一隻が沈没し、三〇〇を超える航空機が破壊され、トラックは海軍基地としての機能をほぼ失った。アメリカ軍の圧倒的な物量を見せつけられた海軍は、従来の発想にない特殊な兵器を開発しなければ戦局の打開は難しいと考えた。そして海軍大臣の嶋田《しまだ》繁太郎《しげたろう》大将が許可したのが、それまでアイデアとしては提案されていたものの禁じ手として封印されてきた、「体当たり兵器」の開発だった。この時嶋田は、潜水艦から敵の軍艦に向けて発射される魚雷に人間が乗り込んで操縦する、人間魚雷「回天《かいてん》」の試作に許可を与えている。これは黒木《くろき》博司《ひろし》大尉、仁科《にしな》関夫《せきお》中尉というふたりの青年将校が以前から建言していた案を、脱出装置をつけることを条件に認めたものだったが、戦況のさらなる悪化と共に脱出装置については顧みられなくなっていく。

　海軍ではこの「回天」を手始めに、「特攻ボート」や、爆撃機から投下する爆弾を人間が操縦できるように改造した人間爆弾「桜花」の開発が始められ、それに追随するかのように陸軍でも、ボートや航空機による体当たり攻撃が検討される。そして昭和一九年六月、サイパン、グアムなどのマリアナ諸島に押し寄せたアメリカ軍と、これを迎え撃つ日本の聯合艦隊との間で行われた空母部隊同士による決戦、「マリアナ沖海戦」で日本が惨敗したのをきっかけに、陸海軍は一気に「特攻」へと舵《かじ》を切った。

　六月二五日、天皇の要望で、戦局打開の途《みち》を探るための陸海軍元帥会議が宮中で開かれ、この席上で海軍元帥の伏見宮博恭王《ふしみのみやひろやすおう》が「陸海軍とも、何か特殊の兵器を考え、これを用いて戦争をしなければならない」と発言。決してこれは「特攻」を明言したわけではないが、この発言を忖度《そんたく》した陸海軍は、より具体的な「体当たり攻撃隊」の編制に向けて動き出す。

サイパン島の守備軍が玉砕したという知らせが入った七月七日の夕方、陸軍では、参謀本部の航空参謀が陸軍の航空技術研究所の関係者を東京市ヶ谷に集め、特攻兵器の開発を具体的に話し合っている。この時採用されたのは、八人乗りの重爆撃機と四人乗りの軽爆撃機、それぞれを特攻用に改装するという案だった。そして、「もはや体当たり攻撃しかない」と熱心に説いてまわっていたのが、航空参謀のひとり田中耕二少佐だった。田中は憲政資料室に残されていた読売新聞の取材テープの中で、次のように述べている。

要するに来たるべきフィリピン作戦においては、体当たりするようなものでいかないといけないのではないかと。そして「同じやるならば、改装して威力のある爆弾を抱えて必中をしようじゃないか」ということで機体を改修することになったと思います。個人の誰それのアイデアで生まれたというものじゃないんですね。なんとなく阿《あ》吽《うん》の呼吸で出て来たもので、とにかくみんなの総意というか、参謀本部も陸軍省もその改修でいいじゃないかということで、どんどん進んでいくわけなんですね。

田中耕二証言（読売新聞社「昭和史の天皇」取材資料）より

この日の会議に出席した関係者は、強硬で勇ましい意見が力を持ち、状況を冷静に分析した慎重な意見は、敗北主義として退けられたと証言している。そうして動き始めた特攻計画を、田中は「みんなの総意」と呼び、田中らに抗する言葉を持たなかった者たちは、「田中たちが主導した作戦」と考えた。「特攻」は、命令する側の責任の所在があいまいにされたまま、不気味な胎動を始めていった。

この会議から三か月後の昭和一九年一〇月、アメリカ軍がレイテ湾で上陸作戦を始めると、陸軍は、前もって計画していた通り、重爆撃機に八〇〇キロ爆弾二発を積んだ「富嶽《ふがく》隊」（隊長・西尾《にしお》常三郎《つねさぶろう》少佐以下、一一人）、軽爆撃機に八〇〇キロ爆弾一発を積んだ「万朶《ばんだ》隊」（隊長・岩本益臣《いわもとますみ》大尉以下、一六人）を編制し、内地からフィリピンへと派遣する準備にとりかかった。「体当たり攻撃」という史上類を見ない作戦を用いれば、陸軍航空隊も大きな戦果をあげられるに違いない。しかし期待が高まる田中参謀のもとに届いたのは、二五〇キロ爆弾を搭載した海軍の一人乗り戦闘機「零戦」が敵空母に体当たりしこれを沈めた、という海軍側の戦果だった。一方、フィリピンに相次いで進出した富嶽隊、万朶隊は、一一月上旬から数度にわたって出撃を繰り返すものの、戦果をあげることはできなかった。

この戦果がですね、何かこの作戦が終わった後ですね。どうも何か線香花火のような形になっちゃってですね。航空母艦一隻轟沈《ごうちん》なら一隻轟沈。戦艦一隻轟沈というようなですね、明快な報告が電報されて来ないんですね。それでこれはどうしちゃったんだろうというようなですね、何というか、せっかくの改装をして、特別選《え》り抜きの搭乗員をあてがって、何か寂しいような感じを持ちましたですね。

田中耕二証言（読売新聞社「昭和史の天皇」取材資料）より

大西中将のもと特攻を拡大していった海軍では、零戦など小回りのきく航空機に爆弾を搭載した特攻隊が大きな戦果をあげており、軍令部総長を通じて天皇にも上奏されていた。これ以上遅れを取ることはできないと考えた陸軍は、戦闘機などの小型機に爆弾を搭載した特攻隊を編制し、フィリピンへと送り込む新たな作戦に着手する。この特攻隊は、八紘一宇《はっこういちう》という、世界をひとつの家と見なしその大義を実現するために戦争を遂行するというスローガンにちなんで「八紘隊」と名付けられ、一一月六日以降、第一隊から第六隊まで計七八機、一一月二〇日以降、第七隊から第十二隊まで計七二機、合計一五〇機が次々とフィリピンへと送られた。その内訳は次の表の通りだ。

	（隊名）	（使用機種）	（機数）	（隊長）	（基地所在地）
第一隊	八紘隊	一式戦闘機	一二機	田中秀志中尉（陸士56期）	明野（三重）
第二隊	一宇隊	一式戦闘機	一二機	栗原恭一中尉（陸士56期）	常陸（茨城）
第三隊	靖国隊	一式戦闘機	一二機	出丸一男中尉（陸士56期）	群山（朝鮮）
第四隊	護国隊	一式戦闘機	一二機	遠藤　榮中尉（陸士56期）	調布（東京）
第五隊	鉄心隊	九九式襲撃機	一二機	松井　浩中尉（陸士56期）	鉾田（茨城）
第六隊	石腸隊	九九式襲撃機	一八機	高石邦雄大尉（陸士54期）	下志津（千葉）
第七隊	丹心隊	一式戦闘機	一二機	石田国夫中尉（陸士56期）	明野（三重）
第八隊	勤皇隊	二式複座戦闘機	一二機	山本卓美中尉（陸士56期）	鉾田（茨城）
第九隊	一誠隊	一式戦闘機	一二機	津留　洋中尉（陸士56期）	明野（三重）
第十隊	殉義隊	一式戦闘機	一二機	敦賀真二中尉（陸士56期）	常陸（茨城）
第十一隊	皇魂隊	二式複座戦闘機	一二機	三浦恭一中尉（陸士56期）	鉾田（茨城）
第十二隊	進襲隊	九九式襲撃機	一二機	福島弘人大尉（陸士53期）	下志津（千葉）

この八紘諸隊で主力となったのは、一式戦闘機だった。太平洋戦争の序盤、陸軍の快進撃を支えた一人乗りの戦闘機で、「隼《はやぶさ》」という愛称で国民にも親しまれていた。二式複座戦闘機と九九式襲撃機は二人乗りだが、富嶽隊や万朶隊が使用した爆撃機に比べると小型であり、海軍の戦果を見た陸軍が、その方針を転換したことを意味している。

隊のほとんどが、日本本土や朝鮮半島の基地で訓練中の練習航空隊で編制されており、隊長も隊員も、戦闘経験の少ない搭乗員が大部分を占めている。一二人の隊長、二〇〇人近い隊員たちは、いったいどのような思いで特攻隊員となり、フィリピンへと向かったのか。彼らのほとんどがフィリピンで戦死しているためその胸の内を知ることは難しいが、調べてみたところ、ひとりの隊員が奇跡的に終戦まで生き延び、しかもご存命なことが分かった。出丸一男《でまるかずお》中尉率いる第三隊「靖国隊」の一員、木下顕吾《きのしたけんご》軍曹だった。

「靖国隊」は、陸軍が新たに編制した一二の特攻隊の中で、最初に敵艦への突入が報じられた隊だった。二〇一五年五月末、僕は金沢裕司カメラマンら撮影クルーと共に、鳥取県境港市にお住まいの木下さんを訪ねた。一五年ほど前に脳梗塞を患い、多少体が不自由になったとはいうものの、記憶も語り口もしっかりされていた。

昭和一九年一一月、朝鮮半島の南西部、全羅北道の群山基地にある練習航空隊「第二錬成飛行隊」にいた木下さんたちのもとでは、海軍の特別攻撃隊の噂《うわさ》が広がっていたという。

海軍はかなり派手でした。私の記憶の中でも。おお、海軍がやったかということで、じきに陸軍だなという気持ちはありました。しばらくしたら、志願の募集がありました。体当たり攻撃に、参加するか参加しないかという。みんな参加って書きますよ。決して行けんって書く人はなかったんじゃないですか。飛行機乗りなら仕方がない、それが当たり前と思っていました。自然にね。

なぜかというと、ニューギニアで戦っていた小山っていう同期が、生きて帰って教えてくれたんですが、最前線では自分が負傷したりすると、その付近に敵の艦がおったら、それをめがけて体当たりするんだと。もう帰れないと分かると、無駄に海に墜ちるより最後の死に場所を敵艦に求めたんだという。そんな話を聞いて、すごいなあと思っていましたからね。

木下さんはこの時、まだ二〇歳。それにもかかわらず、体当たり攻撃に志願するかと問われて「飛行機乗りなら仕方がない」と思ったのには、自分が「陸軍少年飛行兵」の出身だったことが関係しているかもしれない、と語っている。

明治神宮で行われた学徒動員のような悲壮感というのは少年飛行兵にはなかったですね。やっぱり動員の方はショックですわね。勉強しようと思っているところに、行けですからね。行ったらすぐ飛行機に乗せられて、一年したら特攻隊ですから。だからね、学徒動員の人は、僕らは気の毒に思いますね。それに引きかえ、私らなんか志願ですからね。好んで陸軍に入ったわけですから。だから、ちょっと境遇が違いますね。

木下さんは、大正一三（一九二四）年三月四日、九人兄弟の末っ子として、日本の植民地であった台湾北東部の街、宜蘭《ぎらん》で生まれた。建設業を営んでいた父は早世し、長兄によって育てられた木下少年は、尋常小学校を卒業したのち、学費のかからない逓信省の職員養成学校で学んでいた。そんな木下少年に転機が訪れたのは、昭和一四年、一五歳の時、陸軍の少年飛行兵募集のポスターを見たのがきっかけだった。当時まだ太平洋戦争は始まっておらず、大空に憧れ、飛行機に乗りたい一心で応募したという。台北での一次試験、ついで東京武蔵村山にあった「東京陸軍航空学校」で一週間にわたって行われた二次試験を経て、昭和一五年四月、木下少年は一〇〇〇人余りの「陸軍少年飛行兵十期生」（少飛十期）の一員として、東京陸軍航空学校に入隊した。合格者は七つの中隊に分けられ、中隊はさらに二四人からなる六つの班に分けられた。木下さんが配属されたのは、第四中隊の第一班。班員たちは連帯責任のもと共同生活を送り、数字、物理、化学を中心に飛行兵に必要な基礎学力を身につける一方、行軍や水泳などで体を鍛えあげた。軍人勅諭を毎日詠唱させられて軍人精神を叩き込まれたものの、海軍の予科練出身者からよく聞くような「軍人精神注入棒」などを使った陰惨な体罰やしごきはほとんどなく、ビンタで殴られたことが二、三回あっただけだという。

昭和一六年三月、木下さんは東京陸軍航空学校を卒業したが、太平洋戦争が始まる前のこの時期、搭乗員たちにはさらに時間をかけて教育が施された。木下さんは宇都宮陸軍飛行学校などで気象や航空力学などの座学を一年一〇か月みっちりと学んだ後、三年目の昭和一八年から複葉の練習機を使っての操縦訓練が始まり、同年一一月、ようやく、千葉県柏を拠点とする戦闘機部隊である飛行第五戦隊に配属されている。三年半の歳月をかけて初めて、実戦部隊の新米搭乗員となれる。それほどまでに育てあげるのに時間がかかる搭乗員を一度限りの攻撃で失ってしまうのが、「特攻」という作戦だった。

木下さんたちは、隊内で特攻の志願が募られた直後の昭和一九年一一月八日、集合を命じられた。飛行隊長の前に集合した隊員たちの中から、出丸中尉以下、隊員たちの名前が呼ばれ、「特攻隊としてフィリピン派遣を命ず。ただちに準備して、出発すべし」という命令が与えられた。

動じなかったですね。びくっとはしたけど。びくっていうのはパッと体が締まった、来たということですね。恐れる「ドキン」じゃないですね。締まるという「ドキン」です。私ひとりじゃないと思いますよ。
ただその瞬間から、みんな口数が減りましたね。もう誰もが口数が減りました。黙っちゃったですね。やっぱり、何か心に思ったことがあるんでしょうね。

出丸隊長以下一二名の隊員に、予備の二名を加えた一四名は、翌九日、輸送機に乗って立川飛行場へと移動し、二五〇キロ爆弾を翼下に吊ることができるよう改造された一式戦闘機「隼」を受領した。この地で靖国隊の隊員たちは、特攻隊の華々しい報道に熱狂していた人びとから、歓待を受けている。物資の乏しい折であるにもかかわらず、驚くようなご馳走を振る舞ったり、遊女を招いて隊員を喜ばせる「篤志家」がいたという。

木下顕吾軍曹。一式戦闘機「隼」の前で

一三日、靖国隊は立川飛行場を発《た》って鹿児島県の知覧《ちらん》飛行場に到着し、ここでも町の人びとの熱烈な出迎えを受けたのち、一五日早朝、次の中継地である台湾へ飛び立っていった。多くの靖国隊員にとってこれが内地の土を踏む最後となったが、この時の様子は報道班員によって撮影され、靖国隊が突入した後、ニュース映画として公開された。

当時の日本では、新聞社や通信社のニュース映画部門を統合した「日本映画社」が制作する「日本ニュース」が陸海軍や内務省の検閲を受けた後に毎週映画館で封切られ、国民の戦意高揚に一役買っていた。NHKの「戦争証言アーカイブス」のホームページでは、戦中から戦後にかけての日本ニュースがすべて見られるようになっているが、昭和一九年一一月三〇日に封切られた「第二三五号」の二項目「比島戦線　陸軍特別攻撃隊『靖国』飛行隊」に、出丸隊長以下、隊員たちの姿を見ることができる。映像は、参謀肩章を吊った将校が訓示を読みあげるシーンから始まっている。

皇国の存亡を決すべき重大決戦の機は、まさに今日《こんにち》にあり。陸海空の総力を挙げて驕敵《きょうてき》を比島周辺に殲滅《せんめつ》すべき、皇軍未曽有の戦機に際し、諸君は選ばれて急遽《きゅうきょ》決戦場に馳《は》せ参ぜんとす。しかも一機よく敵艦船を必殺し、戦捷《せんしょう》の道を開くべき栄誉と重責とを担う。全軍必死必殺の先鋒《せんぽう》たり。諸官は現下皇軍の最も崇高かつ精強なる戦力に

して、大本営としても期待するところ、極めて大なり。

日本ニュース第235号「比島戦線　陸軍特別攻撃隊『靖国』飛行隊」より

先頭に隊長の出丸中尉、さらに隊員たちが二列に並ぶ。木下さんは一列目、出丸中尉のすぐ後ろに、緊張した面持ちで立ち、訓示を聞いている。サイダーで乾杯が行われた後、隊員たちの離陸、出撃と続く。このニュースは、次のような勇壮なナレーションで結ばれている。

隊長は手を振った。永遠の別れを告げる手を振った。身はたとえレイテ湾に敵艦もろとも砕け去るとも、悠久の大義に生きる靖国隊。さらば。さらば。機上にあるは、神にして人ならず。忠烈、萬世を貫く神々の出陣である。

日本ニュース第235号「比島戦線　陸軍特別攻撃隊『靖国』飛行隊」より

ちなみに、海軍の敷島隊の出撃を告げる日本ニュース第二三二号は、靖国隊の第二三五号から遡ること三週間、一一月九日に封切られており、その最後はこのように締めくくられている。

俺も続くぞ、成功を祈る。僚友の無言の声援を受けて飛び出した。誘導護衛機に導かれて、スルアン島の沖へ。悠久の大義に殉じ、忠烈萬世に冠たる出陣である。

日本ニュース第232号「神風特別攻撃隊」より

「悠久の大義」「忠烈、萬世を貫く神々の出陣」。靖国隊を送る名調子は、敷島隊のそれを意識しているかのようだ。消えかかっていた国民の戦意にふたたび火を灯《とも》した海軍特別攻撃隊に負けじという陸軍側の思いが、ここからも感じられる。

戦局を挽回し、国を守るためなら命を投げ出すのも致し方ない。そう覚悟を決めて特攻を受け入れた「敷島隊」を始め最初の特攻隊員たちが文字通り「命がけで」あげた戦果は、皮肉にも、海軍、そして陸軍を後戻りのできない特攻へと駆り立て、多くの若者たちを巻き込み始めた。「惑うことはなかったです。これは真実です。そういうことも考えたくなかったしね。行かずに済んだらなんていう気持ちは毛頭なかったです。当たり前と思っていました」、こう語る木下さんは、当時としてもとても強い心の持ち主だったのだろうし、彼の周りには、そうした強い心の持ち主がたくさんいたのだろう。しかし、彼らがみずからの命を犠牲にすればするほど、日本はさらに泥沼の戦いへと突き進んでいった。

鹿児島の知覧基地を飛び立った靖国隊は、台湾の台北、屏東《へいとう》を経て、一一月一九日、マニラ郊外のカローカン飛行場に到着した。そして二日後、マニラとレイテ島のちょうど間にあるネ

整列する靖国隊。先頭が出丸中尉。１列目左から４人目が木下軍曹

グロス島のシライ基地に進出し、一一月二六日、出撃の時を迎えることになる。午前八時、靖国隊の指揮を執る第二飛行師団本部に整列した隊員たちに、参謀からレイテ湾の敵艦船に体当たりするよう命令が下った。出撃するのは隊長の出丸中尉以下、二名の少尉、そして木下軍曹だった。木下軍曹は、あとに残る隊員と固い握手を交わし、大勢の将兵の見送りを受けながら、午前一〇時、シライ基地を離陸した。その時、上空に一〇機の戦闘機が飛来した。靖国隊の四機を敵艦隊上空まで護衛する味方の直掩隊だった。そしてその指揮官を務めていたのが、出丸中尉と陸軍士官学校の同期で、千島列島からフィリピンの最前線に進出して来ていた飛行第五四戦隊の一員、水野帝中尉だった。

今回、僕が水野さんの遺品から見つけることができた資料の中に、靖国隊の直掩をしたまさにその時の回想記があった。

彼等の編隊はシライ上空を大きく一旋回すると、そのまま東に進路をとった。シライ山の屋根を超え、やがてセブ島にかかる頃、左に変針。靖国隊の高度は二千米位だった。もう少し上げないかなあと思うが、無線は通じないのだ。いつ敵機が来るかわからぬので、みだりに接近して合図することもできない。実に歯がゆい感じがした。事前に彼等と細部の打合せもできず、適切な指示も得られず、ただ直掩しろという漠とした命令だけで飛び上って来た。仕方がない、高度差千米を保持して、彼等の上を彼等に従ってほとんど直上に近く飛ぶだけだ。

水野帝手記より

この時、水野中尉は大きな不満を抱きながら護衛にあたっていた。それは、特攻の指揮を執る師団司令部の作戦指示が杜撰《ずさん》で、隊員たちの崇高な覚悟に報いきれていないと感じていたからだった。この日水野中尉は特攻隊と直接打合せをすることなく出撃を命じられたのだが、それは水野中尉にとっては受け入れ難いことだった。特攻隊の隊長が同期の出丸中尉であることすらも、知らされていなかった。

一〇月末からフィリピンで戦い続けていた水野中尉は、経験的に、アメリカ軍戦闘機がしばしば高度四〇〇〇メートル付近で待ち伏せていると考えていた。二〇〇〇メートルではだめだ、もっと高度を取らなければ危ないと不安を感じながらも、眼下の情景に思わず心を奪われた。

天気は晴、所々に断雲があった。視界は良好、南方特有のキラキラ光る大気が果てしなく続いていた。索敵のためにはりつめた緊張感から、ふと、私はわれに帰る感じで、眼下を飛行する四機を見た。セブ島の北端のあたりだった。私はその時は、彼等が誰であるか全く知らなかったのだが、とにかく十五分か二十分後には間違いなく死の世界に飛び込む四人の機が、透明な紺色の海をバックに、懸命に懸命に編隊の隊形を保っているのを見た。珊瑚礁《さんごしょう》の白さと機翼の日の丸が目にしみた。目を閉じると、今でもその姿が見えるのだ。無限に明るく、広い世界だった。はてしない虚空の中の、隼四機。私は息をのむ思いだった。寄り添う様に、手をつながんばかりに編隊長にくっついていた機の、なんと美しく見えた事か。

水野帝手記より

ネグロス島を飛び立ち東北東へ針路を取った四機の特攻隊と一〇機の直掩隊は、やがてレイテ島の北端で南南東へと機首を向け、島の海岸線に沿って一路レイテ湾を目指した。彼らの左手には、広大な太平洋が広がっていた。四機編隊の最後尾にいた木下軍曹は、敵艦隊を見つけようと、南方の強い日差しを受けて反射する海面を必死で探した。

もう意識は、海ばかりです。右手はレイテ島ですが、九割以上太平洋を見ています。船団を見つけるために。艦がどこにおるかと思ってね。目が充血するぐらい。恐らく出丸中尉もそうだったと思います。

（質問）敵艦隊が見つかるということは、それはそのまま木下さんの死を意味するわけですが、どうしてそこまで一生懸命探そうという気になれたんですか？

命令をまっとうしなければいけませんからね。船団を攻撃しろと命じられているわけですから。そのことだけで、頭がいっぱいでした。

僕はこの言葉を、木下さんの本心からのものだと思った。陸海軍を問わず、特攻隊員として出撃し、さまざまな事情で命を長らえた方々に何度もお話をうかがってきたが、木下さんが語るこの感覚は、多くの方と一致する。死ぬ覚悟を決めて出撃したら、あとは任務に邁進《まいしん》する。自分の死に場所となる敵艦隊を、一心に探す。それは、かつて明治天皇が陸海軍の軍人に下賜した「軍人勅諭」の第一条の中にある言葉、「義は山嶽《さんがく》より重く、死は鴻毛《こうもう》より軽しと覚悟せよ」つまり、国に報いるという大義の前には自分ひとりの命は鴻毛より軽い、と教え込まれてきた彼らにとって、軍人としてこうありたいと願う無上の境地だったのかもしれない。

敵艦隊がひしめくレイテ湾まであとわずかと迫った時、木下軍曹は、先頭を飛ぶ出丸中尉の機体が大きく旋回するのを見た。ふと、上空の雲の間に何かがキラリと光った気がした。そして次の瞬間、戦闘機が上空から襲いかかって来た。アメリカ陸軍の戦闘機、P38の編隊だった。そしてその様子を、靖国隊の上空で警戒にあたっていた水野中尉もまた目の当たりにしていた。

いきなりP38二機が私の目の前を垂直に突っ込んで行くのを見た。不敵にも直掩機に目もくれず、はじめから特攻機を狙ったのである。完全な奇襲だった。私は機首を突っ込んで、敵機の後を追った。もとより間に合う筈《はず》はなかった。間一髪、特攻隊は雲の中に躍り込んだ。それが彼らを見た最後である。特攻機がうまく逃げてくれたので、私はその時ほんとに勇気百倍した。十数機のP38とはげしく渡り合った。撃墜したのはやっと一機だったが、他をすべて撃退し、我が方は損害なし。十分くらいの戦《せん》斗《とう》だったろうか。敵機の不在を確かめて、用心しながら雲下に降りてみた。意外に雲が低く、特攻機はその雲を利用して無事に接敵し、突入できたかも知れない、と思った。湾内に二隻の輸送船が大きな黒煙を吐いているのを認め、帰還した。

水野帝手記より

その頃木下さんは、敵戦闘機の襲撃を辛くも逃れていた。四機いた編隊は、一機減って三機になっていた。隊長の出丸機、木下機、そして谷川昌弘少尉機。大坪明少尉の機はどこにも見当たらなかった。三機は逃げ惑っているうちに、レイテ湾とは逆方向、北西の方角に機首を向けていた。目の前にはセブ島、そしてヴィサヤ海が広がっている。木下軍曹は、今から引き返してレイテ湾に向かうことも十分可能だと考えたが、出丸隊長がふたたびレイテ湾を目指すことはなかった。直掩戦闘機ともはぐれてしまったため、再起を期した方がよいと判断したのかもしれないし、あるいは僚機の谷川少尉機が被弾していたのかもしれない。木下さんの証言によると、谷川少尉機は不安定な飛び方をしていたという。いずれにしても、三機はそのままヴィサヤ海を飛び越え、翼下の爆弾を海面に落とし、マスバテ島の北岸にあった陸軍の不時着飛行場へと滑り込んだ。谷川少尉、出丸中尉、そして最後に木下軍曹の戦闘機が、ジャングルの中に切り開かれた草地の滑走路に着陸した。
木下軍曹の機体は、まったく被弾していなかった。しかしこの一式戦闘機「隼」が、ふたたび大空に飛び上がることはなかった。密林を切り開いただけのこの不時着飛行場には、隼のエンジンをかけプロペラを回す「始動車」が備えられていなかったからだった。木下さんは言う。

あの時に死んでいても、本当に悔いはなかった。今はね、自分が死ねなかったことを何か恥じますけどね。マスバテに下りた時の心境というのはね、頭がおかしくなっていました。僕らパイロットですよ。パイロットから飛行機を取ったら何が残りますか。兵隊おしまいですわ。日本の兵隊はおりますよ。守備隊がおるんだけれども。僕としては、軍人おしまいですわ。それは複雑な心境になったですよ。

靖国隊の攻撃は失敗に終わった。マスバテ島の守備隊に身を寄せた三人だったが、不時着の翌日、ラジオから聞こえてきたニュースに思わず耳を疑った。それは、内容から考えて、一一月二七日の大本営発表だったと推察されるが、靖国隊の体当たり攻撃について、「大型艦船四隻を大破炎上」と勇ましく伝えていたのだ。
ただしこの架空の戦果は、大本営が勝手にでっちあげたものではなかった。それは靖国隊の直掩隊長、水野中尉の報告に基づくものだった。基地に戻った水野中尉は、「特攻隊は全機突入、輸送船三隻を撃破」と報告していた。そしてその理由について、生前の水野さんは、「強いて考えれば、あの寄りそうようにして、離れまいとすがりつくようにしてぴったりと編隊を組んだ特攻隊の、悲壮な美しさのため」と語っていたという。水野中尉はレイテ湾で、大きな黒煙を吐いている二隻の輸送船を目撃した。その輸送船が、間違いなく靖国隊が突入したものかどうか、みずからの目で確認したわけでもなかった。がそれでも水野中尉は、「息をのむほど美しく見えた」彼らが無駄に命を落としたと報告するのはしのびなく、戦果を一隻分水増しして四機で三隻を撃破したことにしてやろう、という衝動に従ったのだった。

では、「三隻」という水野中尉の報告は、どうして大本営発表では「四隻」になっていたのか。この「疑惑の一隻」に大きく関わっていたのが、他ならぬ木下軍曹だった。実は、この大本営発表は、二六日の出撃から遡ること二日前、靖国隊が初めて出撃した時の〝戦果〟を合わせて報じたものだった。一一月二四日の午後三時頃、「空母二隻、輸送船十数隻の艦船団がミンダナオ島の北東海上を航進中。夕刻にはレイテ湾内に進入する模様」という偵察機からの報告が、靖国隊のいたネグロス島のシライ基地に届いた。敵艦が湾内に入るとされる夕刻に合わせて攻撃をかけるには、それ相応の技量が必要となる。なぜなら、暗い海面に敵艦を発見して攻撃しなければならないし、万一敵が見つからない場合は、真っ暗ななか、操縦席の水平儀、

陸軍飛行第54戦隊の搭乗員たち。左端が水野帝中尉

高度計などの計器を頼りに数百キロ離れた味方の飛行場まで戻って来なければならないからだ。選ばれたのは、隊長の出丸中尉の他に、夜間飛行の経験のある木下軍曹、そして村岡義人《むらおかよしと》軍曹のふたりだけだった。木下軍曹と村岡軍曹は少年飛行兵の第十期生で、実戦部隊に配属されてからの一年半、苦楽を共にしてきた仲だった。

出丸隊長ら出撃する三人は、フィリピンで靖国隊の指揮を執っていた陸軍第二飛行師団の師団長以下、参謀たちと壮行の水杯を交わし、盛大な見送りを受け、飛行場を飛び立った。

出撃からおよそ四〇分、木下軍曹たちは夕闇せまるレイテ湾上空に到着した。

島影が黒く見え、その周りに薄暗い海面が広がり、水際にはアメリカ軍の基地と思われる電灯がチラチラと見えたが、湾内にいるはずの敵輸送船団の姿を認めることはできなかった。先頭を飛ぶ出丸中尉に従い、三機は高度数百メートルまで降下して旋回したが、やはり敵の姿を見つけることはできなかった。

その時、村岡軍曹の操縦する隼が、木下機のすぐ横まで近づいて来た。そして木下軍曹に手を振るや、次の瞬間、村岡軍曹は反転し、真っ暗な海面に吸い込まれるように急降下していった。すかさず出丸中尉と共に後を追ったが、目の前で、暗闇に閃光《せんこう》が走った、と木下さんは言う。

パッと。そんなに大きな火じゃなかったけれども、火柱を見た。上から見てマッチの火みたいな感じがしましたけど。それが村岡だと思うんです。それから僕ももう血が上ってしまってね。同期が目の前で死ぬんですから、突っ込むんですから。気が狂ったみたいになって、出丸中尉も、バーッと高度二〇〇から三〇〇（メートル）まで降りて捜したけれども、とうとう見当たらなかったですね。

敵艦を求めて捜しまわった木下軍曹だったが、出丸中尉ともはぐれ、仕方なく羅針儀をネグ

ロス島へと合わせ、シライ基地に帰投した。そして木下軍曹は、出迎えた第二飛行師団の参謀にこう報告した。「村岡は敵輸送船らしきものに突入」。

私はもうそう言わなければね、あのなかで。何もない海に突っ込んだなんてね、よしんばそれが、よしんばですよ、それが本当でもよう言わんですな。同期の村岡がね。僕がそう言おうと思えば言えたっていうのが、そう報告した理由のひとつかもしれません。しかし、僕は今でも、村岡は艦らしいものにぶつかったのだろうと、思っています。

（質問）同期として、村岡さんが無駄死にしたとは考えたくないという思いが強かったということでしょうか？

それはあります。僕だって無駄には死にたくないという気持ちがありましたからね。だから村岡も何か目的があって突っ込んでいると思います。僕と村岡は、学校も一緒だし、そんなに技量も変わらないですから。何かあって、突っ込んだと思います。

一方、アメリカ側の記録をくまなく見ても、村岡軍曹が消息を絶った一一月二四日、特攻機の体当たり攻撃を受けた軍艦は、一隻も記録されていない。アメリカ側の記録が正確であるとすると、可能性として考えられるのは二つ。村岡さんは、暗がりの中の何かを軍艦だと勘違いし誤って突入した、もしくは、生きて基地に帰りたくない何らかの理由があって、何もない海面に自爆した。そのいずれかだ。

実はこの日の出撃の際、村岡軍曹の機体にはちょっとしたアクシデントが生じていた。翼下に取りつけられた二五〇キロ爆弾が、離陸直後、突然機体から外れて落下し、ジャングルの中で爆発してしまったのだ。木下さんによれば、爆弾を搭載できるよう戦闘機を改造した靖国隊の特攻機は、機銃の発射レバーが爆弾の投下レバーを兼ねていて、操縦席にあるスイッチで切り替えができるようになっていたという。戦闘機の搭乗員は、離陸するとすぐに機銃が弾詰まりしていないか確認するため試射をするよう教育されているのだが、村岡軍曹はその時に誤って爆弾を投下してしまったのではないかと木下さんは考えている。爆弾が落ちたのは、シライ基地のすぐ近く。村岡軍曹は、命を惜しみ故意に爆弾を捨てて帰って来た臆病者と後ろ指をさされる屈辱に耐えられずレイテ湾に自爆し、木下さんはそんな村岡さんの思いを汲《く》んで、あえて嘘《うそ》の報告をしたのではないか。そんな僕の疑問に、肯定も否定もせず、木下さんは涙ながらにこう答えた。

私はそういう報告をしたわけです。まあ同期を思いやって。そういうふうにしか言えなかった。これは正しいとは思いませんけどね。まあ僕の、思いやり。僕のせめてもの、村岡に対する気持ちでしょうね。

それでは、木下軍曹そして水野中尉が報告した「架空の戦果」は、陸軍の内部でどのように伝わり、特攻作戦の行方にどのような影響を及ぼしたのだろう。それを解明するヒントが、東京目黒にある防衛省防衛研究所で見つかった。ここには、陸海軍の関係者が戦後になって寄贈した公文書・私文書が大量に所蔵されており、そのほとんどが所定の手続きさえ踏めば、誰でも閲覧可能となっている。二〇一五年、僕はＮＨＫスペシャル「特攻」を共に制作した久保田瞳ディレクターと一緒に防衛研究所に毎日のように通い、特攻に関する資料を徹底的に調べていった。関係ありそうな資料を片端から申請し、ひとつひとつ目を通したのだが、そうした中にそれはあった。

村岡義人軍曹。山口出身。享年 20

「比島作戦敵艦船攻撃成果一覧表」。捷一号作戦が発動された翌日の一〇月一九日から、フィリピンでの航空作戦が終わりを迎える昭和二〇年一月一三日までの間に陸軍航空隊があげた戦果を、東京の陸軍参謀本部がまとめたものだった。作成日は、昭和二〇年二月となっている。通常攻撃と体当たり攻撃それぞれについて、隊ごとに出撃日、出撃機数、戦果が書かれており、その戦果も、「轟撃沈」と「撃破以上」とに分類されていた。

一一月二四日の記述を見てみると、「靖国隊三機出撃」と記されている。出丸中尉、木下軍曹、村岡軍曹による第一回目の出撃のことだ。戦果の欄には、「轟撃沈」が「T、一隻」とあった。Tというのは輸送船を指す陸海軍共通の符号である。ちなみに、Aが空母、Bが戦艦、Cが巡洋艦、Dが駆逐艦を表す。木下軍曹が現場で行った報告がそのままその形で参謀本部まで届いていたことが分かる。そしてそのすぐ隣、一一月二六日の欄には靖国隊の二回目の出撃が記録されており、「撃破以上」が「T、二隻」「大型艦船、一隻」という戦果が記されている。こちらも直掩隊長である水野中尉の報告が、ほぼそのまま記載されていた。

影響は、それだけに留まらなかった。彼らが生み出した「架空の戦果」は、国民を熱狂させる「美談」へと姿を変えていくことにもなる。二度目の出撃から三日後の一一月二九日、朝日新聞はフィリピンの基地に詰めていた戸川という特派員が書いたという記事を掲載している。「燃ゆる火柱三本　敵輸送船断末魔の焔《ほのお》」という勇壮な見出しの後、一一月二六日に行われた二度目の出撃の様子が、生き生きとした筆致で描かれている。

真一文字にしめた白鉢巻が烈《はげ》しくなびいて眼に沁みる。「よーし」と軽い合図と共に機体は軽く大地を蹴った。「ついて来いよ」。悠々と飛ぶ靖国隊の先頭は、隊長出丸一男中尉機（熊本県）、続くは谷川昌弘少尉機（大阪市）、木下顕吾軍曹機（鳥取県）の三機にぴたりと直掩機が取り巻いている。大胆不敵な白昼攻撃である。村岡機の命中（二四日）によって士気いよいよあがった靖国隊の第二撃だ。内地の訓練とちっとも違わない。風防ガラスの向うに莞爾《かんじ》と笑っている戦友の顔までが訓練と全く同じだ。狙うはただ敵の船団だけだ。

平然として飛び続ける特攻隊目指して、果たせるかなP38二十機が襲いかかってきた。だが、すかさずわが直掩隊がこれを一手に引受けて早くも入乱れての激戦だ。すでにレイテ湾上に出た。敵陣地、船団から射《う》ちあげる対空砲火はもの凄《すご》い炸裂を見せている。全機突込め――出丸隊長の合図で三機はひらっと編隊を解いた。いる、いる、船団が蟻《あり》のように見える。一際大きいのは敵の戦艦だろう。巡洋艦も空母らしいのもいる。敵の戦艦もやっつけたい。だが今は輸送船を沈めて、敵の補給を断たなければならない。上陸敵軍の背後を遮断してしまうのだ。大きい一万トン級輸送船三隻が標的に選ばれた。一陣の疾風に似た体当り靖国隊の突撃だ。火柱が三つ敵船団の真中に燃えあがっている。直掩隊が挑戦してきたP38二機を叩《たた》きおとし、凱歌《がいか》を奏して帰還の途につくまで、敵断末魔の火炎は戦場高く吹きあげていた。

朝日新聞昭和一九年一一月二九日（比島前線にて、戸川特派員発）より

マスバテ島に不時着しているはずの出丸中尉以下三名が、「莞爾」つまりにっこり笑って突入していくのだから、もはや架空戦記とでも言う他はない。

そして、水野中尉や木下軍曹が仲間の心情を汲み、よかれと思って行った「盛られた戦果報告」は、特攻をめぐる現実を歪めるだけでなく、作戦を立案する参謀たちにも影響を及ぼし始めていく。防衛研究所には、戦後日本を占領・統治したGHQが、戦時中のさまざまな事柄について関係者に尋問を行った際の調書も大量に残されているのだが、当然、特攻も主要なテーマのひとつとなっていた。陸軍参謀本部で特攻作戦を主導した航空参謀のひとり、田中耕二少佐は、戦後、GHQの取り調べに対して、次のように答えている。

特攻機の命中率に就ては当時私が現地軍の電報を丹念に整理して統計をとっていたが、六〇%以上の命中率を得た。比島の全作戦期間を通じても三〇%を下ることはな

かった。

特攻と一般攻撃の戦果と損耗との比較は、当時個々の電報を整理してみて同一損耗機数に対して特攻は一般攻撃より三倍以上の成果をあげていることを確認していた。

「陸軍航空特攻に関する陳述書」より

田中少佐は、陸軍が一一月末までに行った体当たり攻撃で三〇機が未帰還となったのに対し、二三隻の敵艦船を撃沈もしくは撃破したと計算していた。七六％という高確率になるが、しかしアメリカ側の記録と見比べてみると、実際はせいぜい五隻程度を撃沈破しただけであり、四倍以上過大に見積もっていたことがわかる。そして二三隻の中には、水野中尉や木下軍曹が報告した戦果も計上されており、母数が少ないだけに、その数値を押しあげる結果になっている。フィリピン作戦の序盤はおよそ六〇％、全作戦期間を通じては、その半分と見積もって三〇％。特攻はこれだけの戦果をあげられるという過大な期待が、その後終戦まで続く特攻作戦の中で、一種の前提として独り歩きし、その拡大を後押ししていくことになる。

第二章　熱狂

特攻が始まって一か月、国民が喜ぶ戦果を報じることで売り上げを伸ばそうとする新聞や雑誌などメディアは、争うように特攻の「大戦果」や「美談」を取りあげるようになっていた。新聞に発表された、先の「靖国隊」の仮想戦記もまたそのひとつだったが、その翌日、新聞各紙の一面をさらに勇壮な見出しが飾ることになる。

十機十艦船に命中　八紘隊レイテ湾猛攻　輸送船四隻を屠《ほふ》り、戦、巡四艦轟撃沈

大本営発表（昭和十九年十一月二十九日十四時）

轟撃沈

戦艦　一隻　　大型巡洋艦　三隻　　大型輸送船　四隻

大破炎上

戦艦または大型巡洋艦　一隻　　大型輸送船　一隻

毎日新聞昭和一九年一一月三〇日より

一一月二七日、田中秀志（陸士五六期）隊長率いる「八紘隊」一〇機が、レイテ湾の敵艦船に攻撃をかけ、全機が命中し、戦艦を含む八隻を撃沈、二隻を撃破という、悲劇的なのになぜか華々しいニュースが、隊員たちの顔写真と共に報じられている。防衛省の防衛研究所に保管されている「比島作戦敵艦船攻撃成果一覧表」にも、一一月二七日の八紘隊の戦果は、「轟撃沈」が「大型艦、一隻」「輸送船、四隻」「大型艦、三隻」、「撃破以上」が「大型艦、一隻」「輸送船、一隻」となっている。フィリピンの現地航空隊から東京の参謀本部にこのような報告があげられ、それがほぼそのままの形で大本営発表となったことが分かる。

では、この攻撃は、アメリカ側ではどのように記録されているのか。アメリカ海軍が残した公刊戦史のひとつ、サミュエル・モリソン著『太平洋戦争アメリカ海軍作戦史』を見てみると、確かにこの日、特攻機の攻撃を受けている艦隊があった。

午前一一時二五分、レイテ湾で給油のため待機中の戦艦、巡洋艦、駆逐艦が二〇機から三〇機の日本軍機による特攻攻撃を受けている。うち二機が軽巡洋艦「セントルイス」の後部に突入し大きな損害を与え、戦艦「コロラド」を狙った二機のうち一機が左舷中央に突入、一機は舷側近くの海中に墜落した。さらに四機が軽巡洋艦「モンペリエ」に向かい、三機は命中できずに上空を通過し、四機目が海面で跳ね返ってから上甲板にぶつかり、わずかな損害を与えた。

八紘隊の突入直後、消火活動中の軽巡「セントルイス」

日本側の記録によると「八紘隊」がネグロス島のファブリカ基地を出撃したのは、午前一〇時過ぎ。レイテ湾到着は一一時半頃。モリソンの『アメリカ海軍作戦史』にある時刻と、ぴたりと符合する。この日、陸軍は八紘隊以外に特攻隊の出撃はなく、海軍はマバラカットから「春日隊」と名付けられた五機が出撃しているが、早朝七時半の出撃で時間が合わないため、アメリカ軍を攻撃した「二〇機から三〇機の日本軍機」は、八紘隊の一〇機および直掩隊の一二機と見てほぼ間違いない。

各艦の戦闘報告書をもとに書かれたモリソンの記述からだけでも、田中中尉以下、特攻隊員たちの鬼気迫る戦い

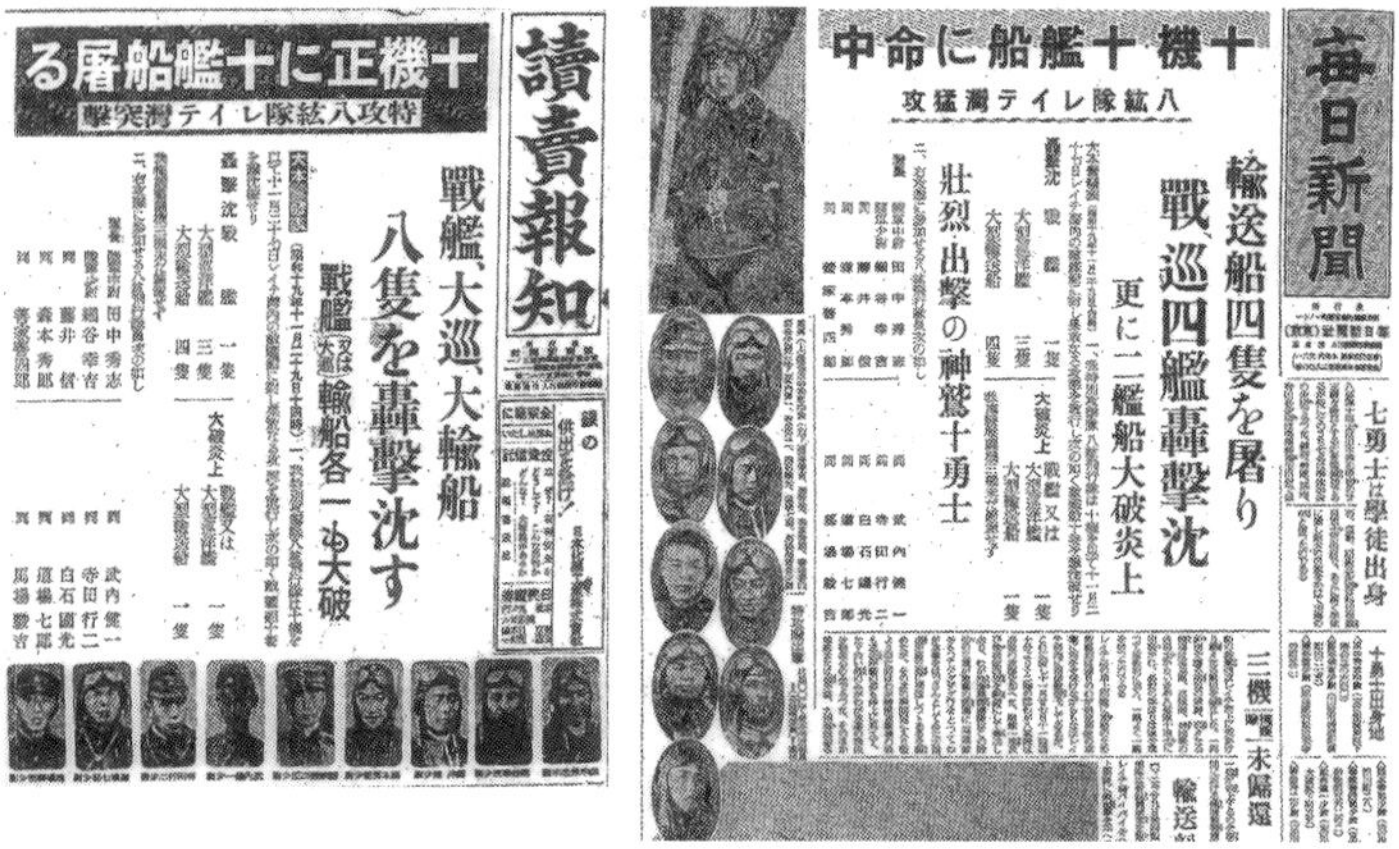
讀賣報知

十機正に十艦船屠る

特攻八紘隊レイテ灣突撃

戰艦、大巡、大輸船

八隻を轟撃沈す

戰艦（又は大巡）輸船各一も大破

毎日新聞

十機十艦船に命中

八紘隊レイテ灣猛攻

輸送船四隻を屠り

戰巡四艦轟撃沈

更に二艦船大破炎上

壯烈・出撃の神鷲十勇士

七勇士は學徒出身

昭和19年11月30日「十機十艦」の大戦果が新聞各紙の一面を飾った

ぶりがうかがわれる。戦艦コロラドでは戦死一九名と重軽傷七二名、軽巡セントルイスで戦死一六名と重軽傷四二名を出し、セントルイスは本国での修理のため戦線離脱を強いられるなど、アメリカ側は大きな損害を被っている。それでもなお、日本側の見込んだ「十機十艦」という戦果との間には大きな隔たりがあった。一〇機のうち命中したのは四機。軽巡洋艦一隻に大きな損害を与えたものの沈没には至らずという内容だった。しかもアメリカ軍は不意を突かれており、攻撃する側にとって有利な条件が整っていたなかでの戦果だった。

　なぜこのような、現実とはかけ離れた過大な戦果が生まれたのか。事の発端は、戦果を報告しなければならない直掩隊長が未帰還となったことだった。この日直掩隊長を務めた広岡安幸中尉（陸士五六期）は、水野中尉と陸軍航空士官学校の同期だった。水野中尉が連日の出撃で疲労がたまっていたため、同期の広岡中尉が出撃命令を受けたのだが、勇んで出ていったきり二度と帰って来なかった。その広岡隊長に代わって報告する若い隊員が、参謀たちに詰め寄られる様子を、基地にいた毎日新聞の設楽敏雄記者が、戦後みずからの手記に書き残している。

この日は、師団長、参謀長以下、第二飛行師団の参謀部の全員がはるばる三十キロ以上を自動車で北上して、ファブリカ飛行場のピスト（戦闘指揮所）に頑張っていた。これらの参謀は、いらいらしながら（帰還した）直掩の若い操縦者を問い詰めた。操縦者は、見たような気がしますとか、当ったと思えるとか答えるのに対して、参謀は、では見たのではないかと押しつけ、結局、この答えで、十機十艦船命中になってしまったのであった。

彼（操縦者）がはっきり見たのは二機の突入自爆のみで、他は黒煙があがっていたように思うという程度のものであった。「敵の上空掩護機にくわれたと思う」という答えは、なおざりにされてしまった。彼自身敵機に追われたのであるから、仔細《しさい》に答えることができるほど、見る余裕がある筈がなかったのである

「米軍　レイテに上る」『秘録大東亜戦史　比島篇』より

フィリピンで特攻の指揮を執っていた第二飛行師団の幹部が、攻撃が失敗に終わったと思われる情報には目を向けず、敵艦に命中したと判断できる情報をことさらに取りあげ、結果、「十機十艦命中」という戦果が生まれた、と設楽記者は批判的に書いている。もちろん、過大に戦果を見積もった参謀たちは批判されてしかるべきだろう。しかしその様子を目の当たりにし、「十機十艦命中」ではないという現実を知りながらも、本国での誤った報道がなされるのを防げなかったという葛藤は、設楽記者の記述を見る限りうかがえない。八紘隊に関するくだりの最後を、設楽記者は次のように結んでいる。「これらはすべてそのまま大本営発表となった。現地軍が訂正しなければ、そのまま通るのは当然であった」。まるで、他人ごとのようである。

設楽記者が手記を寄せている『秘録大東亞戰史』は、全一二冊に及ぶシリーズで、敗戦から八年後の一九五三年に出版された。「比島篇」はその第四巻にあたる。毎日新聞社を中心としたかつての従軍記者たちによる共著なのだが、メディアの一員として軍国日本の暴走に加担したという当事者意識が希薄と言わざるを得ない人も散見される。設楽記者もまた、そうしたうちのひとりだ。

特攻の戦果を勇ましく報じ、涙を誘う美談を伝え、結果、特攻を後押ししたという意味では、

NHKもまた同じだった。昭和一九年一二月一七日、NHKが午後八時から流したラジオ放送が、多くの人びとの心を揺さぶった。聞こえてきたのは、出撃を控えた陸軍の特攻隊員たちが、家族など大切な人たちに向けて残した肉声の遺言だった。声の主は、放送の一〇日前、一二月七日に出撃した「護国隊」の隊員たち。この「護国隊」もまた、陸軍が海軍に対抗してフィリピンに送り込んだ一二の特攻隊のうちのひとつだった。

当時のラジオ放送は、今と違って録音をしている人もほとんどおらず、NHKに保存されていたはずの原盤も、終戦後の混乱のなか失われてしまっている。護国隊の隊員たちの遺言は、今からおよそ一〇年前、思わぬところから見つかった。それは、旧満州、現在の中国吉林省長春市にある「檔案館《とうあんかん》」と呼ばれる中国の公文書館でのことだった。戦時中、NHKや満洲電信電話株式会社が満州地域で放送したラジオ番組の録音盤二二〇〇枚が見つかり、真珠湾攻撃の第一報から、香港、シンガポール陥落の実況中継、満蒙開拓団員へのインタビューなどの貴重な記録の中に、この遺言も含まれていたのだ。

かつてこの録音盤の取材をしたNHKの太田宏一プロデューサーとは、これまで何度か一緒に番組を作る機会があり、その縁で録音盤に残された音声を聞く機会があったのだが、二〇一五年、特攻のNHKスペシャルを作るにあたってこの遺言のことを思い出し、改めて聞かせてもらった。一二月七日の攻撃で戦死した護国隊の隊員は遠藤榮《しげる》隊長以下七名で、録音盤には、そのうち六名分の遺言が収められていた。東京の陸軍調布飛行場を拠点とする帝都防空部隊「第十飛行師団」の隊員だった彼らの遺言は、調布から前線へと出発する前に収録されたという。アナウンサーが淡々とした口調でそれぞれの隊員の経歴を読みあげた後、遺言が続く構成となっていた。

（アナウンサー）

隊長・遠藤榮中尉。榮《さか》えるという字を書いて、しげると読みます。遠藤中尉は神奈川県高座郡相模原町大島六七五番。遠藤由蔵《よしぞう》氏の長男。厚木中学を経て陸軍予科士官学校、航空士官学校を卒業。今年二三歳。神奈川県出身の隊長、遠藤榮中尉。

（遠藤中尉）

お父さん、お母さん、スギ子、芳子《よしこ》、お元気ですか。このたびは非常に幸運なこの運を捉えて決戦場に行くことになりました。このうえは何が何でも、この重任を完遂してみせます。おかげで家のことも何ひとつ心配することもなく、征《ゆ》くことができます。光俊《みつとし》も必ず私の後を続かせてください。一家一門を挙げてこの決戦を勝ち抜きましょう。

高揚感も悲壮感もない、静かな言葉が続く。これより後は、録音盤の劣化のためか聞き取りづらい部分があるが、親戚や世話になった方々、恩師への別れの言葉であることは辛うじて分かる。そして最後、決然とした口調でこう締めくくり、遠藤中尉の遺言は終わる。

NHKラジオより

どうか皆様、お体を大切に。銃後の護りをお願いいたします。
では、ただ今より出発いたします。ごきげんよう、さようなら。

NHKラジオより

遠藤隊長はこの言葉の通り、見事にその任務を果たした。この「護国隊」の直掩隊長を務めた人物が、埼玉県所沢市に健在だ。今年で九三歳になる有川覚治《ありかわかくじ》さんに話を聞いた。有川さんもまた、遠藤中尉らと同じ陸軍士官学校の五六期生だ。

有川中尉率いる四機の戦闘機隊に先導された遠藤隊長以下七機の「隼」は、七日の午前六時、マニラ近郊のカローカン飛行場から出撃した。この時は雲が厚すぎたため敵艦隊を発見できず、一度は引き返したものの、遠藤隊長が直訴して午後一時にふたたび出撃することとなった。今度はレイテ島オルモック湾に敵艦隊を発見し、有川中尉の目の前で、七機は次々と突入していった。

我々の後ろを飛んでいた遠藤君がこう、すり抜けるようにして横を通っていったんです。手を振って。その後を一機ずつ、六機が隊長に続いて、前に出ていきました。午後の三時半頃だったか。西から夕日を背に受けて、横一列に広がりました。ああ、いよいよ突っ込むかと思って。で私は、遠藤君の後ろからついていったんです。彼の僚機も一斉に突っ込んでいったけど、私はただ遠藤隊長の飛行機だけを追いかけていって、突入する直前に機体を引きあげて、高度を上げながら見た。すると一隻の艦にバーッと真っ赤な、それこそ深紅の光がバーッと広がって、すぐに真っ黒い煙が噴きあがってきました。

上昇しながら見たんですけど、誰がどこに突っ込んでいったか……。三隻の艦が黒い煙を吐きながら左に旋回する状況は見ていたんですが、黒い煙が海面をずっと這《は》っておりまして、やがて三隻ともその中に包まれていきました。

この日のアメリカ側の記録によれば、オルモック湾一帯で、特攻機の突入により駆逐艦一隻と高速輸送船一隻が沈没し、同じく駆逐艦一隻と高速輸送船一隻が損傷を受けている。一二月七日に出撃した特攻機は陸海軍合わせて四一機あり、どの隊がどの艦に命中したのか定かではないが、三隻に命中したという有川さんの証言は信頼するに足るものだと、僕は考えている。有川さんは謹厳実直そのもので、こちらのしつこい質問にも、分からないことは分からないと率直に答えてくださる方だった。有川さんに対する同期生たちの信頼は、今もとても厚い。「靖国隊」の直掩隊長を務めた水野帝さんも有川さんとは無二の親友であった。

護国隊らしき特攻機が突入した米駆逐艦

　ところがこの有川さんに関して、僕の中で、ずっと心にひっかかっていたことがあった。それは何回目かの取材の時、「人には初めて見せるのですが、フィリピン時代に贈られたもののなので何かの参考になればと思いまして」と見せてくださった一枚の「感状」についてだった。「感状」とは武功抜群の軍人に贈られる賞辞のことで、有川さんの感状はこの頃新設されたばかりの「陸軍武功徽章《きしょう》（甲種）」を初めて与えられる栄誉に浴した時のものだ。そこには、現地航空軍軍司令官の花押と共にこう書かれていた。

飛行第二十戦隊付き陸軍中尉、有川覚治。右は素朴真摯、進んで各種の任を果し、特に屡々《しばしば》特別攻撃隊の直掩、誘導、戦果確認等に従い、非常の困難を排して功を累《かさ》ね、且其《かつその》報告常に毫《ごう》も飾らず、断じて偽りなし。

本職、克《よ》く其武功を認むると共に、戦の徳義を守る其節操を歓《よろこ》び、茲《ここ》に賞詞を与ふ。

昭和十九年十二月十七日

第四航空軍司令官　陸軍中将　富永恭次

今までいろいろな感状を見せていただいたことがあるが、「報告常に毫も飾らず、断じて偽りなし」と称《たた》える感状というのは、初めて目にした。時に戦果を水増しすることも厭《いと》わない現地航空軍の幹部がなぜ、有川さんにこのような名目で感状を与えたのか。妙な違和感が残った。この感状が与えられる前日、有川さんは戦闘中に負傷し、台湾に後送されることになっていた。フィリピンで幾多の死線をくぐり抜けた有川さんに対する司令部からのねぎらいの意味もあるのではと考えたりしたが、それにしてもなぜ「毫も飾らず、断じて偽りなし」なのか……。

ところがある日、この感状を何気なく眺めていた時、不意に謎が解けた。「毫も飾らず」という文言には、深い意味がないのではないか。大事なのは感状の最後に記された、「十二月十七日」という日付の方ではないか。そう、護国隊の遺言がラジオから流された日だ。さてはと思い、当日の新聞を調べてみると、案の定「燦たり！初の武功徽章」という見出しで、護国隊のラジオ放送の記事と共に、有川中尉叙勲の一報が大々的に載せられていた。新たに作られた勲章を与える相手として、「遺言を録音した前代未聞の特攻隊」である護国隊の突入を見届けた有川隊長が選ばれ、ラジオ放送と時を同じくして発表する。そのためには勲章を与える名目は何でもよく、司令部では、実直な有川中尉の人柄を称える文言をしたためたのだろう。

特攻が始まってから二か月弱、軍を中心に、NHK、新聞各社を巻き込んだ「一大特攻キャンペーン」が行われるようになっていた。そして有川さんも知らずのうちに、そうした動きに巻き込まれていた。

有川覚治中尉。昭和20年台湾にて

護国隊の遺言放送が流された一二月一七日当日の朝刊には、「崇高凜《りん》たり『神鷲の声』けふ録音放送」という見出しで放送の予告が大々的になされており、多くの国民が耳を傾けていたはずだ。存亡の危機にある祖国を救おうと命を散らした二三歳の特攻隊長がラジオから「（弟の）光俊も必ず私の後を続かせてください」

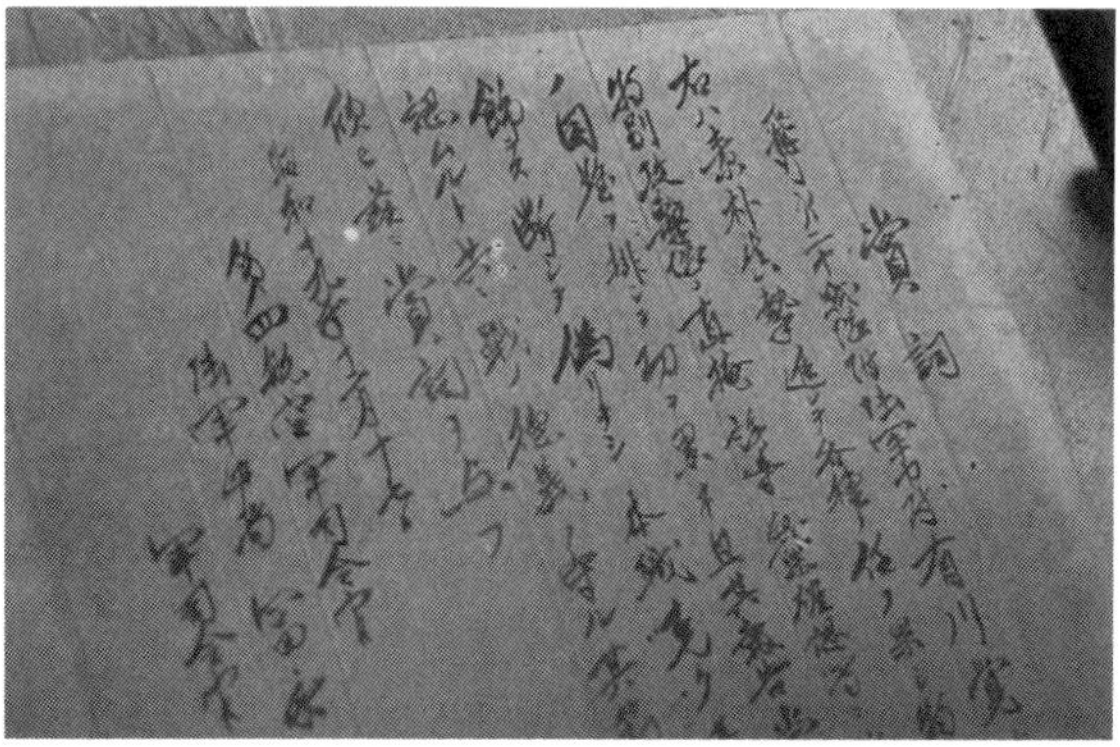

有川さんが生涯誇りとしてきた賞詞。「武功徽章」と共に贈られた

「一家一門を挙げてこの決戦を勝ち抜きましょう」と訴えかけるのを耳にしては、聞かされている側は逃げ場がないだろう。すべてをなげうってこの「聖戦」を勝ち抜こうとしている真摯な人たちを前に、「もう、負け時なんじゃないですか?」と言う勇気がある人はそうはいないはずだ。事実この放送を聞いた当時の衆議院議長、岡田忠彦氏は二日後の一九日、朝日新聞に「神鷲の声に想ふ」と題し、「あの若い神鷲たちは永久不滅の巨大なる聖火、そのひかりに導かれて勇往しよう」とその言葉を寄せている。これこそが軍部の狙いなわけだが、涙を禁じ得ないほどの感動と共に、特攻を熱烈に称え後押しする以外のすべての声を沈黙へと追い込んでいくシステムが、できあがろうとしていた。

そう思いながら遺言の音声を改めて聞き直すと、アナウンサーの実直そうな声が逆に不気味に感じられ、各隊員の誠意に溢《あふ》れた「最後の言葉」が痛ましい。そして彼らの遺言を幾度となく聞くうちに、僕はひとりの隊員の言葉が気になってきた。

（アナウンサー）

続いては瀬川正俊《せがわまさとし》少尉。大阪市此花区大野町二の三六出身。瀬川少尉の父君は早く世を去り、母親トラさんの手ひとつで育てられ、市岡《いちおか》中学から三重高等農林を卒業して、陸軍特別操縦見習士官を志願し、少尉任官の今日に至った方。本年二一歳の、瀬川正俊少尉。

（瀬川少尉）

兄上様。正俊はこのたび、帝国軍人として最高の名誉を与えられました。有り難き陛下の御言葉までいただいて、光栄に感激いたしております。誓って、この重任を完遂いたします。

母上様、お元気ですか。二一星霜《せいそう》のご薫陶、必ず無駄にはしません。必ずお役に立ちます。くれぐれもお体をお大切に。

NHKラジオより

女手ひとつで育てられたという彼の生い立ちが、その殉国の精神を悲劇的で崇高なものへと高める道具として、巧みに利用されている。兄に語りかける時の静かだが決然とした語り口とは違い、「母上様、お元気ですか」と呼びかける時のいたわりに満ちた瀬川少尉の声が、その悲哀を増幅させる。この後、親戚やご近所など世話になった方々への感謝の言葉が続き、知り合いらしき「亘君《わたる》」という少年に「日本男児は常に肚《はら》と身体《からだ》を鍛え、如何《いか》なることも断じて貫くんだ。俺は元気で征く」と諭し、最後に「では皆々様、皇国のためにご敢闘あらんことを」と別れを告げて、二分ほどの瀬川少尉の遺言は終わる。

瀬川正俊さんとは、どんな方だったのか。ご遺族を訪ねてみたいと思ったが、昨年放送した番組では、限られた取材時間の中でどうしても探し当てることができなかった。そのため、その人柄などには触れることなく、「瀬川正俊」というひとりの隊員の遺言としてのみ使わせていただいた。

放送の翌日、視聴者コールセンター経由で僕のもとに、「瀬川」と名乗る男性からのメールが届いた。戦死した正俊さんのご遺族の方だった。これまで話に聞いたことしかなかった正俊さんの遺言を聞けたと喜んでくださっていたものの、本題は、番組内でテロップしていた瀬川正俊さんの漢字が間違っているので再放送までには訂正してほしい、という依頼だった。調べてみると、確かに指摘の通り間違えていた。ディレクターとしてあってはならない凡ミスなの

洋画家による瀬川正俊さんの肖像画

だが、僕は大変申し訳ないと思うと同時に、不謹慎にも、これは正俊さんのお引き合わせかもしれないと思った。丁重に謝罪のメールをお送りすると共に、正俊さんについてもっと知りたいというこちらの意図をお伝えしたところ、お会いする機会をいただけることになった。

瀬川さんのご遺族は、大阪のＪＲ放出《はなてん》駅の近くに自動車整備工場を営んでおり、工場を訪ねると、正俊さんの兄・澄雄《すみお》さんのご子息である、美澄《よしずみ》さん・俊裕《としひろ》さん兄弟が出迎えてくださった。おふたりにとって正俊さんは叔父にあたるが、戦後生まれのため、正俊さんに会ったことはない。「わが家の玄関にはこの油絵がずっと飾られていて、私たちにとって叔父の正俊といえばこのイメージですね」。それは正俊さんが戦死した後、その功績を称えるため、生前の飛行服姿の写真をもとに田村孝之介《たむらこうのすけ》という洋画家が描いた肖像画だった。正俊さんの母親で、美澄さん・俊裕さん兄弟にとっては祖母にあたるトラさんは、終生その絵を大切にしていたという。

正俊さんは、大正一三（一九二四）年一月一日、大阪市に生まれた。ラジオ放送の紹介の通り、父・菊松《きくまつ》さんは若くして亡くなっており、姉の喜美子《きみこ》さん、兄の澄雄さんと共に、トラさんの女手ひとつで育てられたという。ただし、菊松さんには現在の自動車整備工場を一緒に立ちあげた弟がふたりおり、トラさんもその家業を助けていたので、お金に困るということはなかったようだ。正俊さんは、旧制市岡中学（現・府立市岡高校）を経て三重高等農林学校（現・三重大学生物資源学部）に入学し、農業土木を学んでいる。一方で、三重高等農林時代には馬術部に所属し、茶碗《ちゃわん》を買い求めて茶の湯を嗜《たしな》むなど風流を解する青年でもあったという。卒業を間近に控えた昭和一八年、アジアでの農業土木を志し、海外での事業を手がけていた呉羽《くれは》紡績という会社への内定を得ていたが、同年一〇月に発足した「陸軍特別操縦見習士官」の一期生に志願し、陸軍航空隊に入隊する道を選んだ。この「特別操縦見習士官」とは、搭乗員が次々と戦死し、陸軍士官学校や少年飛行兵の出身者だけでは立ち行かなくなっていくなか、短期間で優秀な搭乗員を養成しようと大学などの高等教育機関から志願者を募った制度で、正俊さんたち一期生は一二〇〇人が採用されている。

お訪ねした際、美澄さんと俊裕さんは、トラさんと澄雄さんが大切に保管してきた正俊さんの遺品を用意してくださっていたのだが、その中に、正俊さんが呉羽紡績に提出した、三重高等農林学校発行の「人物考査書」があった。そこには正俊さんの人物評が次のように書かれている。

人物考査書

昭和十八年九月　農業土木学科卒業見込者　瀬川正俊

一、人物

性格　温順誠實《せいじつ》にして寛容。同情心厚く克《よ》く事に従ふ

素行　善良なり

思想　穏健中正なり

一、身體《しんたい》　強健なり

一、運動　剣道

一、趣味　讀書、茶道

右の通に候也

昭和十八年七月二日　　三重高等農林学校

正俊さんが周囲から、心身共に健康で、心穏やかな青年として見られていたということが分かる。陸軍に入隊した後の昭和一九年に正俊さんの兄・澄雄さんと結婚したまさこさんは、正俊さんとは休暇などで大阪の実家に帰って来た時に何回か会ったことしかないが、とても優し

い人だったと語っていたという。

ご遺族のもとには正俊さんが呉羽紡績の入社試験に臨んだ際に提出した自筆の志願書も残されており、そこからは正俊さんの人柄がさらに詳しく見て取れる。「崇拝する人物」という欄には「楠木正成《くすのきまさしげ》公父子、杉本中佐」の名前を挙げ、みずからについては、「所謂《いわゆる》楽天主義が長所でもあり、短所でもあります。熱し易く冷め易い傾向もあります。交際は広くないが深く行ひます。自分の好むところはあくまで研究します」と述べている。興味深いのは、みずからの性格について十点満点で採点をする欄だ。

正俊さんはみずからのことを、決して「保守的」ではないけれども「道徳理念」と「責任観念」は強く、「積極」性には欠けるけれども人並み以上の強い「情熱」を持っていると考えていたことが分かる。ちなみに、崇拝する人物に挙げている杉本中佐とは、一九〇〇年生まれの陸軍軍人で、日中戦争が始まった直後の一九三七年九月、中隊長として参加した戦闘で突撃中に敵弾を浴びて倒れたが、軍刀を杖《つえ》として起きあがるとはるか東方、天皇のいる皇居の方角に向け挙手敬礼し、立ったまま絶命したとされる杉本五郎中佐のことだ。杉本中佐が、四人の息子への遺書として書き送った手紙をもとに出版された『大義』という本には、天皇のために身を捧げることこそ日本人の生き方であると説かれており、一三〇万部を超える大ベストセラーとなって戦時中の日本人の死生観に大きな影響を与えたとされている。正俊さんにとっての

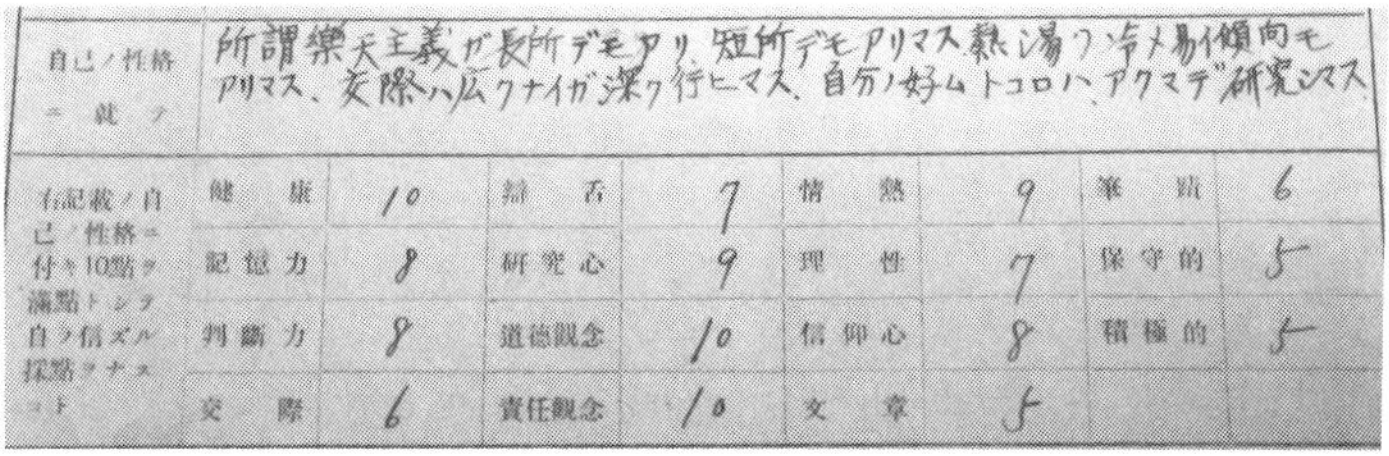

自己ノ性格ニ就テ	所謂楽天主義ガ長所デモアリ短所デモアリマス熱シ易ク冷メ易イ傾向モアリマス、交際ハ広クナイガ深ク行ヒマス、自分ノ好ムトコロハ、アクマデ研究シマス							
右記載ノ自己ノ性格ニ付キ10點ヲ滿點トシテ自ラ信ズル採點ヲナスコト	健康	10	辯舌	7	情熱	9	筆跡	6
	記憶力	8	研究心	9	理性	7	保守的	5
	判斷力	8	道德觀念	10	信仰心	8	積極的	5
	交際	6	責任觀念	10	文章	5		

呉羽紡績に提出した瀬川正俊さん自筆の志願書

「道徳理念」「責任観念」とは、恐らく、天皇を中心とする皇国日本のために自分がなすべきことをなすということを意味しているのだと思われる。そう考えた時、ラジオの遺言の中にあった「正俊はこのたび、帝国軍人として最高の名誉を与えられました。有り難き陛下の御言葉までいただいて、光栄に感激いたしております」という言葉は、定例句ではあるけれど、正俊さんの本心から出た言葉に近かったのではないか、と思われた。

ところでこの正俊さんの遺言にある「有り難き陛下の御言葉」とはいったいどのようなものだったのだろうか。大元帥として陸海軍を統率する立場にあった天皇は、いったいどのような形で特攻に関わっていたのか。答えは、護国隊の出撃を伝える「日本ニュース」の中にあった。遠藤隊長以下七名が戦死してから八日後の一二月一五日に封切られた第二三七号に護国隊の映像が収められており、当時の陸軍参謀本部で作戦立案を担っていた作戦部長の眞田穣一郎《さなだじょういちろう》少将が、隊員たちを前に訓示を行うシーンからそのニュースは始まっている。

一昨日、参謀総長から陛下に、皆さまの先駆けとして立派な活動をされた万朶隊の状況を奏上いたされた時に、陛下から畏《かしこ》くも次のお言葉をいただきました。

「体当たり機は大変よくやって、立派な成果を収めた。身命を国家に捧げて、よくもやってくれた」

こういうお言葉をいただきました。第一線にお伝えをし、そのご家族にお伝えをしました。この機会にお伝えをしておきます。終わり。

日本ニュース第237号「特攻護国隊」より

眞田作戦部長の言う「万朶隊の状況」とは、昭和一九年一一月一二日、陸軍が最初に編制した特攻隊のひとつ「万朶隊」があげたという戦果を指す。この日出撃した万朶隊は四機。参謀本部では、「線香花火のように」終ってしまったという田中参謀の言葉にも表れているように、戦果をあげたかどうか確証が取れなかったものの、海軍のあげている戦果も鑑みて、四機のうち二機が体当たりに成功し、戦艦一隻、輸送船一隻を轟撃沈と見積もり、翌一三日には参謀総長の梅津美治郎《よしじろう》大将が天皇に上奏していた。それに対して天皇から、お褒めの言葉が与えられたのである。

その後ニュースは、天皇の言葉を眞田部長から聞かされた遠藤隊長が、答辞を述べる場面を映し出している。

（遠藤中尉）
一同を代表いたしまして、ご挨拶申しあげます。甚だご懇篤なる訓辞を賜り、ただただ、感激の他ありません。遠藤以下、誓ってこの重任を完遂いたします。

日本ニュース第237号「特攻護国隊」より

そして、冬富士をはるかに眺め、調布飛行場から前線基地に向けて飛び立つ映像と共に、いつもの名調子が聞こえてくる。

（ナレーション）
敵艦船に玉《たま》と砕けて国を守らん。陸軍特別攻撃隊護国隊。遠藤中尉以下、内地基地進発の時至る。
畏きあたりの思し召し、栄えの門出にありがたさ極まりなく、勇士の感激はいや増すばかり。今、勇士たちは祖国の土を離れていく。はるかに霊峰富士を仰ぎ。護国の翼、今ぞレイテの決戦場へ。敵艦船轟沈へ。神鷲は敵の頭上へ殺到していく。

日本ニュース第237号「特攻護国隊」より

陛下の言葉に見送られ、特攻隊員は死地に赴いていった。陸軍の参謀本部、海軍の軍令部の作戦指導に異を唱えられる立場にある天皇までもが、戦局が絶望的であることに気づかず、特攻を後押ししていた。昨年宮内庁から公開された『昭和天皇実録』を始め、さまざまな資料を読み込んでいくと、海軍による最初の特攻隊の頃から天皇が隊員たちの健闘を大いに称え、お褒めの言葉を与え続けていることが分かる。そして天皇と軍上層部に特攻もやむなしと思わせた最大の理由が、護国隊への言葉の中にもある「立派な成果」であった。

隊員たちに天皇の言葉を伝えた作戦部長の眞田穣一郎は、戦時中の詳細な日記を書き残しており、そのすべてが防衛研究所で閲覧できるようになっているが、護国隊が突入した翌日の一二月八日の項には「体当たり機は、個人には同情するが、成果は大きい」と書き記し、一二月末にはそれまでの特攻戦果を計算して「八三〜九一（%）の命中率なり」と記録するなど、大きな期待を寄せていたことが分かる。

こうした「大戦果」は、軍の中で当初特攻に反対していた人びとの声を封じ、あまつさえ特攻になびかせていくきっかけにもなった。そのひとりが、フィリピンに多くの特攻隊員を送り出した鉾田教導《ほこたきょうどう》飛行師団の司令官、今西六郎《いまにしろくろう》少将だった。教導飛行師団とは、実戦部隊に配属される前の搭乗員たちを訓練するいわば練習航空隊のことであり、爆撃機の搭乗員を練成していた鉾田からは、「万朶隊」を始め、「鉄心隊」（八紘第五隊）、「勤皇隊」（第八隊）、「皇魂隊」（第十一隊）が編制されて、内地を後にしている。

今西少将もまた詳細な日記を書き残しているのだが、それによると今西のもとに初めて特攻隊の編制命令が来たのは、昭和一九年一〇月四日のこととなっている。その日の日記には、「所見」として、体当たり攻撃への懐疑的な考えが記されている。

該隊編成化は士気の保持困難、統御に困り、却て戦力低下せん。此種決死隊は第一線に於て、（中略）自然に結成せられたる殉国の結晶により決行せらるへきものにして、内地部隊として常時編成し置くへき性質のものに非ず。

今西六郎日記（昭和一九年一〇月四日）より

つまり、本来特攻隊のようなものは現地軍の発意で結成されるべきであり、中央からの命令として編制したところで、士気を保つのが困難で、かえって戦力が低下するだろうというのが今西の予想だった。しかし参謀本部の意向は強く、一〇月二一日に再度正式な命令が来るに至

鉾田飛行場を出発する「鉄心隊」。先頭は隊長の松井浩中尉

り、今西は隊で教官を務めていた岩本益臣大尉（陸士五三期）以下一六名を選び、翌日、鉾田から送り出した。

しかしその後、海軍の大戦果が報じられていくに従い、今西は少しずつ心を動かされていく。一〇月末の頁には、一〇月二五日から三〇日までの間に海軍があげたとされる戦果の一覧が記されており、三〇機で一八隻を撃沈破したことを示す表の傍らに「比率一八／三〇　六〇％」と書き込みがある。

一一月八日、今西は、松井浩中尉率いる八紘第五隊「鉄心隊」を鉾田から送り出しているが、その時彼らに送った「訣《けつ》別《べつ》の辞」は、一か月前、特攻に反対していた司令官のものとは思えないほど、勇壮なものだった。

比島の敵は多大の損害を顧みず、物量の大を頼みて決戦を挑みつつありて全般の戦勢急を告げ、今にして此敵を粉砕せずんば、勝機は永遠に大日本より去らん。我等は嚮《きょう》に岩本大尉以下万朶飛行隊と訣別し、本日再茲《ここ》に松井中尉指揮する八紘飛行隊の諸勇士を決戦場に送り、勝敗の鍵を一挙我手に確保せんとす。選ばれて此壮図に趨《はし》る諸士の栄光、何物か之《これ》に如かん。我等亦《また》、諸士の母隊たるを絶大の栄誉とす。諸士、最後の御奉公の秋《とき》至る。諸士よ征け。征きて一死以て皇恩に酬いよ。日本男子の本懐を遂けよ。我等亦一人一機あらん限り必ず必ず諸子に続かん。続きて諸子の赫々たる戦果を拡充し、醜敵を殲滅して聖慮を安んじ奉らんことを誓ふ。

今西六郎日記（昭和一九年一一月八日）より。傍線　筆者

今西の「訣別の辞」を長々と引用したのは、この中に「特攻」をめぐって生まれ始めていた「幻想」が如実に表れているからだ。つまり、「特攻は大きな戦果をあげているが、アメリカは物量を頼みに押し切ろうとしている、その戦果を拡充すれば、日本には勝機をつかみ得るチャンスがある」というものだ。

今西のもとには、万朶隊を始め、敵艦に突入していった部下たちの出撃前の堂々とした振る舞いが伝えられ、あるいは死の直前まで粛々とつけていた日誌などが届けられており、短い生涯を閉じた若者たちへの熱い思いをみずからも日記に綴る日々を送っていた。その後も「勤皇隊」「皇魂隊」と次々と若者たちを特攻へと送り出す今西は、自分だけが生きている負い目もあってか、その訓示は次第に熱狂を帯びていく。

この戦争が、民間人を含め新たに一〇〇万人を超える犠牲者を生み出すことになる昭和二〇年という年の元日、今西が鉾田教導飛行師団の全隊員に向けて述べた年頭訓示は、もはや司令官としての正常な判断力を失ってしまったのではと思うほど、常軌を逸していた。

昭和二十年一月一日

年頭訓示

戦局は最後の段階に突入せり。昭和二十年は大日本が三千年の光輝ある歴史を子孫に伝ふるか、或は日本永遠に亡びるかの必す決定する年なり。是《こ》れ年頭に方《あた》り、特に将校以下に更《あらた》めて覚悟を要求する所以《ゆえん》なり。

対米作戦は彼の技術力、物量力に対する、精神力の戦なり。技術力、物量力には明かに限度あり。今彼等はそれに到達しあり。精神力には限度無し。所謂《いわゆる》命を捨ててか

かる時、初めて精神力は発揚せらる。見よ、特別攻撃隊の戦果を。十分なる戦闘機の掩護も無く、或は敵艦船に、或は敵飛行場に殺到。殆ど全機目的を達成し、挙げたる戦果と損害との比較は殆ど問題とならさる懸隔ある所以は何ぞ。

即ち、特攻隊は我精神力を眞に最大限発揮しあるものにして、今や我等全員特攻隊たるべき階段に到達せり。然らずんば、本国難打開の道無しと断言す。

茲に昭和二十年初頭に方り、當《とう》部隊全員は本年を以て人生の最後の年と心得よ。本日唯今《ただいまま》先づ死すべし。然る後、霊を以て各任務に就くべし。全員、本元日を以て生きたる命は先づ自ら死なしめよ。霊の力のみにて、今後の御奉公を励まん。

諸士死せされは日本滅ふ。日本滅びて日本男子生甲斐《いきがい》ありや。ありと思ふ者は日本男子に非ず。日本軍人に非ず。斯の如き輩は速かに処断血祭りとし、以て教へんのみ。

一部略

新年早々、壇上から発せられる司令官の激烈な訓示を、隊員たちはいったいどのような思いで聞いたのだろうか。ひとつだけ確かなのは、生還を期さない体当たり攻撃は日本人の精神の究極の発露であり、史上類を見ないこの作戦に皆が身を捧げれば、物量で勝るアメリカ相手に勝機を見出せるという根拠のない期待感が、戦場の実態を知らない銃後を巻き込みながら、日本という国をさらに滅亡の淵へと駆り立てたということだ。

護国隊の一員として戦死した瀬川正俊さんのご遺族のもとにも、そうした銃後の雰囲気が感じられる資料が残されている。それは、正俊さんが農業土木の腕をふるうはずだった「呉羽紡績」の創業者、二代目伊藤忠兵衛が母親のトラさんへ送った手紙だ。戦前から戦後にかけて伊藤忠商事や丸紅の基礎を築いた実業家である二代目忠兵衛は、みずから経営する呉羽紡績に入社が決まっていた若者の崇高な精神に感動し、トラさんを慰めるべく文通を重ねていた。瀬川家に伝わるそうした手紙の中に、伊藤忠兵衛が昭和一九年の末、社員たちを前に行った訓示の内容を記した紙が収められていた。少々長いが、肝要な部分を引用する。


端的に申すと昨八月一日に挨拶しましたときは本年の末は戦の様相が今日以上の烈しさ、即ち日本の大都市も空爆による大災厄を蒙《こうむ》り軍需生産会社にも大きな損害があるべきものとの考を持っていましたがそれは半ば杞憂に終り、我々の日常の執務の上に大きな変更を来さなかったことは、全く忠勇なる将士が身を以て御国を護《まも》って戴いたことに起因するものと信じ今更感謝に堪えぬのであります。

国民が半ば気狂にならなければ所謂興奮状態にまで仕事を向上しなければ兵隊さんに済まぬ、即ち勝ちぬくためには我々は真に平素の自分と違う決心と行動を起さねばならぬ、この点につき皆様に特に御了解を願います。それについて少し戦の話をさせて戴きます。敵の艦隊、航空兵力等所謂《いわゆる》物の数より見た戦の力は甚だしいものは十分の一にも達しないものがある筈であります。これら客観的に見るときは日本が勝ちうる筈は絶対にないことが明らかであります。然るに我々国民誰一人として敵に負けるという考を持っている人がありましょうか。この信念こそ戦を勝ちぬく根本の力であります。そしてこの力の現われが私共の神として尊敬する神風特攻隊の必死必殺の体当り行動に見られるのであります。

茲に私はこの二〇年度こそ勝ちぬく大きな光明を確信しているのであります。既に御承知の通り我々の同僚に神鷲を出したのであります。即ち本月七日護国隊の隊員として比島に於ける敵艦船に体当りをして赫々たる戦果を挙げてくれたものに陸軍少尉瀬川正俊君を発見したのであります。私は名誉の報を聞いて直ちに御霊前に参拝したのでありますが御母堂、御令兄の御精神すべてが感激でありました。ここで同君の申し残した言葉に「誓ってこの重任を完遂いたします。亘君（甥御《おいご》さんなり）よ日本男子は常に身体と肚とを練れ、如何なることも断じて貫ぬくのだ、俺は元気で往く。では皆々様、皇国のために御健闘あらんことを」を想起いたします。先づ彼は誓って重任を完遂する信念に生きていました。次に亘君に対しての言葉に身体と肚とを練れ、即ち私共は身心一致の鍛錬をやらねば勝ち得られぬ、最後に国のために健闘しろ、即ち銃後も前戦もないぞ、ということを我々に命じております。

本年八月以後、(呉羽紡績の関係者で) 外地に於て殉職されし方十数名を数えています。レイテのタクロバンにミンダナオに幾十百の我々同僚は軍と同じ行動をなしおりその後方勤務なる我々内地勤務の者は全く軍人と同精神で職務に当るべきであります。この尊き仕事に対し皆様方に私は尚半年即ち二〇〇日の日子を私にお貸し願いたいと思います。二〇〇日に於ては立派に国民の努力が現われることを信じています。この二〇〇日こそ眞に国が存亡を賭けた日子であります。従って命令は峻烈と信じます。必ず無理な注文を発することと信じます。皆飽くまでこの二〇〇日は勝ちぬくための又と與えられぬ国民の職務を遂行する光栄を感じて働きぬこうではありませぬか。

伊藤忠兵衛社長訓示(昭和一九年一二月二三日)より

英国への留学経験もあり、リベラルな物の見方をしていたとされる忠兵衛ですら、体当たり攻撃という世界史上類を見ない究極の自己犠牲を突きつめれば、欧米流の物質主義を打ち負かせるのではと期待せずにはいられなかった。そして、その忠兵衛に慰めの言葉をかけられたという母トラさんは、そうした熱狂の中に静かに身を任せるしかなかった。美澄さん・俊裕さん

左が「母さん読書の図」、右が幼少の頃の正俊さんのクレヨン画

兄弟は、亡き祖母について次のように語った。

「祖母は、気丈というか、気持ちのしっかりした人でした。正俊さんを失ったのは悲しいことだけど、自分の信念を貫いたのならそれでよいではないか、と固く自分に言い聞かせていたのではないでしょうか」

正俊さんの遺品の中に、僕が大きく心を動かされたものがあった。それは、スケッチをするのが好きだったという正俊さん直筆の絵だ。

ひとつは、まだ幼い頃、色とりどりのクレヨンを使って画用紙に描いた可愛らしい絵だ。山高帽をかぶりステッキをついたハイカラな男性がふたり、黄色と青で塗られたカラフルな家と共に描かれている。その絵と共に、当時としては珍しい保育園の卒業アルバムも残されており、六歳の正俊さんも福々しい顔で写っている。

もうひとつは、正俊さんが旧制中学校時代に残したスケッチ。そこには「母さん読書の図」というメモ書きと共に、左手を火鉢に当てながら、ちゃぶ台の上に本を広げ一心に読みふけるトラさんの姿が描かれている。明治の生まれで、女子であるというだけの理由で高等教育を受ける途を断たれたトラさんだったが、昭和五七年に九四歳で亡くなるまで、終生、向上心を持って学び続けたという。「とにかく勉強熱心な人で、新聞もよく読み、物ごとをよく知っていました。私たちが思い浮かべる祖母の姿とは、まさに、眼鏡をかけてテーブルの上に本を広げて読みふけっているこの姿です」と美澄さん・俊裕さんは振り返る。向上心を失わなかった母に対する正俊さんの尊崇の念が、この小さなスケッチ帳には溢れている。

しかし、こうして親子が互いを思いやる心は、あの戦争の時代、抗いようのない巨大な何かの前にあまりに無力だった。正俊さんの生きていた証である品々を前にして、僕はその無力さに言葉を失うほかなかった。

その頃フィリピンでの戦いは、最終局面に入ろうとしていた。確かに特攻はアメリカ軍を混乱させ、大きな被害を与え、その進攻を遅らせることに成功してはいた。アメリカ側に特攻機を迎え撃つ態勢が整っていなかったことが大きな理由だ。特攻が始まった昭和一九年一〇月二五日以降、フィリピンから最後の海軍特攻機が出撃した翌二〇年一月二五日までの間に、アメリカ軍は空母二隻、駆逐艦五隻を含む二六隻の艦艇を沈められ、それ以外に空母八隻、戦艦二隻、巡洋艦六隻、駆逐艦九隻を含む三二隻が大きな被害を受け、何度も作戦の練り直しを強いられていた。アメリカはこの時期、新聞や雑誌への検閲を強化し、日本軍の体当たり攻撃に関する報道を禁じているのだが、その事実だけでも、アメリカがどれほどの苦戦を強いられていたのかが分かる。

しかしながらアメリカ軍は、優勢な航空戦力を武器に、特攻を封じ込める態勢を整えていった。やがてレイテ島に拠点を築いたアメリカ軍は、一二月一五日にはミンドロ島に上陸、そして、翌二〇年一月九日にはルソン島のリンガエン湾に上陸を開始する。それでもなお、海を埋め尽くすように迫るアメリカ軍艦艇をめがけ、特攻機が次々と出撃していった。

敗勢が濃くなってきた昭和二〇年一二月、日中戦争からの熟練搭乗員である海軍の角田和男少尉は、みずから特攻隊員となる途を選び、出撃を待つ身となっていた。一〇月三〇日に「葉桜隊」の突入を見守った直後の一一月六日、自分の隊から特攻隊員をひとり出せと命じられた角田少尉は、部下を指名するにしのびず、自分の身を差し出した。しかし、残り少ない熟練搭乗員に体当たりが命じられることはなく、いたずらに日が過ぎる。そんなさなか、マニラ近郊のクラーク航空基地にあった司令部で、角田少尉は予科練の同期生である浜田《はまだ》徳夫《のりお》少尉とばったり出会った。

特攻隊になっている時の顔は、あんまり自慢できませんね。暗い顔していますから、浜田にもすぐ分かったでしょう。会ったそばから、「角田、お前神風刀（特攻隊員が任命式で受領する刀のこと）もらっているな」と言うから「もらっているよ」と言ったら、「そんなものはすぐに返して来い！　一機一艦つぶせば勝つなんてとんでもない。特攻以外で勝つ見込みがないなら、潔く降伏すべきだ」と。「開戦に対して責任のある上官は、全部腹を切ってお詫びするべきだ」と言ってきたんです。「お前たちみたいな馬鹿がいるから、搭乗員たちもみんな志願するんだ。そんなことをしていれば、講和の時期が延びるばかりで犠牲がますます増えるばかりだ。早く降伏しちゃえ」と言う。

（質問）今から考えると、浜田さんの考えは理にかなっているように聞こえますが？

確かに私もそう思いました。ただ私は、大西中将が特攻を続ける「真意」というのを聞かされていたので、思うところがありました。他言は無用と言われたので、浜田

——にも言えず、結局けんか別れに終わってしまいましたが……。——

角田さんの言う、大西中将が特攻を続ける「真意」とは、いったい何なのか。角田さんはそれを、フィリピン・ダバオの基地で出撃命令を待っていた一一月下旬、ある人物から秘密裏に聞かされていた。その人物とは、第一航空艦隊の参謀長として司令長官の大西中将を補佐していた小田原俊彦《おだわらとしひこ》大佐だった。以前から角田さんと面識があり、その角田さんが妻子ある身でありながら志願したことに心を動かされた小田原大佐は、大西から「他言は無用」と釘《くぎ》を刺されたこの「真意」を語り聞かせたという。

がらんとした大きな兵舎にアンペラを敷き、ヤシ酒を酌み交わしながら、小田原参謀長が語った大西の「真意」とは、次のようなものだった。

第一航空艦隊の司令長官に就任するまで軍需省航空兵器総局の高官を務めていた大西中将は、もはや日本は戦争をこれ以上続けることはできず、一日も早く講和に持っていかなくては国が持たないということを痛感していた。ところが、戦場から遠く離れた日本本土では、徹底抗戦を叫ぶ声が依然根強く、講和のことを口に出そうものなら陸海軍の大臣や皇族といえども命の保証はない。内乱になる恐れも十分にある。ここは天皇陛下から、戦争をやめるよう命令をしていただく以外に方法はない。体当たりまでしなければならない状況であると聞かれたならば、万世一系、仁慈をもって国を統治されてきた天皇陛下は、もう戦争はやめようと必ず仰るだろう。そして、国がまさに滅びようとした時にこれを救おうと立ちあがった若者たちがいたということ、それをお聞きになった陛下が慈悲の心をもって戦争をやめろと仰られたという歴史が残る限り、日本は五〇〇年後、一〇〇〇年後に必ず再興できるだろう……。

大西長官の「特攻の真意」を聞いた時、ようやく終戦のありようを考えてくれた人がいた、ということを感じましたね。特攻で一機一艦を沈めれば勝つんだということは、まったく信用していませんでしたから。レイテ湾を埋め尽くしている敵艦の数と、マバラカットに集結した特攻隊の数は、まるきり違いますからね。一機一艦ぶつかったとしても、最初になくなるのは飛行機の方ですからね。飛行機は二〇機、三〇機しかないんですから。何百隻という艦が、湾を埋め尽くしていましたから。なんでそういう目先のことしか見ないのか、と不満でしたね。だから、ようやく終戦の条件がこれで見えてきたということが分かりましたですね。負けるための方法として、特攻に希望を持ったのです。

角田さんが伝え聞いたという、大西長官の「特攻の真意」については、真相は闇の中だ。大

西自身、それについては語り残しておらず、それを聞かされたという小田原参謀長も、角田さんに語り伝えてからおよそ二か月後、乗っていた航空機が台湾沖で墜落し戦死している。しかしひとつだけ確かなのは、その「真意」を伝え聞いた角田さんが、特攻で死ななければならないみずからの運命にささやかな意味を見出し、戦争はもうやめろと天皇が言い出すのを心待ちにしながら戦い続け、そして二〇一三年二月に九四歳で亡くなるまで、「なぜ陛下は戦争をやめろとは仰らなかったのか」という静かな怒りと共に、特攻で戦死した仲間や部下たちの冥福を祈り続けたことだ。

昭和二〇年一月、ルソン島にアメリカ軍が上陸し、陸海軍の航空部隊がフィリピンから撤退する時がやって来た。特攻はアメリカの進攻を止められないことが明らかとなり、その目的を失おうとしていた。

フィリピンで特攻の先駆けとなった海軍二〇一空は、一月六日、マバラカット基地からの最後の攻撃隊を出撃させた。その日の朝、若者たちに特攻を命じ続けてきた二〇一空飛行長の中《なか》島正《じまただし》中佐は、出撃する隊員たちを見送った後、残った搭乗員を前に、軍刀を引き抜き高々と掲げて絶叫したという。角田さんはその時の様子を次のように語っている。

「飛行機はなくなっても、最後の一兵まで斬って斬って斬りまくるんだ！」って。

「天皇陛下は敷島隊の成功をお聞きになられても、よくやったとは仰せられたが、戦争をやめろとは仰せられなかった！」と言って、顔が土気色だったですね。目はギラギラして、発狂したのではないかと思うくらいでしたね。

「斬って斬って斬りまくれ！　刀が折れたならば、相手の目玉をくりぬけ、腕を使えなくなったならば、相手ののどもとに食いつけ！　食いついて死んでも離すな！」というようなことを言っていましたね。だけど、中島さんもずいぶん無茶な命令を出していましたけど、本心はつらかったんだろうなと、その時つくづく思いましたですね。

とにかく、

「天皇陛下が戦争をやめろと仰せになるまでは、全軍特攻しかないんだ！」というようなことを言っていましたね。


中島中佐は、海軍兵学校五八期出身、戦闘機搭乗員としてキャリアを積み、昭和一七年からは、海軍航空隊の中でも優秀な搭乗員を多く擁していた「台南航空隊」の飛行隊長を務めていた。常に危険な任務の先頭に立ち、海軍の伝統である「指揮官先頭」を体現したような人物だったと、台南空時代を知る部下からの評価はとても高い。しかし特攻が始まってからの中島中佐は、とりわけ特攻作戦に熱心だったため、彼のことを蛇蠍《だかつ》のごとく嫌う搭乗員は少なくない。レイテ島の敵上陸地点に築かれた桟橋への突入を命じ、そのあまりに非情な命令に抗議する隊長に向かって、「特攻の目的は戦果にあらず、死ぬことにあり！」と言い放つなど、常軌を逸した言動も多く伝えられている。フィリピンで体当たり攻撃が始まってから二か月以上、特攻は部下に死を命じる指揮官の心をも、深く蝕《むしば》み始めていた。

一方、陸海軍の統帥権を持つ天皇もまた、深い苦悩の中にあった。中島中佐が搭乗員たちを前に「陛下は戦争をやめろとは仰せられなかった！」と絶叫したとされる日の翌日にあたる一月七日、陸軍の侍従武官である吉橋戒三《よしはしかいぞう》大佐は、軍司令官が特攻隊員に与える予定の一枚の感状を抱えて、皇居に作られた防空壕「御文庫」にある天皇の政務室へとやって来た。一二畳ほどの部屋に、書棚が六つに机がひとつ。手狭で質素なこの部屋で、吉橋大佐はフィリピンの地図を広げて戦況を説明し、戦死した特攻隊員に贈られる感状を読みあげ、この特攻隊員が突入したのはルソン島沖のこの辺り、とかがみ込んで指で差し示しながら説明して

中島正中佐（写真提供　神立尚紀）

いた。その時、吉橋大佐は自分の頭に何かが触れたのを感じた。ふと見上げると、それまで座って聞いていた天皇が立ちあがり、最敬礼をしたという。吉橋大佐の顔に触れたのは、最敬礼をした際に垂れさがった天皇の髪の毛だった。「電気に打たれたような感激を覚えた」という吉橋大佐に対して、天皇の口から出て来たのは、いつもと同じ、「よくやった」というお褒めのお言葉だった。

フィリピンの空で戦い、辛くも生き残った陸軍、海軍の搭乗員たちには、台湾に撤退するよう命令が出された。アメリカとの次なる戦いに備えるためだった。多くの者が輸送機に乗せられ、台湾へと引き揚げていった。その中で、生きて帰ることを許されなかった者がいた。陸軍の特攻隊「靖国隊」の隊長で、木下顕吾軍曹らと共にマスバテ島に不時着した出丸一男中尉だ。不時着から一週間ほど経った一二月上旬、マニラから一機の航空機が飛んで来て、出丸中尉と谷川少尉、ふたりの将校だけを連れて帰ったという。ひとり島に置き去りにされた木下軍曹は、守備隊らと共に島にとどまり、そのまま終戦を迎えることになる。

出丸中尉のその後の消息については、詳しく知られていない。戦後、「特攻隊戦没者慰霊平和祈念協会」がまとめた記録には、日本軍の敗色濃い一二月二六日、ミンドロ島方面にて特攻戦死とのみ書かれている。だが、防衛研究所所蔵の「比島作戦敵艦船攻撃成果一覧表」には、その日特攻機の出撃記録はなく、それに類する記述も何も残されていない。

その出丸中尉に関する重大な事実が書かれた資料が、今回思わぬところから見つかった。それは、特攻に関する著作を戦後数多く執筆した故・高木《たかぎ》俊朗《としろう》さんのご自宅にお邪魔し、妻の誠《さと》子《こ》さんのご好意で、倉庫いっぱいに積みあげられた資料の山に目を通していた時のことだった。高木さんは戦時中に陸軍の報道班員として知覧などの基地で特攻隊の出撃に立ち会い、戦後はその悔恨の念から特攻隊員や遺族への取材を重ねた人物だった。そして、その真摯な取材ぶりから、「靖国隊」の直掩隊長を務めた水野帝中尉が心を許した数少ない取材者のひとりだった。今回見つかった「資料」とは、その水野さんから高木さんへと送られた一通の手紙だった。僕が水野さんの自宅で見つけた、「あの時、彼等は本当はどうすべきだったのか」という文章が書かれたのと同じ頃、昭和三〇年のものだった。

そこには、水野中尉と陸軍航空士官学校の同期で、同じく直掩隊長として多くの特攻隊員の死を見届けた脇森隆一郎《わきもりりゅういちろう》中尉が戦後水野中尉に語ったという、出丸中尉の消息が記されていた。当時マニラにいた脇森中尉に出丸中尉の消息を伝えたのは、フィリピンにおける陸軍の全航空作戦の指揮を執っていた「第四航空軍」の高級幹部のひとりだった。

脇森が昭和十九年十二月二十六日、マニラ4FA（第四航空軍）司令部に高級副官・溝口中佐を訪ねた際、溝口中佐から次の様な話を聞いております。

「君の同期の出丸君が、今、部下一名と共に、カローカン飛行場近くの軍病院に入っている。彼は目下身体をこわし、精神も興奮状態にある。しかし既に突入したことになって居り、二階級進級も発令されている手前、4FAとしてその処置に非常に困っている。4FAは既に台湾に移動中だが、特攻隊で既に突入したことになっている者を移動させることは出来ない。早く健康を恢復《かいふく》して貰《もら》って出撃するか、萬一時期を失した場合は、斬込みをやって貰うか。何《いず》れにしろこちらで死んで貰わねばならぬ」

水野帝が高木俊朗に宛てた手紙より

脇森中尉が溝口泉中佐に会ったという一二月二六日は、出丸中尉が戦死したとされる日と奇しくも一致する。脇森中尉の証言が正しければ、この時まだ、出丸中尉は生きていたということになる。高級副官の溝口中佐は脇森中尉にとって母方の叔父にあたり、身内の気安さから、機密であった出丸中尉の件を脇森中尉に漏らしたのかもしれない。

一度戦死と発表してしまった軍の体面を守るため、ひとりの人間の命を「処置」する。帝国陸軍というものの底知れぬ闇を知った水野さんは、怒りの舌鋒を鋭くしてゆく。

この溝口中佐の言葉の中に、あの純粋無垢《むく》の若者たちが、どの様にして殺されたかの秘密が宿されています。軍幹部たちは、自ら酒をくみ、肩を叩き、感激の面持で若者たちの出撃を送ったのです。しかしそれは表面だけのこと。真実は、「特攻攻撃によって、いくらか戦局はよくなるだろう。そのことによって、自分たちの生命や地位は安全になるだろう」――幹部達の脳裡をかすめたのは、恐らくそんな自己保全の希望だったに違いありません。特攻隊は、その戦果の故にその死の故に、壮烈であり崇高であり立派なのではない筈です。強いて言えば、国のために死を期したその瞬間に、彼等は神であったと思うのです。国のために死を決意するということは、当時誰もが口にした様には、決して簡単な平易なものではありませんでした。それはやはり異常な精神の昇華なくしては達し得ない、絶対的な決意でした。生還して来た特攻隊員は、必ずや次の出撃を深く期していたでしょう。それを曇らせ、それを動揺させ、人間的な憤激にまでかりたてたのは、迎える軍幹部の猜疑《さいぎ》と困惑に濁った冷たい眼であったに相違ないのです。

出丸君の如きは、嘗《かつ》て他人に対して立腹したり、反抗したりしたことのない、善良そのものの男でした。写真でもわかりますす様に、彼の眼は深く静かに澄み切っていました。たとえ後方に退《さが》れと云われても、一人おめおめと生きて還る様な男ではないのです。彼が憤激したというからには、恐らくよっぽどのことがあったに相違ありません。溝口中佐の言は、その間の事情を、いみじくも露骨に示している様です。自分たちが台湾に引揚げる足手まとい位に思っていたのでしょう。死んで貰いさえすれば、あとは真実も何も闇に葬られ、自分たちの手落ちにならずに済む位の了見だったに相違ありません。そしてこのことは、一億特攻と云い「本官も後に続く」とまことしやかに云い放った軍幹部たちの精神の卑怯《ひきよう》とそれにもまして彼等が尊い特攻隊員の生命をどの様に粗末に扱ったかを示して余りがありません。

水野帝が高木俊朗に宛てた手紙より

一月一六日、フィリピンの陸軍航空隊の総指揮を執る第四航空軍の富永恭次《とみながきようじ》中将は、独断でフィリピンから撤退した。陸軍中央から第四航空軍の司令部には撤退命令は出ておらず、末端の将兵であれば敵前逃亡として軍法会議にかけられ銃殺刑にもなる重罪が、この時は富永中将の健康問題を理由にうやむやのうちに処理された。「君らだけを行かせはしない」という美しい言葉で特攻隊員たちを送り出し続けた指揮官は、後ろ指をさされたまま予備役に編入され、二度と特攻の表舞台に出てくることはなかった。そしてその富永中将の「撤退」を理由に、高級幹部たちも次々と航空機に乗りフィリピンを脱出した。出丸中尉を「処置」しなければならない、と脇森中尉に告げた溝口中佐もまた台湾を目指したが、敵戦闘機に襲われたのか、そのまま消息を絶った。

一方、クラークフィールドに築いた要塞群にたてこもり玉砕しようとしていた大西瀧治郎中将を始めとする海軍第一航空艦隊の司令部は、東京の軍令部からの正式な撤退命令を受けて、一月一〇日、急遽台湾へと引き揚げた。

海軍はまだ、大西中将を必要としていた。次なる戦いが、すぐそこに迫っていたからだ。陸海軍が「全軍特攻」で臨むことになる、沖縄戦だ。

第三章　密室

特攻隊が引き揚げたフィリピンの島々では、武器も食料も満足にない数十万の地上軍将兵が残された。そして、アメリカ軍相手の絶望的な戦いの巻き添えとなり、おびただしい数のフィリピン人もまた命を落としていった。そんなさなかの昭和二〇年二月四日、東京にある海軍首脳の邸宅では、その後の特攻の行方を大きく左右する重要な会合が行われていた。集まっていたのは、海軍の作戦立案を行う「軍令部」の高官たちだった。会合を取り仕切る作戦部長の富岡定俊《とみおかさだとし》少将（海兵四五期）は、軍令部の中では、トップの「総長」、ナンバー2の「次長」に次ぐ三番目の地位にあり、海軍の作戦立案を担う実質的な責任者だった。その富岡と共に、作戦課長の田口太郎《たぐちたろう》大佐（海兵四七期）、企画班長の大前敏一《おおまえとしかず》大佐（海兵五〇期）や寺崎隆治大佐（海兵五〇期）、作戦課航空部員の寺井義守《てらいよしもり》中佐（海兵五四期）らの姿があった。この五人には共通点があった。それはフィリピンでの日本軍の敗色が濃厚になりつつあった昭和一九年一二月から昭和二〇年一月にかけて、新たに作戦課に異動して来たという点だ。なぜこの時期に軍令部の作戦部長以下が総入れ替えになったのかは不明だが、それは、アメリカとの決戦を叫びながら惨敗を重ね、最後は「特攻」へと至った昭和一九年という年の経緯《いきさつ》と決して無縁ではないことは、想像に難くない。富岡は太平洋戦争が始まった時の作戦課長であり、田口、大前、寺井の三名は、みずからも操縦桿を握った経験のある、航空畑の幕僚だった。彼らには、この行き詰った戦局を打開することが期待されていたはずだが、アメリカとの戦力差は開く一方で、体当たり攻撃以外に効果的な一手を見出せずにいた。

この日、話し合われていたのは、間もなく沖縄方面に押し寄せて来ると予想されていたアメリカ軍をどう迎え撃つかということだった。いったいどのような会話が交わされたのか、軍令部の部員でこの会議に陪席していた土肥《どい》一夫《かずお》中佐が克明に書き残した覚書が東京目黒の防衛研究所に保存されており、その一端を読み取ることができる。

この会合の直前、アメリカの空母機動部隊と大輸送船団が沖縄攻略のために攻め寄せる事態を想定した「図上演習」が行われていた。図上演習というのは、攻撃できる範囲や命中率など事前に定めたルールに則《のっと》って行われる地図上のシミュレーションのことで、沖縄攻略を目指すアメリカ軍（赤軍）を、日本の航空戦力（青軍）が迎え撃ったのだが、この演習は日本軍の惨敗に終わっていた。アメリカ軍は空母に若干損害を出すものの、目的を達成するのは可能という論評だった。

しかし演習後に行われたこの会合では、「敵ＫｄＢ（機動部隊）撃滅法」として「大集団にて特攻をかければ、案外効果あるやも知れず」「敵は戦闘機多数を配備、昼間強襲は望みなし。即《すなわち》、特攻に依る薄暮攻撃を可とす」「練度高きものは、夜間攻撃」などという策が示されただけだった。土肥中佐の覚書からは、打つ手を失くすなかで、特攻に何としてでも希望を見出そうとする危うい議論の様子が伝わってくる。

寺崎大佐
時隔を置き、攻撃をかけ、敵戦闘機を吊り上げ最後に大攻撃をかける案、如何《いかが》。
大前大佐
特攻の同時大規模使用を可とす
大規模使用には相当の練度を要す。上空集合（出発時）にて失敗せる例あり。
田口課長
三月中に於ては、３ＡＦ中使用可能の兵力は何か。（３ＡＦ＝第三航空艦隊）
寺井中佐
今の訓練様式では駄目。特攻ならば使用可能

田口課長
特攻の容易なのは命中率が良いという丈《だけ》で敵の上空まで行く困難さは同様なり。
今まで攻撃成果挙がらざりしは到達し得ざりしにある。
寺井中佐
各航空隊には、AB組必ずあり。到達可能。
命中率は行けば大抵命中す。
田口課長
基地上空の集合すら困難なり。KdBを攻撃すること極めて困難ならずや

土肥一夫中佐の覚書帳四より

このやりとりから分かるように、作戦課長の田口大佐は、特攻のあげ得る戦果について懐疑的であった。田口の発言中にある「3AF」というのは第三航空艦隊のことを指しており、前年のマリアナ沖海戦（六月）、レイテ沖海戦（一〇月）で壊滅した空母機動部隊の生き残り搭乗員を中心に再編制された部隊なのだが、補充された搭乗員の多くがまだ実戦に参加できるレベルには達していなかった。

そうした田口に対し、積極的に特攻を後押ししているのは、軍令部の航空部員である寺井中

佐だ。寺井の言葉にある「ＡＢ組」とは、搭乗員の練度を表す指標のことで、太平洋戦争を通してさまざまな分類があったのでこの場合どれに基づいているかは定かではないが、ＡからＤまで四段階に分けたうち上位のＡ、Ｂ組ということは変わらない。寺井によれば、作戦可能な技量にある者は十分おり、彼らなら敵機動部隊の上空まで「到達可能。命中率は行けば大抵命中す」と勇ましい。

「積極派」の寺井中佐、大前大佐に対し、田口課長は「南西諸島の一角くらい取られても、五月末までは歯を食いしばって３ＡＦを練成するを要す。其後逐次戦力を向上せざるべからず」と、練度の十分でない搭乗員を戦場に投入してもいたずらに被害を増やすばかりだと主張していくが、その田口に対し、作戦部長の富岡定俊少将が突如、それまでの沈黙を破った。

富岡

南西諸島は皇国興廃の分岐点なり。

之を取られて爾後、何物も成立たず。

一機一兵も投入、絶対に之を取られざるを要す。

土肥一夫中佐の覚書帳四より

「皇国興廃の分岐点」「之を取られて爾後、何物も成立たず」と言うが、本来フィリピンの位置づけがそうだったはずだ。石油を始め、戦争を遂行するために必要な天然資源に乏しい日本は、フィリピンを押さえられ南方からの資源輸送が途絶えれば戦争どころではなくなるというのは皆が理解していたことで、レイテ沖で特攻が始まったのもここを取られては後がないというのが理由だった。なぜ富岡がことさら沖縄での決戦にこだわろうとしているのか、にわかには解せない論理だ。

富岡は、特に優秀な士官を集めて幕僚を養成する「海軍大学」を成績優等で卒業し、天皇から長剣一振りを与えられたエリート中のエリートで、昭和一五年一〇月から昭和一八年一月まで軍令部の作戦課長を務め、太平洋戦争緒戦の作戦立案に関わった。その後、南太平洋における海軍の一大拠点があったニューブリテン島のラバウルで南東方面艦隊の参謀長を務めていたが呼び戻され、昭和一九年一二月一五日から軍令部の作戦部長に就任していた。その富岡に、戦後、読売新聞社が取材した時の音声テープが国会図書館の憲政資料室に収められていると知り、僕たちはご遺族の了解を得て、三時間に及ぶ富岡の肉声に耳を傾けた。作戦部長としてのみずからの職責を、沈着かつ泰然とした語り口で振り返っていたのが印象的だった。

作戦部長に就任した富岡は、すぐにフィリピンに飛び、日米決戦の最前線を視察した。そして「比島守れず、守り得る確信なし」とフィリピンをめぐる戦闘が日本の敗北に終わると見切り、直ちにその後の戦略を立て始めた。フィリピンからの帰り道に台湾を視察し、その防衛にも自信を持ち得ないと考えた富岡が、戦勢を挽回できる唯一の決戦場と考えたのが、最後に立ち寄った沖縄だった。

フィリピンだとゾーンですからね、とても守れないです。沖縄は、ひとつのちっちゃい点ですからね。沖縄は点ですよ、飛行場取りに来るんだから。この点を守るっていうことはできる。だから満州からでも何でも、引き揚げてつぎ込めと。陸軍には。本土決戦のために温存するという意図は海軍になかったんですね。沖縄は決戦です。決戦というのは全力を投入して、のるかそるか。

富岡定俊証言（読売新聞社「昭和史の天皇」取材資料）より

沖縄は、フィリピンとは違って領域が狭いから守りやすい、と富岡は述べているが、それだけでは「なぜ沖縄を舞台に特攻で決戦を挑むのか」という疑問に対する答えにはなっていない。だがさらにインタビューを聞いていくと、その狙いが明らかになってきた。

決戦で打撃を与えればですね、そこでいろいろな工作ができるじゃない、政治取引もできるでしょう。できるだけ相手に打撃を与えて、このリミテッドウォーの条件を少しでも救おうとしているわけです。オール救うっていうことはできないですよ、負けてきてるのに。でもそれが根本なんです。海軍の思想は、リミテッドウォーでしょう。その最後のチャンスが沖縄だと、私は思ったわけ。一手残ってると。あの一手で、酷《ひど》くやると。とにかくもう役に立つチャンスがあるものだったらみんなつぎ込む。全部、飛行機もあれも潜水艦もみんなつぎ込んで、特攻もみんなやるんだ。

富岡定俊証言（読売新聞社「昭和史の天皇」取材資料）より

富岡の言う「リミテッドウォー」とは、どちらかの国土が完全に占領されるまで戦う「トータルウォー」ではなく、「限定的な戦争」、つまりほどよいところで講和に持ち込み終わらせる戦い方のことを意味している。この当時、アメリカは日本を完全占領し屈服させる「トータルウォー」を行おうとしていたのに対し、日本の政治・軍事指導者たちは、少しでも自国に有利な講和の機会を見出そうと模索していた。フィリピン・レイテでの特攻作戦自体がその目的のために始められ、結果、戦争の泥沼化を招き始めていたわけだが、富岡はなおも特攻で打撃を与えることで「条件付の講和」の糸口がつかめると考えていた。富岡がこの虫のよい考えを捨てきれなかった背景には、アメリカと並んでこの戦争に大きな影響力を及ぼしていた国の存在があった。それは、ソビエトだ。

戦後の富岡の証言や回想によれば、この頃軍令部では、総長の及川古志郎大将、次長の小沢治三郎中将、そして作戦部長の富岡少将のトップ3の間で、ソビエトを仲介とした和平工作が真剣に検討されていたという。当時日本とソビエトとの間には、昭和一六年に締結した「日ソ中立条約」が有効であったが、ソビエトが日本の敗勢に乗じて参戦してくるのではという疑念が持たれ始めていた。特攻でアメリカ軍に大打撃を与えることによってソビエトの参戦をけん制すると同時に、日本本土上陸作戦が万一つまずけば、ソビエトに漁夫の利を得られる恐れがあるとアメリカに思わせ、和平交渉の機会を探ろうというのが、富岡らの考えだった。その後の歴史の流れからすれば、ずいぶんと手前味噌《みそ》なシナリオを描いていたことになるのだが、それにしてもなぜ、軍令部の彼らがこのような思惑に邁進したのか。そこには当時の日本が陥っていた、機能不全とも言うべき政治的状況があった。

戦争中の日本は、陸軍の参謀本部と海軍の軍令部からなる「統帥」と、通常の国家運営を行う「国務」の両輪から成り立っていた。そしてその両輪を調整するための機関として「大本営政府連絡会議」が設けられ、「統帥」側からは参謀総長と軍令部総長の二名が、「国務」側からは、総理大臣、外務大臣、陸軍大臣、海軍大臣の四名が出席し、この「六巨頭」を中心に戦争指導や国政運営の方針が決められていた。昭和一九年八月以降はその名称を「最高戦争指導会議」と改めているが、実質的な機能は変わりない。戦争をどう終わらせるかということは、軍事面と外交面を併せ持つ高度に政治的な問題であり、当然この「最高戦争指導会議」での議題となるべきだが、驚くべきことにこの問題が取りあげられることは、昭和二〇年初頭の時点ではほとんどなかった。その一方で、外務省は在外公館の外交官から、陸海軍は在外公館の駐在武官からそれぞれ情報を収集し、どうしたら少しでも日本に有利な講和が結べるのか、それぞれが探り続けている状態だった。そうしたなかで富岡ら海軍軍令部の首脳は、沖縄を舞台とした特攻作戦に、一縷《いちる》の望みを見出そうとする。富岡はこの政治的意図について田口作戦課長以下にはまったく知らせておらず、そのため田口は、昭和二〇年一月に行われた陸軍参謀本部との会議の席上、純粋に用兵上の観点から、「海軍は五月迄大規模の航空作戦を遂行することが困難である。沖縄航空作戦は陸軍の独力で遂行せられんことを期待する」とまで申し入れしていたのだが、富岡は田口らをやんわりと説得し、沖縄特攻作戦を進めていったという。

しかし、富岡は同時に迷ってもいた。沖縄で、はたしてどれほどの戦果があげられるのか。戦後、ＧＨＱが残した尋問調書が防衛研究所に残されているが、その中で、富岡は気になる証言を残している。

概《おおむ》ね決意は固まりつつあった。練成は間に合わないが特攻戦法に依り無理をする考えであった。然し決定的の腹に迄はなっていなかった。

一月下旬、寺井中佐に航空戦力に就て詳細に数的検討を報告させた結果、必ずしも不可能ではないとの印象を得た。

GHQ「沖縄並本土作戦に関する調書」より

一月下旬、寺井中佐に命じて報告させた「数的検討」とはいったいどのようなものなのか。どの程度現実味のある、あるいは現実離れしたものだったのか。その実態はこれまで謎に包まれてきたが、それをうかがわせる貴重な資料を見つけることができた。昨年五月、久保田ディレクターと一緒に防衛研究所にこもり、特攻関連文書の洗い出しを行っていた時のことだった。久保田さんの祖父は、海軍の「一式陸上攻撃機」という七人乗りの大型攻撃機の偵察員で、太平洋戦争開戦から二日後の一二月一〇日、シンガポールを拠点とするイギリス東洋艦隊の新鋭戦艦プリンス・オブ・ウェールズを撃沈した「マレー沖海戦」にも参加した歴戦の搭乗員だったが、特攻へと向かう流れには抗えず、戦争末期には、特攻兵器のひとつである一人乗りの人間爆弾「桜花」を敵艦隊上空まで運び投下するという任務に就いていた。

戦後六〇年以上、亡くなるまで家族に戦争について語らなかったという祖父の心情を孫娘の目線で追ったドキュメンタリー「おじいちゃんと鉄砲玉」は、生き残った者の人生をも翻弄していく戦争の不条理さと、長い戦後を生き抜いた祖父と祖母の絆を描いた秀逸な番組で、彼女とは、慰霊祭などでしばしば顔を合わせ親しくなっていた縁から、番組を一緒に制作することになった。

　防衛研究所では、閲覧室にある端末で検索し窓口で申請すると、係の方が書庫から資料を持って来てくれて、その場で目を通すことができる。ある日ふたりで作業をしていたところ、「この資料、どう読んでよいか分からないんですが、気になるので見てもらえます？」と久保田さんがやって来た。「軍令部々員　寺井義守海軍中佐参考綴（附属統計書綴）」という表紙がついた、地図やさまざまな統計資料が綴《と》じ込まれたＡ４大の冊子だった。三〇枚ほどの資料の中に、「天号作戦　攻撃威力判定（3月18日～5月28日）」と題し、棒グラフや数値が書き込まれた一枚があった。その日付から見て沖縄決戦の終盤の五月末にまとめられたもののようで、「天号作戦」つまり沖縄航空作戦の戦果を分析したもののようなのだが、グラフの欄外には、「威力点」という見慣れない言葉とその内訳らしきものが細かく書き込まれていた。

威力点　fb、f°、flb、fl°　―3点　fb、fbc　―2点
　　　　fsr、fsb、fbc　―1点　(大)　―5点

「威力点」のところに書かれている数式のようなものは、海軍で使っていた符号で、航空機の種類を表す。

fb　艦上爆撃機　f°　艦上攻撃機　flb　陸上爆撃機　fl°　陸上攻撃機
fbc　爆装戦闘機　fsr　水上偵察機　fsb　水上爆撃機　(大)《マルダイ》　桜花

そしてこの「威力点」の表は、結論だけを言うと、次のように読み解ける。

・艦上爆撃機、艦上攻撃機、陸上爆撃機、陸上攻撃機に八〇〇キロ爆弾を積み体当たりした場合の威力点は、3点。
・艦上爆撃機、爆装戦闘機に、五〇〇キロ爆弾を積んだ場合の威力点は、2点。
・水上偵察機、水上爆撃機、爆装戦闘機に、二五〇キロ爆弾を積んだ場合の威力点は、1点。
・一二〇〇キロの爆薬を装着した「桜花」の場合は、威力点5点。

さらにこの資料には次のような書き込みもあった。

撃沈に要する威力

B ― 10点　C ― 5
A ― 8　D ― 2
aA ― 3　T ― 1

命中率　KdB　特・普共 1/9
　　　　O・B　特 1/6
　　　　　　　普 1/12

「撃沈に要する威力」の数字は、戦艦（B）、空母（A）、巡洋艦（C）、護衛空母（aA）、駆逐艦（D）、輸送船（T）を一隻沈めるのに必要な威力点を表している。つまり、二五〇キロ爆弾を搭載した零戦が命中しても、威力点が「1点」しかないため一機では輸送船しか沈められず、三機命中して初めて、護衛空母が一隻沈められる程度だ、ということになる。

「命中率」も、対象が機動部隊（KdB）なのか輸送船団（O・B）なのか、特攻（特）か普通攻撃（普）かによって分けられている。特攻機が敵の機動部隊の艦船に命中する確率が1/9だから、二七機で攻撃してようやく護衛空母一隻、という計算になる。現実的な分析に見えなくもないが、一方で、八〇〇キロ爆弾を搭載した航空機に威力点3、桜花に至っては威力点5と、大きな期待を込めているものの、重い爆弾を抱えているため機動力が落ち、敵艦に命中するまでに撃ち落とされるリスクの高いこれらの特攻機もまた、命中率は1/9とするなど、見通しが雑な部分も多く見られる。

　ではこの分析は、特攻の実態をどの程度反映したものなのか。それは、この資料に描かれた二本の棒グラフが教えてくれる。左側のグラフは、航空機の機種別出撃数に命中率と威力点をかけ合わせて算出した「延べ威力点」。特攻の威力点三五九点に普通攻撃であげたと想定する威力点一七三点を加えている。一方右側のグラフでは、沖縄航空作戦で陸海軍が実際にあげたと報告された戦果が、「延べ威力点」と照らし合わせるように積み上げられている。その内訳を見てみると、空母一一隻、護衛空母一四隻、戦艦五隻、巡洋艦二九隻、駆逐艦九二隻、輸送船七五

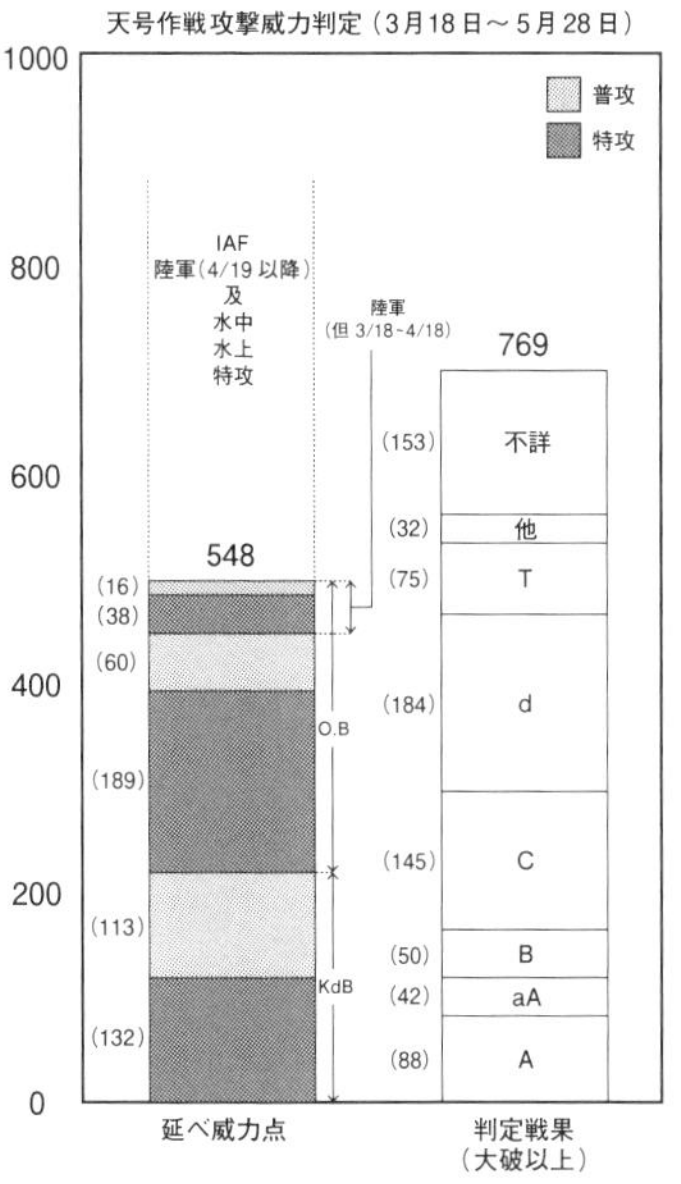

「寺井義守海軍中佐参考綴」より

隻「大破以上」とある。そしてこの数字は、沖縄戦で実際に日本軍があげた戦果とは遠くかけ離れたものであった。

以上、五月の段階で海軍が行っていた分析は、現実を反映しない空理空論であったことが明らかなわけだが、この資料から想像するに寺井中佐は、一月下旬の段階でも出撃予定の航空機数をもとに「延べ威力点」を算出し、その数字をもとに、空母何隻、戦艦何隻撃沈可能などと割り出したのではないか。昭和二〇年初頭の時点で軍令部は、もはや便宜上の数値を算数の計算でこねくり回して作戦の根拠とする他に手立てのない、末期的な状態にあったのではないか。そんなことが想像される。

日本が沖縄戦に向けて準備を進めていたちょうどその頃、日本を遠く離れたソビエトの地では、事態が大きく冷徹に動き始めようとしていた。ソビエト最高指導者のスターリンが、黒海に面する保養地「ヤルタ」にアメリカのルーズベルト大統領、イギリスのチャーチル首相を招き、二月四日から約一週間、ドイツと日本が降伏した後の世界秩序の構想を話し合っていた。いわゆる「ヤルタ会談」だ。この会談でスターリンは、南樺太《からふと》、千島列島のソビエト領有と引き換えに、ある密約を交わしていた。

「ドイツ」国が降伏し、かつ、ヨーロッパに於ける戦争が終結したる後、二月または三月を経てソビエト連邦が連合国に与《くみ》して日本国に対する戦争に参加すべきことを協定せり

外務省編纂「日本外交文書　太平洋戦争　第三冊」より

日本の破滅を意味するこの密約を、日本側はどの程度つかんでいたのか。二〇一二年に放送された「終戦」というNHKスペシャルのリサーチャーを務めた吉見直人が、その時の膨大な取材資料をもとにまとめた『終戦史』という本にそのいきさつは詳しいが、それによると密約の内容は、比較的早く、少なくとも二月中には日本に伝えられていたという。

吉見らの分析によると、二月中旬には、駐スウェーデンの陸軍武官だった小野寺信《おのでらまこと》大佐が「ソ連はドイツの降伏より三ヶ月を準備期間として、対日参戦する」との情報を入手し、陸軍参謀本部宛に電報を打っている。また、陸軍参謀本部第二部（情報部）のロシア課に在籍経験がある堀栄三が、戦後、小野寺夫人への書簡に「当時の私達には、『ドイツが降伏したら、三カ月後にソ連は対日参戦する』というのが常識の判断になっていました」と記していることや、ソビエト駐在武官や参謀本部のロシア課長などを歴任した林三郎が「彼（スターリン）は同会

談において、ドイツ降伏後三ヶ月後に対日参戦する旨を約束したとの情報を、わが参謀本部は本会談の直後ごろに入手した」と、戦後の著作の中で書いていることからも、それは間違いないだろうと吉見は推測している。しかし同時に、林が同著作の中で「ソ連は対日参戦の時機として『ただ一押しするだけで、熟柿《じゆくし》が落ちる』ような好機をねらうであろうが、そうした絶好機が果たしてドイツ降伏後三ヶ月に必ずくるとは考えられなかった」と述べているように、日本側は戦い方如何《いかん》によってはソビエトの参戦時期を遅らせることができるかもしれないという身勝手な期待も抱いていた。虚実さまざまな情報が入り乱れるなか、沖縄特攻作戦の意義を根底から覆す「ソビエト参戦情報」が、陸軍の中で真摯に受け止められることも、ましてや陸軍側から海軍側へと伝えられることもなかった。そして富岡らは、ソビエトを仲介とする講和という幻想を追い求め、沖縄決戦へと突き進んでいった。

海軍が沖縄での決戦に特攻中心で臨む態勢を整えていくなか、陸軍はどのような戦略を立てていたのか。そのカギを握るのは、参謀本部で作戦部長を務める、宮崎周一《みやざきしゆういち》中将だった。

宮崎は、参謀本部の中で、参謀総長、参謀次長に次ぐナンバー3で、海軍の富岡作戦部長と同じポジションに位置していたが、当時の参謀本部もまた、大規模な人事異動に揺れていた。昭和一八年一〇月から作戦部長を務めた眞田穣一郎少将は、遠藤榮隊長や瀬川正俊少尉らの

「護国隊」に陛下からの激励の言葉を伝えた直後の昭和一九年一二月にその職を解かれ、参謀本部に君臨してきた服部卓四郎《はっとりたくしろう》大佐もまた解任された。それに伴い、中国で戦う第六方面軍の参謀長だった宮崎が作戦部長となり、宮崎の部下だった天野正一《あまのまさかず》少将が作戦課長となっていた。

この頃宮崎は、戦争の行く末にどのような見通しを持っていたのか。国会図書館の憲政資料室に所蔵された取材テープに残る宮崎の声は、齢七〇近くになろうとしても威厳に満ち、読売新聞の記者に対するざっくばらんな物言いは、それがあけっぴろげであるが故に、妙な信ぴょう性を感じさせるものでもあった。

はっきり言えばね、私はどういうふうにして終戦に導こうか、終戦の機会を作ろうかというような観点からは私は考える立場にはない、私の任務は。作戦部長だろ。私の上には、参謀総長もおれば陸軍大臣もおる。作戦部長なんてものはね、幕僚なんだ。作戦をどうやっていい具合にするかということに専念すべき立場にあるんだ。

宮崎周一証言（読売新聞社「昭和史の天皇」取材資料）より

作戦部長は政治的な視野も持たなければいけないと考えていた海軍の富岡とは違い、宮崎は、自分はあくまでひとりの幕僚であり、作戦指導に集中すべきであるという信念を持っていた。

作戦部長に就任した直後の昭和一九年一二月下旬、宮崎もまた視察のためフィリピンへと向かった。訓練不足でヨタヨタと戦地の上空を飛ぶ航空機を目の当たりにし、中国戦線に伝わっていた戦況からかけ離れた厳しい現実を思い知らされた宮崎は、「沖縄放棄」をさえ考え始めていた。

いつ頃になれば敵が本土に来るかと。何月とははっきり言うわけにはいかんけれども、夏の初め頃にはこちらとしては予期せにゃいかん。そしてそれに間に合うような具合に、準備整えねばいかん。国内はまだ平和状態。国民だって、国土が戦場になるなんてよもや思っておらん、勝った勝ったと思ってるんだから。だから迎え撃つ体制を整えるためにはね、少なくとも六か月前にはそういう着意をせにゃもう……。本土決戦準備できておらんのだから、その頃は。

宮崎周一証言（読売新聞社「昭和史の天皇」取材資料）より

敵はいずれ日本本土まで攻めて来る。しかし本土決戦をやる準備はまだ整っていない。あと半年はかかる。そのためには沖縄に割く兵力を抑えてでも、国内の防備に力を注がなければいけない。そう考えた宮崎は昭和二〇年一月二二日、ある重大な決断を下している。沖縄に援軍

として送られることが作戦部長就任前から決まっていた第八四師団の派遣を、自身の判断で中止したのだ。この師団は、アメリカ軍の上陸が予想された嘉手納方面にあるふたつの飛行場、中飛行場（現・嘉手納基地）と北飛行場周辺の守りを担う予定で、増援中止は沖縄の守備隊にとって大きな痛手だったが、宮崎は本土の守りを固めるためには、それも仕方ないと決断したのである。

宮崎は作戦部長に就任した昭和一九年一二月から詳細な日記をつけており、それは防衛研究所に収められている。「作戦秘録」と名付けられたその日記の最初のページには、大きな朱書で「苦闘準備」と記されている。その力強い筆致からは、国家存亡の危機を前に宮崎が並々ならぬ決意で職責を全うしようとしていた覚悟のほどをうかがうことができる。その日記の一月一九日、つまり沖縄戦ならびに本土決戦準備の基本方針を示す「帝国陸海軍作戦計画大綱」が定められる前日の項には、陸軍参謀総長、海軍軍令部総長が天皇のもとを訪れ、「作戦計画大綱」に関する上奏を行った時のことが記されている。

作戦計画に関する上奏時に総長へ御下問

一．主旨は結構なるも実行之に伴わず後手にならざる様せよ

一．「機動部隊に対処するに手も足も出ない」に対し「之に対しては特攻其他に依る

ものとし」と海軍。「陸軍に於ても航軍戦力発揚に努むべき（後略）」と申上。

宮崎周一日記（昭和二〇年一月一九日）より

つまり、「アメリカ軍の空母部隊が出てきたら、手も足も出ないではないか」と天皇が問うたのに対し、「特攻その他」「航空戦力の発揚」によって何とかする、と陸海軍の作戦部首脳が答えたと記されている。この上奏に天皇が裁可を与えたことによってその後の作戦計画が具体的に進んでいくのだが、一方で天皇は、この国の行く末について不安を抱き始めていた。そこで、内大臣として天皇の厚い信頼を得ていた木戸幸一《こういち》を介して首相経験者ら「重臣」を拝謁させ、戦争の行く末についてそれぞれの意見を聞く場が設けられることとなった。このような「重臣拝謁」は、太平洋戦争が始まって初めてのことだった。

二月七日の最初の拝謁から三人目、二月一四日に参内したのは元首相の近衛文麿だった。和紙にみずから筆でしたためた上奏文を持って現れた近衛は、胸に秘めた思いを、天皇を前に訥々《とつとつ》と語り始めた。いわゆる、「近衛上奏文」である。そこには当時の為政者たちが国の状況をどのように捉えていたのかが見え隠れするので、少々長いが引用する。

敗戦は遺憾ながらもはや必至と存じます。以下この前提の下に申し上げます。

敗戦はわが国体の一大瑕瑾《かきん》ではありますが、英米の世論は、今日までのところ、日本の国体の変更というところまでは進んではおらず、したがって、敗戦だけならば国体上、さまで憂うる要はないと思います。

国体護持のことよりも、最も憂うべきは、敗戦に伴って起こることのある共産革命であります。つらつら思うに、我が国内外の情勢は、いまや共産革命に向かって急速度に進行しつつありと存ぜられます。すなわち国外においてはソ連の異常な進出でございます。わが国民はソ連の意図を的確に把握しておりません。ソ連が一九三五年に人民戦線戦術すなわち二段革命戦術を採用して以来、ことに最近のコミンテルン解散以来、赤化の危険を軽視する傾向が顕著でありますが、これは皮相安易なる見方と存じます。(中略)

国の内外を通じ、共産革命に進むべきあらゆる条件が、日一日と成長いたしつつあり、今後、戦局ますます不利となれば、この形勢は急速に進展するものと存じます。戦局の前途につき、何らか一縷でも打開の道ありというならば話は別でございますが、敗戦必至の前提の下に論ずれば、勝利の見込みなき戦争をこれ以上継続する事は、全く共産党の手に乗るものと思われます。従って、国体護持の立場からすれば、一日も速やかに、戦争終結の方途を講ずべきものと確信いたします。

戦争終結に対する最大の障害は、満州事変以来、今日の事態にまで時局を推進して来た軍部内の、かの一味の存在であると存じます。彼らは戦争遂行の自信を失っているにもかかわらず、いままでの面目上、あくまで抵抗いたすものと存ぜられます。

もしこの一味を一掃せずして、早急に戦争終結の手を打つときは、右翼、左翼の民間有志、この一味と響応して、国内に大混乱を引き起こすでありましょう。従って、戦争を終結させようとするには、前提として、この一味の一掃が肝要でございます。

（中略）

元来、英米と重慶政府の目標は、日本軍閥の打倒にありと申していますから、軍部の性格が変わり、その政策が改まれば、彼らとしても、戦争継続につき考慮するようになりはしないかと思われます。ともかく、この一味を一掃し、軍部の建て直しを実行する事は、共産革命より日本を救う前提、先決条件でございますから、非常の御勇断こそ望ましく存じます。

「近衛上奏文」より

つまり近衛の言いたいのは次の三点、「敗戦は必至」「ソ連の影響力が増大。赤化の恐れあり」「天皇の英断で、強硬な主戦派を一掃し軍閥を打倒して英米と講和」だ。公家出身の近衛にとって、いわゆる「国体護持」は至上命令であり、それさえ保たれるのであれば、邪魔な軍部は切り捨てて戦争を終わらせ、最悪の事態つまり赤色革命を防ごうという考えだった。そのためには、名目上とはいえ陸海軍の大元帥として統帥の頂点に君臨する天皇の「御勇断」を以てする他この国を救う道はないと、近衛は訴えた。それに対して天皇は、「もう一度戦果をあげてからでないと、難しいと思う」と述べたと言われる。

このように答えた天皇の真意とは、いったいどこにあったのか。この言葉から何が読み取れるのか。僕は日本大学の古川隆久《ふるかわたかひさ》教授を訪ねた。日本近現代史が専門で、昭和天皇について今最も精緻な研究を行っているひとりである古川教授は、僕の問いかけに対してこのように答えた。

軍隊を崩壊させたくないというのが真意だった、と私は思います。全面降伏ということは、軍隊の崩壊を意味します。あるいは軍の士気が失われて、バラバラになる可能性もあります。それ以前から天皇は、すべてを失うのは嫌だとずっと言ってまして、その中に軍隊も入っていました。無策のまま降伏して自分たちが崩壊してしまうということを、たぶん一番恐れていたと思います。まだ局地的な戦闘では勝てる見込みが

ある、それぐらいの力はまだある、と天皇も考えていたことが明らかだと思いますね。

後から考えれば、そこでやめておけば、三月から始まる大都市空襲もなかったわけですし、沖縄戦もなかったわけで、そこでもうひと頑張りすると決断してしまったがために段違いな犠牲者が出てしまう。国家が戦争することの怖さというのが一番端的に出てくるところじゃないかなと思います。つまり、国家をちゃんと存続させるためにはどうしたらいいかという前提からいくと合理的な話なんだけど、一般国民の犠牲は増えるということですね。一撃するということは戦争をまだやるということですから、当然、犠牲者が出る。当時の日本は国家至上主義で、国家がなければ個人がないっていう考え方ですから、多少の犠牲は仕方ないから国家存続を優先しよう、という話になる。そういう意味では、理屈が立つ話なんですね。しかもそのことを、国家がなければ自分たちはないと思っている軍人や官僚たちが決めている。国家というものにとらわれてしまったら、いかに大変なことになるか、国家というものを我々はどう扱ってどう考えたらいいかということですね。

一度始まってしまった戦争をやめる決断を、ひとつの国家がどう下すのか。それがどれだけ難しいかは、戦時中の日本に限らず、近代以降の戦争の歴史が証明している。そしていつの時代も、そうした出口のない戦争で死地に飛び込んでいくのは、その運命に甘んじるしかないと覚悟を決める若者たちである。結局日本軍は、若者たちの死を前提とした特攻を作戦の中心にすえ、沖縄戦へと突き進んでいくわけだが、そうした流れを決定づける戦いが直後に起こる。その渦中に置かれた特攻隊員たちは、何を思い、そしてその死は何をもたらしたのだろうか。

きっかけとなったのは、近衛が天皇に上奏してから五日後の二月一九日に始まったアメリカ軍による硫黄島上陸だ。サイパン、グアムなどのマリアナ諸島と日本列島とのちょうど中間に位置するこの島は、アメリカ軍にとって重要な意味を持っていた。長距離爆撃機B29の不時着基地として使えるだけでなく、航続距離の短い航空機でもここからなら本土空襲に参加できるようになるからだった。この硫黄島方面の防衛を任されていた航空隊が、再建が進められていた海軍の「3AF」、第三航空艦隊だった。そしてその第三航空艦隊の中でも、壊滅した空母機動部隊のわずかな生き残りを中心とする第六〇一海軍航空隊に対し、特攻隊の編制命令が下された。

六〇一空の司令・杉山利一大佐は、比較的高い技量を持ち空母からの離着陸が可能な母艦搭乗員を特攻に使うことに終始反対していたが、もはや海軍には作戦に使える空母もなく、内地

空母「瑞鶴」飛行甲板にて。翌日のマリアナ沖海戦で藤本さん（前列右端）のみ生還。
小隊長の山本飛曹長（後列）は真珠湾攻撃以来のベテラン

藤本さん（中央）ら601空の零戦搭乗員（第2御楯隊結成日に撮影）。
森川博（前列右端）、長與走（後列左端）、林光男（後列右端）が特攻に

から遠く離れた硫黄島への攻撃を成功させるためには特別な技量が必要なことから、第三航空艦隊の司令長官以下が杉山司令を説得したのだとされる。

六〇一空には、一人乗りの「零戦」、二人乗りの艦上爆撃機「彗星」、三人乗りの艦上攻撃機「天山」の三隊があり、そのすべての隊の搭乗員に対して特攻志願が募られた。零戦隊の一員だった藤本速雄《はやお》・一飛曹もまた、そうしたひとりだった。藤本さんは、この時二一歳。戦艦や巡洋艦の航海士に憧れて海軍を志願し、一七歳で佐世保海兵団に入団。当初航空整備兵を命じられていたものの、一八〇センチ近い頑丈な体格を買われて一般兵から搭乗員を選抜する試験を受けることとなり、難関をくぐり抜けて丙種飛行予科練習生の一三期生となった。飛行練習課程を卒業し、昭和一八年、戦闘機搭乗員として六〇一空に配属された藤本さんは、昭和一九年六月のマリアナ沖海戦、その後のフィリピン航空戦を辛くも戦い抜き、昭和二〇年二月頃は内地の基地で若い隊員たちの先頭に立ち、訓練に励んでいるところだった。

うちの部隊で初めての特攻編制。うちの司令は、特攻には出さないって言ったのよ。うちは特攻に出すような部隊ではないと。相当訓練しているんだから、通常攻撃でも戦果はあげるんだと。

そりゃ、パイロットやから、いつ死んでも悔いがないように覚悟はしている。覚悟はしとるけど、何のために厳しい訓練をやったんだと。爆弾抱いて突っ込むなら、そんな苦しい空中戦の訓練なんかいらんわと。死ぬのは簡単だから。生き抜くためには、引き分けるか勝つかせんと生きて還れないわけよ、戦闘機は。それが戦闘機の宿命。それがために、やられないために毎日毎日空中戦の訓練するわけ。血を吐くような訓練。本当に血を吐くぐらいやる。

藤本さんのお宅を訪ね、居間に通されると、搭乗員だった頃に仲間と撮影した写真が、部屋のあちこちに飾られている。その一枚一枚に写されている若者たちのほとんどが生きて終戦を迎えることができなかったのだが、そうしたなかで、藤本さんは、搭乗員たちが満面の笑みで収まった一枚の写真を見せてくれた。前列中央、鉢巻きを締めて笑顔で写っているのが、藤本さんだ。みな二〇歳前後の若者たちで、全員が特攻に志願した。藤本さんは選ばれなかったが、一四八頁の写真の三人を含む六〇人が隊員に選ばれた。

名前を書いて、もう全員出したわいね。全員。みんな二重丸を書いて出した。この戦争がいつまで続くか分からないし、どうせ生き延びることはまずないだろうし、どうせ死ぬるんなら先に死んでもいいって、もうみんなそういう気だったと思いますよ。

全部みんな二重丸書いて出したもの。形式だろうけどね。

（質問）どうせいつか死ぬかもと考え始めたのは、いつ頃からですか？

フィリピンからだね。フィリピンでそう感じた。内地には還れまいと。どうせここの土になるか、この海か。あれだけ激しいなか、毎日毎日夜も昼も戦って、生きて還れるとは思わんで、九死に一生っていうか。
フィリピンでだいぶ特攻を見ているから、やがて自分らにもそういう時が来るのかなと薄々は感じていた。フィリピンの状態が、やがては日本の九州でも本土でも起こるだろうという覚悟をしていたから、フィリピンが終わってからはね、いつ死んでもいいわいという、ある程度そういう気はみんなしていたと思う。行けと言われればいつでも行くよと。さよならの一言も言わずにいつでも行きますよ、ぐらいの気だったと思う。みんなそういう気だった。

藤本さんは七人兄弟の二番目で、上に兄がひとりいたが、兄は陸軍将校として中国大陸で戦っており、故郷の松山では母親の好江《よしえ》さんが幼い弟や妹たちと共に藤本さんの無事の帰りを待ちわびていた。昭和一九年一〇月、藤本さんは、故郷松山にあった海軍飛行場に偶然立ち寄ることとなり、そこからフィリピンの最前線に向け出発した。松山飛行場は現在の松山空港で、滑走路のすぐ脇まで見送りの人垣ができていたという。離陸しようとする藤本さんの目に、好江さんの姿が飛び込んできた。好江さんは親族や隣組の人たちが熱烈な万歳で見送るなか、固く握りしめた手ぬぐいを口にくわえ、立ちつくしていたという。そんな母を残して志願することを厭わなくさせたものとは、いったい何だったのか。

軍隊にはね、本音と建前っていうのがあるんですよ。それは陸軍であろうが海軍であろうが。建前と本音。特攻に喜んで行った人、私はひとりも見ていないですよ。けど遺書を書けって言われたら、「晴れの戦場に明日は喜んで突入します」と誰でも書きますよ。「残念で泣きながら行きます」なんて書く者はいないですよ。

軍隊はすべて建前。本音というのは戦場で一日の戦いが終わって、夜暗いランプを囲んで、わずかな酒でも飲みながら語る時。これは本音が出ます。「明日の攻撃、絶対生きて帰れよ」、これよね。

(質問)本当は特攻が嫌なのに、その本音が言えなかったのは、どうしてですか?

それを言ったら国賊みたいに言われる。国賊みたいになるから。それはやっぱり、搭乗員として、友達が、戦友が既に死んどるんじゃだから。我々下っ端の者がそういうことは言いづらいし、言えもしないし。上にいる人が言うならあれだけど。それは喉元まで出ていても、言えないわね。

（質問）特攻で亡くなる人が増えるほどに逃げ場がなくなる、という意味ですか？

まあそうですな。すべて建前で行かなきゃいけないようになってしまう。本音が言えなくなる、本音がね。若い兵隊たちの本音はね、「お母さん」ですよ。

二月一八日、特攻出撃を命ぜられる者たちの名前が発表され、翌一九日には、第三航空艦隊司令長官の寺岡謹平《てらおかきんぺい》中将による命名式が行われた。「第二御楯《みたて》隊」と名付けられたこの特攻隊は、護衛にあたる「零戦」、五〇〇キロ爆弾を搭載した艦上爆撃機「彗星」、八〇〇キロ爆弾もしくは魚雷を搭載した艦上攻撃機「天山」からなっていた。零戦一二機、彗星一二機、天山八機、計三二機六〇人の特攻隊員ひとりひとりの名前と出自を書いたものが次の表である。ちなみに「海兵」は海軍兵学校、「甲飛」「乙飛」「丙飛」「特乙」はそれぞれ予科練の甲種（旧制中学三年修了以上の学歴）・乙種（高等小学校以上の学歴）・丙種（水兵や整備兵など他の兵科からの転科）・特別乙種（乙種の中で特に速成教育された者）を、「予備」は大学や高等専門学校から搭乗員となった予備学生を、「備練」は逓信省の航空機乗員養成所の出身者を指している。それに続く数字は、それぞれの期数である。なお、名前を四角で囲われているのが、特攻が始まる四か月前昭和一九年六月に行われた日本とアメリカの航空決戦「マリアナ沖海戦」を戦い、生き残った搭乗員だ。

第一攻撃隊（彗星・五〇〇キロ爆弾）

	（操縦員）		（偵察員）	
1番機	村川　弘	（海兵70）	原田嘉太男	（甲飛2）
2番機	田中　武夫	（丙飛10）	幸松　政則	（乙飛16）
3番機	青木　孝允	（丙飛10）	木下　茂	（予備13）
4番機	小石　政雄	（甲飛9）	戸倉　勝二	（乙飛16）

直掩戦闘機隊（零戦）

1番機	岩下　泉蔵	（海兵72）
2番機	志村　雄作	（乙飛15）
3番機	長　與走	（丙飛11）
4番機	森川　博	（甲飛11）

第二攻撃隊（彗星・五〇〇キロ爆弾）

（操縦員）　（偵察員）

1番機　大久保　勲（丙飛11）　飯島　晃（海兵72）
2番機　水畑　辰雄（丙飛15）　下村千代吉（乙飛16）
3番機　小松　武（乙飛16）　石塚　元彦（甲飛9）
4番機　三宅　重男（甲飛11）　伊藤　正一（丙飛10）

直掩戦闘機隊（零戦）

1番機　茨木　速（予備13）
2番機　松重　幸人（丙飛11）
3番機　林　光男（丙飛17）
4番機　岡田　金三（丙飛16）

第三攻撃隊（彗星・五〇〇キロ爆弾）

（操縦員）　（偵察員）

1番機　小平　義男（予備13）　新谷　淳滋（乙飛14）
2番機　川崎　直（特乙1）　小林　善男（乙飛16）
3番機　池田　芳一（丙飛10）　小山　照夫（乙飛16）
4番機　北爪　円三（丙飛16）　牧　光廣（乙飛16）

直掩戦闘機隊（零戦）

1番機　柳原　康男（予備13）
2番機　田辺　信行（甲飛11）
3番機　長先幸太郎（甲飛11）
4番機　古市　勝美（特乙1）

第四攻撃隊（天山・八〇〇キロ爆弾）

（操縦員）　（偵察員）　（電信員）

1番機　木須　奨（丙飛12）　定森　肇（予備13）　岡本　秀一（乙飛18）

2番機　原口　章雄（丙飛17）　清水　邦夫（甲飛12）　川原　茂　（甲飛12）
3番機　中村吉太郎（予備13）　小島　三良（乙飛14）　叶　之人（甲飛12）
4番機　和田　時次（丙飛16）　信太　廣蔵（甲飛12）　鈴木　辰蔵（乙飛17）

第五攻撃隊（天山・八〇〇キロ航空魚雷）

（操縦員）　（偵察員）　（電信員）

1番機　村井　明夫（甲飛9）　桜庭　正雄（海兵72）　窪田　高市（乙飛16）
2番機　稗田　一幸（丙飛13）　中村伊十郎（乙飛16）　竹中　友男（乙飛16）
3番機　佐川　保男（予備13）　岩田　俊雄（乙飛13）　小山　良知（乙飛18）
4番機　栗之脇　直（備練13）　吉田　春夫（乙飛16）　吉本　静夫（乙飛18）

彼らに与えられた命令は、次の通りだった。千葉の香取基地を出発後、八丈島で給油し硫黄島を目指す。そして、操縦員と偵察員の二名が乗り込む艦爆、電信員を加えた三名が乗り込む艦攻が敵艦に体当たりする。護衛の零戦は艦爆、艦攻の突入を見届けた後、一度父島に引き返し、そこで爆弾を搭載し、今度はみずからが硫黄島沖の敵艦隊に体当たりする。

この作戦を立案するにあたって、艦爆、艦攻は操縦員だけで出撃すればよいのではないかという意見が参謀たちの間からあがった。何の目印もない洋上を長距離飛んで攻撃し、空母や基地まで還り着くためには、航空機の現在位置を正確に把握しながら飛ぶ必要があり、「洋上航法」を担当する偵察員が欠かせない。だが特攻の場合、敵艦隊上空までたどり着ければ目的を達成できるので全機に偵察員や電信員が乗る必要がない、という意味だ。しかし結局は、艦爆も艦攻も定員通りの搭乗割で出撃することになった。「死ぬ時は一緒、共に出撃させてほしい」と偵察員や電信員からの猛反対があったからだという。

上飛曹時代の原田さん。「隼鷹」にて

　しかし、改めて隊員名簿を眺めていると、軍令部の田口作戦課長が「五月まで作戦遂行不可能」と言っていたことの意味が分かる。比較的技量が高い搭乗員が集まっていたとされる六〇一空ですら、練習航空隊を卒業してから日が浅い搭乗員が多く含まれる。海軍兵学校の七二期、予備学生一三期、甲飛一二期らはフィリピン戦の後半から戦場に出たクラスだし、隊員のうち一〇人を数える乙飛一六期も決して経験豊富とは言えず、年齢も一七歳から一九歳と若い。隊の最年少、乙飛一八期の小山良知・二飛曹に至っては、まだ一六歳だった。

そうしたなか、頼みの綱はやはり、マリアナ沖海戦以来の搭乗員だった。そのマリアナ沖で六〇一空は、一二八機の大編隊を組んでアメリカ艦隊の攻撃に向かい、量で圧倒的に勝る敵の戦闘機に惨敗したのだが、搭乗員個々の飛行時間を見ると実は開戦当初の真珠湾攻撃の時と遜色ないレベルで、練度自体は高かったことが最近の研究で分かっている。「第二御楯隊」では、このマリアナ沖の修羅場をくぐってきた搭乗員九名と、経験の比較的浅い搭乗員とを組み合わせることで、何とか攻撃を成功に導こうとしていた。

その九名の中でも特に経験豊富だったのが、五つの攻撃隊を率いる隊長機の偵察員、原田《はらだ》嘉《か》太男《たお》・飛曹長だ。年齢は二五歳で、隊の最年長となる。甲飛二期の偵察員といえば、昭和一五年六月には実戦部隊に配属となっており、母艦搭乗員に選ばれた二期生の多くは、太平洋戦争の火ぶたを切った真珠湾攻撃にも参加している。試しに昭和一六年一二月八日のハワイ空襲の戦闘行動調書を調べてみたら、やはり原田さんの名があった。空母「赤城《あかぎ》」の艦上爆撃隊の一員として攻撃に参加し、戦艦に爆弾を命中させ、敵飛行場を銃撃。被弾多数ながら生還したと書かれている。昭和一七年一月には南太平洋のラバウル攻略作戦、四月にはインド洋にあるイギリス海軍の要衝セイロン島への空襲に参加した後、空母「隼鷹《じゅんよう》」へと移り、六月、北太平洋のアリューシャン列島にあるダッチハーバーの攻略に向かっている。そのため、原田さんはこれと並行して行われ、「赤城」を始め四隻の空母が沈められたミッドウェー海戦の難を逃れている。昭和一八年には内地の練習航空隊に呼び戻されて教員を務め、その後、空母「飛鷹《ひよう》」に配属され、昭和一九年六月のマリアナ沖海戦では隊長機の偵察員を務め、辛くも生還している。

原田さんほどの熟練搭乗員が特攻出撃を命じられるというのは、ほとんど例がない。他にもさまざまな任務を遂行できるため、本人が仮に志願したとしても指揮官が出撃させないことが多いからだ。それでも選ばれたというのはよほど熱望したからだろうし、人選にあたった六〇一空の杉山司令が、攻撃隊を敵艦隊上空まで導く重責を担う隊長機を熟練の原田飛曹長に任せることでこの攻撃を何としてでも成功させてやりたい、と強く思ったからでもあるのだろう。

原田さんはどのような思いを抱いて出撃していったのか。調べていくと、出撃の直前、家族に宛てて「遺書」を残していることが分かった。第二御楯隊の命名式が行われた二月一九日夜に書かれたもので、宛名は「最愛の達子殿」。原田飛曹長には、新婚四か月の妻がいたのだという。

汝我に嫁して四ヶ月誠に良く仕へて呉《く》れた
有難く礼を言ふ何も不服はない
四ヶ月にして後家となる汝が何としても可愛《(ママ)》想なのだが
覚悟の上なれば雄々しく第一歩を踏み出すべし

言ふべき事は松山で言つた通り　最後に女々しく何も言はぬ
俺も立派な軍人として死ねる
栄吉郎兄、長三郎兄には文通の暇がなかつたが宜敷《よろし》く頼む
泣くなみつともないぞ俺は笑つて居るのに
元気で暮せ　明日は征くぞ

二月十九日夜
最愛の達子殿

この遺書は、一九八七年に刊行された辺見じゅんの大著『昭和の遺書』に収められたものなのだが、同書には鳥取県出身で第二御楯隊の一員として戦死したこと以外、詳しいことは書かれていなかった。ご遺族のもとにはきっと今でもその遺書が残されているに違いない。いったいどのような筆致で書かれているのか。原田さんを直接知る人がご存命かもしれないし、場合によっては、奥様も健在かもしれない。鳥取県護国神社に残されていた戦時中の記録から、原田さんの実家が鳥取県の米子市にあることが分かり、現在も同じ場所に原田昭さんという方が住んでいることも分かった。手紙をお送りして電話をかけたところ、昭さんが電話に出た。嘉

太男さんの弟だという。「兄は、私とは一五歳離れていましたが、今でもよく覚えております。とても優しい兄でした。覚えていることなら何でもお話ししますので、ぜひお越しください」。昭さんのご好意に甘え、訪ねることにした。

二〇一六年三月、残雪に覆われた大山を遠く眺めながら細い路地を通り、約束の時間にお宅に向かうと、昭さんが玄関先で待ってくれていた。落ち着いた門構えで、建物自体は戦後に建て直したそうだが、往時の面影をしのぶことはできた。原田家の家督は、昭さんが継いでいた。嘉太男さんの妻だった達子さんは、残念ながら一二年前に亡くなっていた。

原田嘉太男さんは大正八（一九一九）年五月一五日、米子市内で代々農業を営んできた原田家に、父・八臧《はちぞう》、母・つる子の長男として生まれた。七人兄弟の一番上だった嘉太男さんには、四人の妹と二人の弟がいた。負けん気が強かったという嘉太男さんは、旧制米子中学（現・県立米子東高）では柔道部の一員として県大会の団体戦で優勝を飾り、米子中を卒業した昭和一三年、一八歳の時に厳しい選抜試験をくぐり抜け甲飛二期生として横須賀海軍航空隊に入隊し、偵察員としての高い技量が認められて母艦搭乗員に選ばれた。しかも嘉太男さんが配属されたのは、特に優秀な者が集められたと言われる、旗艦「赤城」だった。戦後発行された甲飛二期の同期会誌には、二五〇人全員の人柄をしのぶ短いコメントが書かれているが、嘉太男さんは「誠実、強い意志力を持った偉丈夫。カメラ愛好家」と評されている。着々とキャリアを積んでゆく嘉太男さんだったが、昭さんたち弟妹に対してはとても優しく、「宝のような」「自慢の」兄だったという。一六歳で原田家に嫁ぎ、一八歳で嘉太男さんを産んだ母・つる子さんもまた嘉太男さんを頼りにし、家の跡取りとして期待をかけていた。そのつる子さんに宛てて嘉太男さんが出した手紙が一通、原田家に残されている。うっすら残る消印には昭和一六年一〇月九日とあり、差出人住所は宮崎県富高飛行場・千早部隊となっている。一〇月上旬と言えば、いよいよ真珠湾攻撃に向けて母艦搭乗員が猛訓練を始めていた頃だが、隊員たちのほとんどはまだ計画については知らされておらず、みずからを待ちうける運命を知る由もない。嘉太男さんの手紙の内容もまた、悲壮感とは無縁の平和なものである。それは自身の結婚に関するものだった。

拝復
秋酣《しゅうかん》の候と相成りました。母上様にも今年は例年になく御元気の由何よりです。小生も元気で務めて居ますから御安心下さい。
去る十月一日一飛曹任官二年に

なりました。目的の航空幹部になるのも
やうやく残す所二年となりました。
母上よりの話には、生れて一度も母上に
反対した事はありませんでしたが、今度の
事だけは反対します。それは迷信だと
云ふのではありません。そんな事を信ずる
必要はありません。来年頃はと思って居
ます。決して父母に悪い様にはしませんから
何だ彼《かん》だ歩き廻って見つけるには及び
ません。小生の一生の伴侶として良き人
自分の眼で選びますから安心して下さい。

この時嘉太男さんは、二二歳。文面から判断するに、母親のつる子さんが嘉太男さんの嫁選びを心配してはあれやこれやと言ってくることに、釘を刺しているようである。今の価値観から考えると何ということはない手紙だが、ここからは、嘉太男さんがどういう考えの持ち主だったのか、その一端を見て取ることができる。当時の米子の農村部では、家督を継ぐ長男が結

婚相手を選ぶとなると、家族一同、親族一同が合意のうえでなければ難しかった。しかし嘉太男さんは、「父母に悪い様にはしませんから」「一生の伴侶として良き人 自分の眼で選」ぶと書いている。それと同時に、航空士官になるまであともうひと頑張りというささやかな夢も語っている。腕に覚えのあるエリート搭乗員として充実した日々を送りながら、嘉太男さんは、古臭いしきたりに縛られない自由な人生を思い描いていたのであろう。文中に「来年の春迄待って下さい」と書かれていることから、何か具体的に身を固める当てがあったのかもしれない。そして手紙の最後は、「刈込時に病気になれば困りますから、身体を大切に」と母に対する気配りの言葉で締めくくられている。

しかし、翌春までには結婚をという嘉太男さんの約束が守られることはなかった。この手紙が書かれたちょうど二か月後、真珠湾攻撃と共に太平洋戦争が始まる。第一次攻撃隊による奇襲攻撃が始まって一時間後、第二次攻撃隊の一員としてハワイ上空に達した嘉太男さんは、アメリカ軍の激しい反撃を受けている。右の太ももには敵の高射砲弾の破片で深手を負い、ガソリンタンクには敵の機銃弾が突き刺さっていたと、のちに帰省した時に昭さんに語ったという。紙一重の差で交錯する戦場の生と死を前にして、嘉太男さんは自らの身の振り方を考え直したのだろうか。あるいは、この戦争を無事に戦い抜いてからでも結婚するのは遅くはない、と考えたのかもしれない。そんな嘉太男さんの人生に、真珠湾攻撃から二年半後の昭和一九年六月に行われたマリアナ沖海戦が大きな影を落としたであろうことは恐らく間違いない。六〇一空の一二八機を含め、艦戦、艦爆、艦攻からなる三〇〇機を超える攻撃隊のうち、ほとんどが戦果をあげることなく二〇〇機以上が自爆・未帰還となり、日本軍は惨敗を喫した。この戦いの後、内地に戻り、愛媛県にある松山基地で新たに補充された若い搭乗員たちと訓練に励んでいた嘉太男さんは、昭和一九年一〇月、道後温泉にある小さな旅館の一室で結婚式を挙げた。相手は米子市淀江《よどえ》で造り酒屋を営んでいた石原家の分家筋の娘・達子さん。出席したのは、新郎新婦とそれぞれの両親のみ。親同士が話を進めた、見合い結婚だった。開戦直前の昭和一六年一〇月、母宛の手紙を送ってから、丸三年が経っていた。

「兄は、この戦争を生き抜くことの難しさを骨身に沁みて感じながら、家の長男として跡取りを残すという務めも果たさなければならないと考えたのかもしれません。そしてそのことを理解してくれた達子さんとの見合いに、踏み切ったのでしょう」と昭さんは語る。

昭さんの手元には、松山市内の写真館で撮影した、嘉太男さんと達子さんの結婚写真が残されている。写真の中のふたりは、過酷さを増していく時代に抗うかのような固い表情で、しっかりと前を見据えていた。

結婚からの四か月、嘉太男さんは達子さんと松山市内に居を構え、束《つか》の間の新婚生活を送った。昭和二〇年二月中旬、千葉県の香取基地への進出を命じられた嘉太男さんは、達子さんを米子にある原田の家へと帰らせ、赴いた先の香取基地で特攻隊の志願を募られ、「第二御楯隊」の一員に選ばれた。そして出撃の二日前、妻の達子さんにしたためたのがあの「最愛の達子殿」という宛名の遺書だった。

その遺書は、今も昭さんの手元に大切に保管されている。嘉太男さんは米子にいる両親、兄弟、そして妻に宛て、便せん七枚にわたって遺書を書いており、達子さん宛のものはその五枚目にあたる。丁寧に一文字ずつ書いたという筆致ではなく、どちらかといえば、繊細で、流れるような文字で書かれている。昭和一六年一〇月に母・つる子さんに宛てて書いた手紙と見比べてみても、どこか落ち着きがない。遺書を見たつる子さんは、「心が相当乱れておる……。そげな穏やかに書けるわけがない」とつぶやいたと昭さんは語る。

「ご両親様、嘉太男は立派に必ず敵輸送船に命中します。少年時代の負けず魂をその通り発揮して見せます。御安心下さい」「他人様の前でみっともないから泣かぬこと。殊に母上様、達子は弱気ですから、立派に華々しく散ったと喜んで下さい」。自分は勇んで行ったと書くのは、残される者の悲しみを少しでも和らげるために多くの特攻隊員が用いる常套《じょうとう》の方便だ。それと同時に「達子の身の進退は御両親様とよく話して適当にすること。但し、子供が有るなれば達子は原田家に居ること」と、二〇歳そこそこの若さで後家となる達子さんの行く末を案じている。遺書の末尾も達子さんへの言葉で締めくくられている。「達子は未だ海軍の籍にはないが

原田嘉太男さんと達子さんの結婚写真。松山市内の写真館にて

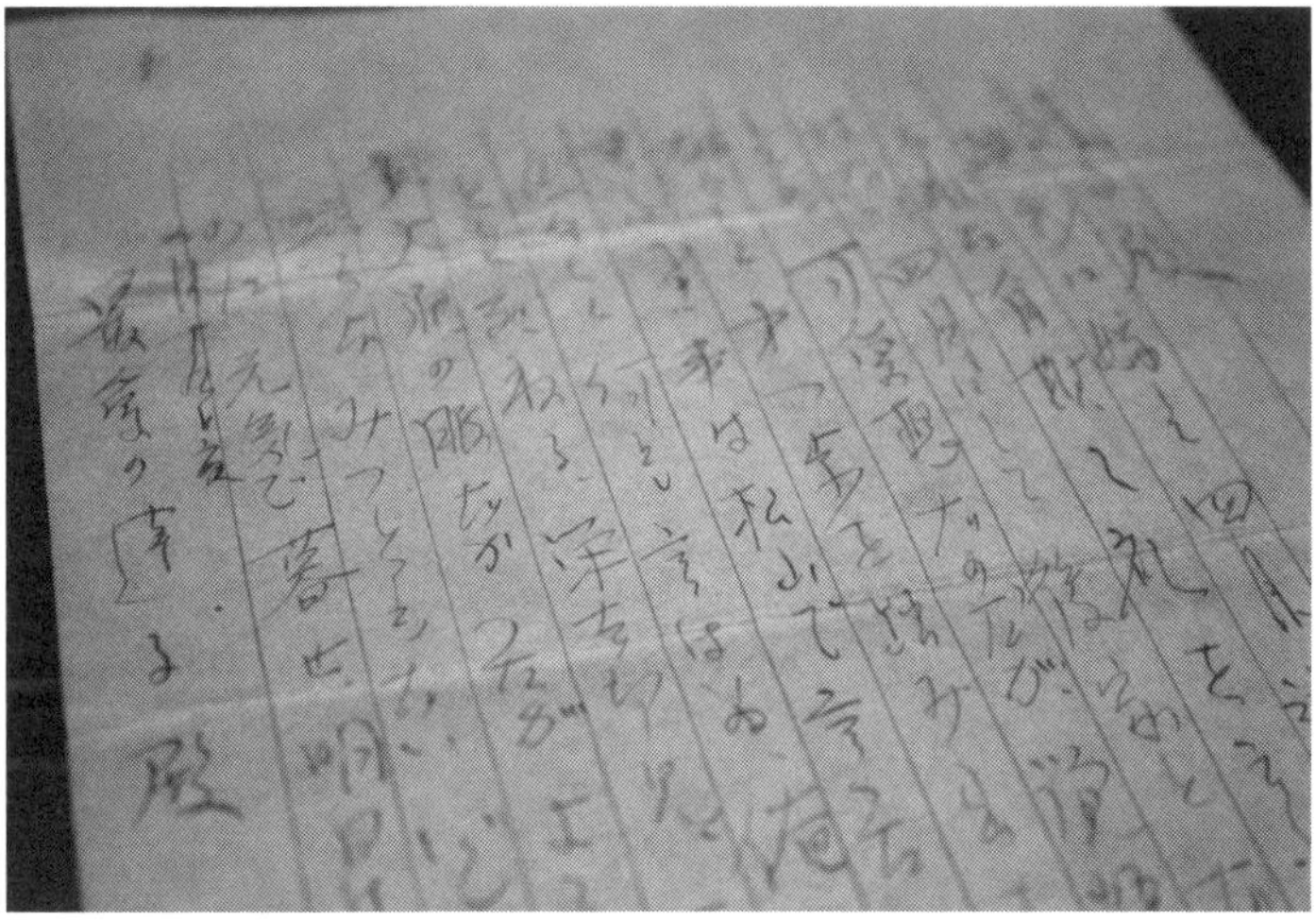

最愛の達子殿

達子さんへの遺書。最後の一行は「最愛の達子殿」

立派な軍人の妻である」。海軍の軍人は士官になると、結婚するにも海軍大臣の認可を得なければならない決まりとなっていた。海軍の籍になければ、遺族恩給の対象からも漏れることになり、いろいろと不都合も多い。嘉太男さんがそのことを知らないはずはなく、この特攻出撃が急転直下のできごとだったということを物語っている。「達子さんは結局、海軍の籍に入れず仕舞いだったのですか」と尋ねた僕に、「そのことが兄を最後まで苦しめていたようです」と答えながら、昭さんは一冊の本を見せてくれた。当時六〇一空で庶務主任を務めていた和田良信という主計少尉が、戦後にまとめた手記だった。その中に、嘉太男さんが達子さんに宛てて遺書を書いた二月一九日の晩のことが記されている。その夜、隊では、出撃する隊員たちのために壮行の宴が行われていた。

私は山積する仕事をかかえていたので、早めに副官部へ戻って机に向ったが、宴もたけなわとみえ、勇ましい軍歌の合唱が潮騒の如く聞えてくる。空気は重苦しく息がつまるようであった。と、何時ごろであったか

「庶務主任」

という、私を呼ぶ低い声を耳にした。振り返ると飛曹長の原田嘉太男さんではないか。隊長機の偵察員として明朝出撃する歴戦の勇士である。

「今になって面目ないことなんですが、私の妻は未だ入籍していないのです。妻として入籍してあれば、私が死んだあと戦死者の遺族ということで扶助料なり何なり貰えるそうじゃありませんか。いかにも最後の悪あがきをするようで、このまま黙って征《ゆ》こうとも考えたのですが、なんと云ってもロクな事もしてやれなかった女房が可哀想でしてねえ、無理なお願いとは分っておりますが、庶務の方で手続をして頂けないものでしょうか」

と云って印鑑をケースごと差し出した。何度か死線を超えて来た勇士、さすがに涙一つ見せはしなかったが、苦悶の表情が顔に溢れていた。

「よく分りました。どんな方法をとっても必らず認可をとって、奥さんをあなたの妻にして見せます」

「そうですか、有難い。ああ、これでサッパリしましたよ、これで私も思い残すことはありません。では呉々もお願いします」

印鑑を持っている私の右手を大きな手でギュッと握りしめると、まるで何事も無かったかのようにスタスタと出て行った。

和田良信『白線と短剣』より

和田少尉は、やりかけていた仕事を中断し、すぐにその手続きにとりかかった。人事部に進達する書類を書き終えた時、既に夜は更けていた。士官舎へと通じる渡り廊下を進む和田少尉の耳に、低い歌声が聞こえてきた。士官舎から少し離れた、木立の蔭《かげ》からだった。

夕焼け、小焼けの
赤とんぼ
負われて見たのは
何時の日か

ほのかな月明かりに浮かび出た顔は、紛れもない原田飛曹長その人であった。

夕焼け、小焼けの
赤とんぼ
とまっているよ
さおの先

ああ、これが仏縁というものか。私は何か恐ろしいものを見るような気持で其の人の横顔を見つめていた。歌声は止んだ。しかし其の姿は立ちつくしたまま凝然として動かなかった。

和田良信『白線と短剣』より

二五年間の人生の最後となるであろう夜に、故郷の米子の田園地帯で過ごした少年時代のことを思い出していたのではないか。そして、そんな平穏だった時代を思い出しながら口をついて出て来たのが、「赤とんぼ」だったのではないか。弟の昭さんは、この時の嘉太男さんの心情をそう慮っている。

二月二一日、ついに嘉太男さんたち第二御楯隊に出撃の時がやって来た。嘉太男さんが飛行機に乗り込む直前に撮影されたと伝えられる写真が昭さんの手元にある。嘉太男さんを中心に、三名の搭乗員が収まった写真だ。裏書きには、向かって左が中川飛曹長、右が平迫飛曹長とある。調べてみると、中川紀雄《なかがわのりお》・飛曹長は昭和一一年、乙飛七期生として海軍に入隊し、艦爆の操縦員として空母「蒼龍《そうりゅう》」に乗り込み真珠湾攻撃に参加していた。平迫孝人《ひらさこたかひと》・飛曹長はさらに古く、昭和一〇年に海軍に一般兵として志願し、選抜されて操縦練習生（三四期）となり、艦爆の操縦員としてミッドウェー海戦からマリアナ沖海戦までの数々の激戦に参加し、辛くも生き抜いていた。三人ともがまさに、海軍航空隊の栄光と凋落《ちょうらく》をその目で見てきた歴戦の搭乗員だった。写真の中央で微笑《ほほえ》む原田飛曹長と、見送る中川、平迫両飛曹長のこわばった表情とが対照的だ。

嘉太男さんはこの日、妻の達子さんの写真を飛行服のポケットにしのばせて、出撃したという。嘉太男さんの従兵を務めていた岩田庄之助《いわたしょうのすけ》さんが、戦後昭さんに語ったところによると、「岩田、行くぞ!」とすごい剣幕で岩田さんの体を強く張り、肩を怒らせるようにして搭乗機へと向かったという。「自分に気合いを入れたんだと思いますよ。そうでもしなければ、行けなかったんでしょう」と昭さんは語る。

午前八時。いよいよ三二機六〇名からなる特攻隊に出撃の時がやって来た。エンジンの回転があがり、村川隊長の両手が大きく左右に開く。整備兵の手により車輪止めが外され、隊長機がゆっくりと進み始める。それに続き、五〇〇キロ爆弾を抱いた「彗星」艦爆が次々と離陸し、基地上空を旋回し、高度をあげながら編隊を組んでいく。若い搭乗員が多いとはいえ、精鋭六〇一空の名に恥じない飛行ぶりを地上から眺めていた和田少尉は、「勇壮と云わんよりは、一瞬、戦争を忘れさせるような美しい光景であった」と回想している。やがてガッチリと編隊を組んだ第二御楯隊は、基地上空をまっすぐに横切り、見送る人びとに向かって翼を左右に振りながら、南の空に消えていった。

出撃直前。左から中川紀雄飛曹長、原田飛曹長、平迫孝人飛曹長

彼らは予定通り、八丈島の基地で給油を行い、正午、第一攻撃隊から第三攻撃隊までの二四機が八丈島から出撃した。続いて少し間隔を置いて午後二時、第四、五攻撃隊が出撃し、先発隊の後を追う。アメリカ側からの攻撃を可能な限り避けるため、第四、第五攻撃隊は敵戦闘機が空母に着艦する夕暮れ時から日没後にかけて突入する予定になっていた。第三攻撃隊の零戦隊の三番機が増槽（予備ガソリンタンク）の不具合のため引き返し、第五攻撃隊の一番機（桜庭中尉機）が八丈島に着陸した際に脚を破損したため、残る三〇機五六名がおよそ一〇〇〇キロ離れた硫黄島を目指した。なお、脚を破損した第五攻撃隊の一番機の搭乗員三名

は、四番機の搭乗員から機体を譲り受け出撃に加わった。

一方のアメリカ軍は日本軍機の接近をレーダーで探知し、邀撃《ようげき》のため戦闘機を発進させていた。第三攻撃隊がその戦闘機に捕捉され、艦爆隊の一番機と二番機、零戦隊の二番機と四番機が硫黄島の三〇〇キロ北方にある父島に不時着し、第四攻撃隊の一番機も発動機故障のため父島に不時着したが、多くの特攻機が敵の防御網をくぐり抜け、硫黄島の南南東の沖合およそ五〇キロの地点にいたアメリカ軍機動部隊の上空へと殺到した。

午後四時、六〇一空幹部らの詰めかけた香取基地の電信室に、攻撃隊からの「トトト…」というモールス信号が届いた。第二攻撃隊の一番機からの電信。「突撃せよ」という意味の「ト連送」だった。続いて、第二攻撃隊の三番機から「われ輸送船に体当たりす」。そして、その次に入って来たのが、第一攻撃隊の一番機、第二御楯隊の隊長村川大尉機からの電信だった。「われ航空母艦に突入す」、さらに突入中であることを表す「ツ――」という信号が続いた。二人乗りの「彗星」の後部座席で、達子さんからの手紙と写真を身につけた嘉太男さんは、いったいどのような思いで電信キーを押し続けたのか。嘉太男さんからの信号が途絶えたのは、午後四時一五分のことだった。

なおも攻撃は続く。夕闇せまる午後五時四五分、三人乗りの「天山」からなる第四攻撃隊、第五攻撃隊が突入を開始する。第四攻撃隊の三番機、四番機からそれぞれ「われ輸送船に体当たりす」の電信が入り、続いて、最年少の隊員である一六歳の小山良知・二飛曹が電信員を務める第五攻撃隊の三番機から「航空母艦撃沈」。そして、同攻撃隊の一番機と二番機から打たれた「われ突入に成功せり」の電信を最後に、すべての連絡が途絶えた。午後六時一〇分のことだった。

この「第二御楯隊」は、実際、大きな戦果をあげた。「村川大尉、原田飛曹長の乗る隊長機は、敵航空母艦に間違いなく命中した」と、第一攻撃隊の直掩戦闘機隊の指揮官だった岩下泉蔵中尉は、戦後、嘉太男さんの母・つる子さんに語っている。岩下中尉は攻撃隊の戦果を見届けた後、爆弾を装着して特攻出撃するため父島に着陸したところ、滑走路に空いた穴に脚を取られて機体が転覆して大けがを負い、図らずも生き残った。岩下中尉の証言が正しいことは、アメリカ軍の記録によっても裏付けられている。嘉太男さんからの信号が途絶えたのと同時刻、空母「サラトガ」に立て続けに特攻機が命中し、同艦は大破している。「サラトガ」はアメリカ本国に曳航《えいこう》されて修理が行われたものの、終戦まで戦列に復帰できないほどの被害を受けており、撃沈に相当する戦果となった。さらに夕暮れ間近の第四、第五攻撃隊の攻撃により、護衛空母「ビスマーク・シー」が沈没し、それ以外にも、戦車揚陸艦が二隻、防潜網（潜水艦の進入を防ぐ網）敷設艦が一隻大破していた。日本側でも、第一攻撃隊の直掩機・岩下中尉の他にも、同じく父島に着陸した第二攻撃隊の松重幸人・一等飛行兵曹、林光男・二等飛行兵曹か

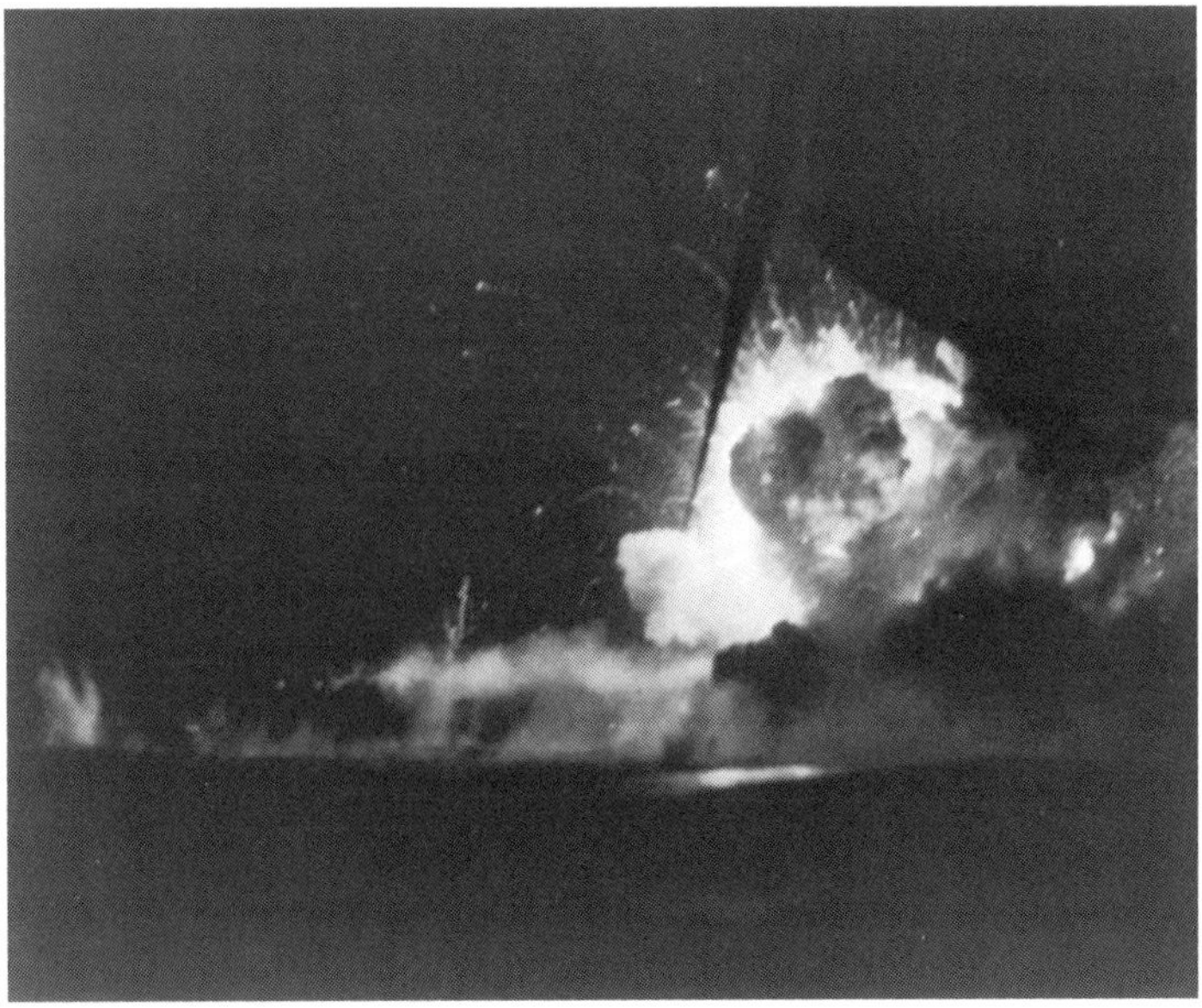

第２御楯隊が突入し炎上する護衛空母「ビスマーク・シー」。直後に沈没

らの報告により、戦果を概ね正確に把握していた。

そしてこの久々の大戦果は、軍民の戦意高揚に大きな役割を果たすことになる。二月二二日一六時、大本営海軍部は「空母二隻撃沈、艦種不詳一隻撃沈、二隻大破炎上。硫黄島より火柱一九本を認めあり」と発表している。

この文言にあるように、アメリカ軍の激しい攻撃にさらされていた硫黄島の守備隊からも、この体当たり攻撃がはっきりと見えていた。「友軍航空機の壮烈なる特攻を望見し、士気ますます高揚、必勝を確信、敢闘を誓う」。硫黄島の海軍陸戦隊から送られて来た電報には、アメリカ軍を一日でも長く足止めして本土決戦のための捨て石になることを求められていた部隊が、この攻撃を「せめてものはなむけ」と喜ぶ悲壮な心情が込められている。

そしてこの「大戦果」こそが、より大規模な特攻作戦への呼び水となっていくことになる。

攻撃から二日後の二月二三日、陸軍の参謀総長・梅津美治郎大将と海軍の軍令部総長・及川古志郎大将が宮中に参内し、硫黄島での戦況とその戦果が天皇に上奏された。市ヶ谷にあった陸軍参謀本部では、参謀総長が宮中から退出して帰庁すると必ず、作戦部長の宮崎周一中将の部屋のベルが鳴らされ、宮崎は日記を持って駆けつけていた。そして総長から伝えられる陛下の御言葉の重要なフレーズを書きつけるのだが、この日の日記には、次のような御言葉が記されている。

「硫黄島に対する特攻を何とかやれ」

この期に及んでも天皇は、特攻を後押しこそすれ、特攻を止めろとも戦争を止めろとも命じなかった。洋上を長距離飛ばなければならない硫黄島への特攻は、攻撃側の負担も大きく、ふたたび実行されることはなかったが、御言葉から六日後の三月一日、以後の作戦方針を決める協定が、陸海軍の間で結ばれている。沖縄方面に敵が来攻する事態を想定した「航空作戦に関する陸海軍中央協定」だ。その冒頭、「方針」と題された項目には、次のように記されている。

陸海軍航空戦力の統合発揮に依り 東支那海周辺地域に来攻を予想する敵を撃滅すると共に 本土直接防衛態勢を強化す
右作戦遂行の為 特攻兵力の整備 竝《ならびに》 之が活用を重視す

そして「方針」に続く「各方面航空作戦指導の大綱」の最後は、こう結ばれている。

両軍(陸海軍)は愈々《いよいよ》特攻精神を昂揚し 其の兵力を可及的に増強し 且 其の戦力を十全に発揮し得る如く爾他兵力の整備に努む

この協定が結ばれる一か月以上前の一月二〇日、陸海軍は「帝国陸海軍作戦計画大綱」をまとめ、今後の大まかな作戦方針を定めているが、そこでは「特攻重視」という表現は一切使われていない。硫黄島への特攻作戦が成功裡に終わったことで、一度消えかけていた特攻への期待が、ふたたび烈しく燃えあがろうとしていた。そういう意味で、三月一日の「陸海軍中央協定」は、その後の特攻作戦にとっての大きな画期であった。協定では、九州からは、陸軍の第

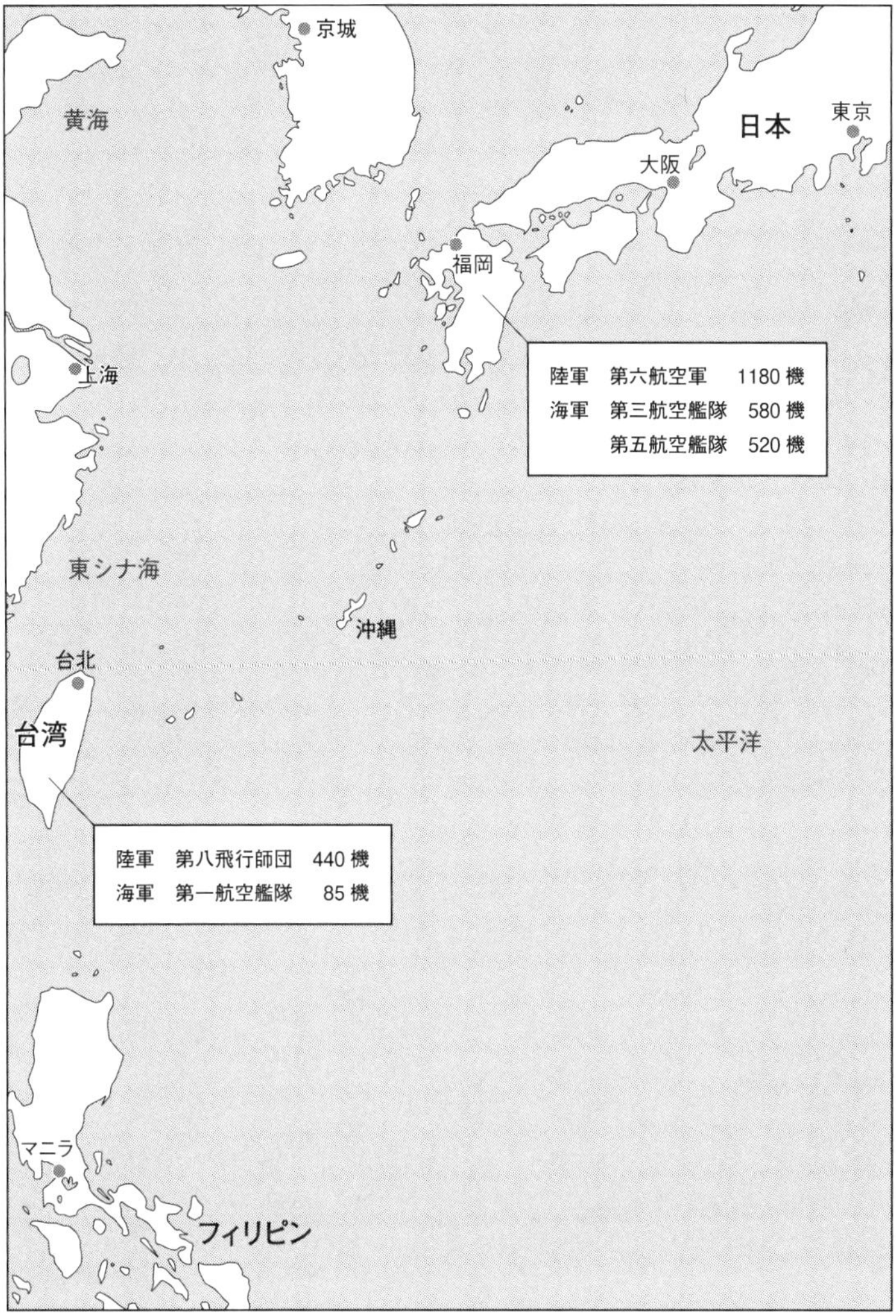

沖縄特攻作戦のための戦力（3 月 1 日 陸海軍中央協定より）

六航空軍および海軍の第三・第五航空艦隊が、台湾からは陸軍の第八飛行師団および海軍の第一航空艦隊が連携を取りながら特攻作戦を展開してゆくことが定められた。協定に付随する別表「陸海軍航空兵力運用計画腹案」によれば、第六航空軍が一一八〇機、第三航空艦隊が五八〇機、第五航空艦隊が五二〇機、第八飛行師団が四四〇機、第一航空艦隊が八五機、合わせて二八〇五機となっている。

一方、作戦部長に就任した当初は沖縄作戦に消極的だった陸軍の宮崎中将も、間近に迫ったアメリカ軍との戦いに備え、動きを加速していた。日記からは、海軍の富岡作戦部長らと活発に連絡を取り、参謀本部の幕僚たちと打合せを重ねている様子がうかがえる。沖縄戦が始まる直前の三月二七日の日記には、「天号（沖縄）作戦に関しては大なる期待を懸けあり」とあり、その欄外には、参謀総長上奏時の天皇の御言葉として「天一号作戦は重大作戦にして皇国運命に大なる影響あり、従来の如く失敗を反覆せざる様」と記されている。本土決戦を優先する陸軍は、沖縄戦では戦力温存を図ったという俗説があるが、それは正しくない。宮崎は時ここに至り、陸軍航空の全力を挙げて特攻に踏み切ろうとしていた。

極めて困難だ、はっきり言う。それはね、私の日記なんかにみんな書いてある。聞けば聞くほど困難。極めて困難。それじゃあもう断念するかと、それは断念できない

んだ、俺には。ええか？　やってみにゃ分からんと。そんなたやすく勝てるなんとは決して思わない。だけれども、できるだけやるより他はない。これは私自身に私が申しつける言葉だよ。

宮崎周一証言（読売新聞社「昭和史の天皇」取材資料）より

参謀本部の航空参謀・鹿子島隆中佐《かごしまたかし》は、終戦後のGHQの取り調べに対して、軍の総力を挙げた特攻に最後の望みをかけようとした、当時の心情を次のように述べている。

苦慮を重ねた末、特攻戦法の徹底的利用に依り米来攻輸送船団の攻撃に徹底し、三〇〇－四〇〇隻を撃沈し是に依って六カ月間位米軍の進攻を遅滞せしめんことを希望した。本特攻の為陸軍は、双発高等練習機、九七戦、四戦、九七軽等の実用機、練習機を動員して特攻隊の編成を急いだ。

（GHQ質問）

東支那海要域に於ける航空作戦計画は、当時の航空戦力の実情に即し確信があったか？

確信は無かった。やらなければならぬ。なんとかして努力しなければならぬと云う念願を計画化したものである。

GHQ「天号及び決号航空作戦に関する陳述」より

一方、フィリピンで特攻の火ぶたを切り、昭和二〇年一月一〇日、軍令部の指示で幕僚たちと共に台湾へと引き揚げていた第一航空艦隊司令長官の大西瀧治郎中将は、台湾各地の基地を回りながら、指揮官から一兵卒、設営隊など隊の末端に至るまで熱烈な訓示を行い、さらにその内容をガリ版刷りにして各地に配っていた。その内容を大西中将の副官、門司親徳大尉が戦後みずからの著書に書き留めているので、要点を以下に引用する。

敵の攻撃は愈々《いよいよ》日本本土に近迫、本土に対する空襲は日と共に激化し、又比島の大勢が敵の手に帰して以来、南方交通は極めて不如意となり、更に全般的の戦力の低下、同盟国独逸《ドイツ》の苦戦等を思い合せると、日本は遠からず負けるのではないか、と心配する人もあるであろう。然し、日本は決して負けないと断言する。

今迄我が軍には局地戦に於て降服と云うものがなかった。戦争の全局に於ても亦同様である。局地戦では全員玉砕であるが、戦争全体としては日本人の五分の一が戦死する以前に、敵の方が先に参ることは受合《うけあ》いだ。

（中略）

即ち、時と場所とを選ばず、成るべく多く敵を殺し、彼をして戦争の悲惨を満喫せしめ、一方国民生活を困難にして、何時までやっても埒《らち》のあかぬ悲惨な戦争を、何が為に続けるかとの疑問を生ぜしめる。この点、米国は我が国と違って明確な戦争目的を持たないのであって、その結果は、政府に対する不平不満となり、厭戦《えんせん》思想となるのである。彼米国が、日本を早く片付けねばならぬと焦っている原因は、実に此処に在るのである。

（中略）

戦闘が愈々熾烈《しれつ》となり、戦場が本土に迫って来るに従って、流石《さすが》に呑気《のんき》な日本人も本気になって来た。神風特別攻撃隊が国民全部を感奮興起せしめた効果は、実に偉大なものがあった。今や、日本には特攻精神が将《まさ》に風靡《ふうび》せんとしている。特攻隊は空に海に活躍している。陸海軍数千台の練習機も、特攻隊に編成せられつつある。国民残らず此の覚悟で頑張るならば、必ず勝つ。少なくとも決して敗れることはない。

（中略）

今後、此の戦争を勝ち抜く為の如何なる政治も、作戦指導も、諸士青年の特攻精神と、之が実行を基礎として計画されるにあらずんば、成り立たないのである。既に数千数万の者が祖国を護らんが為、天皇陛下万歳を叫びつつ、皇国日本の興隆を祈りつつ、日本人らしく華と散った。又現在も夜に日についで散りつつあるのである。皆の友人が戦いつつある硫黄島、マニラ、クラークを想《おも》え。我等も之に続かなければならない。彼等の忠死を空しくしてはならない。彼等は、最後の勝利は我にあると信じつつ喜んで死んだのである。如何なることがあっても光輝三千年の皇国を護り通さねばならないのである。

各自定められた任務配置に於て、最も効果的な死を選ばなければならない。死は目的ではないが、各自必死の覚悟を以て、一人でも多くの敵を斃《たお》すことが、皇国を護る最良の方法であって、之に依って、最後は必ず勝つのである。

門司親徳『空と海の涯で』より

門司大尉は、この大西の言葉を繰り返し聞きながら、「長官がこんなことをいってよいのか、と思うような言葉が出るので、少しはらはらした」としつつも、「長官のいう通り、敵を殺して、反戦思想を起こさせる以外に戦いを終わらせる道はないのだと私も思った」と述懐している。大西長官の副官を務めるこの門司大尉は、戦いを専門とする軍人ではない。東京帝国大学の経済学部を卒業し、日本興業銀行に入行した後に海軍に志願し、最前線で敵弾に身をさらしながら部隊の庶務や経理を担った主計科士官だ。戦後、周囲から強く勧められて書いた回想記『空と海の涯で』は、みずからの心情や最前線で戦う将兵たちの姿を冷静な筆致で描いている。その門司大尉もまた、特攻により敵兵をひとりでも多く殺す他日本の進むべき道はないという強い決意を抱くまでになっていた。フィリピンから陸海軍の航空隊が全面撤退してから二か月余り、現場にはふたたび、特攻に向けた気運が高まりつつあった。

そうこうしている間に内地では、アメリカ軍による無差別爆撃が始まっていた。三月一〇日未明の東京大空襲を皮切りに、名古屋、大阪、神戸が次々と灰燼《かいじん》に帰した。同じ頃、日本を遠く離れたヨーロッパ戦線では、ソビエト軍が首都ベルリンに迫っており、ドイツの敗北はもはや時間の問題だった。その同盟国である日本を無条件降伏に追い込むまで徹底的に破壊し尽くそうというアメリカ、イギリス、ソビエトの固い決意を知ることもなく、日本は沖縄特攻作戦へと突き進んでいった。

第四章　沈黙

昭和二〇年四月一日、アメリカ軍はついに沖縄本島に上陸を開始した。攻め寄せて来たのは、海兵隊二個師団、陸軍二個師団を中核とする一八万を超える地上軍で、一三〇〇隻の輸送船団と、それを支援する戦艦一〇隻、巡洋艦九隻、駆逐艦二三隻、砲艦一七七隻からなる大艦隊が島を取り巻き、さらに空母一三隻を中心とする機動部隊が展開していた。それに対して日本軍は、特攻を主体とする総攻撃に打って出る。いったいどれくらいの特攻機が出撃したのか、それについては諸説あるが、防衛研究所の服部省吾氏が隊ごとに細かくまとめた記録を集計したところ、四月六日から始まった「第一次航空総攻撃」（海軍名「菊水一号作戦」）から、四月一五日に終わる「第二次航空総攻撃」（「菊水二号作戦」）まで、最初の一〇日間だけで未帰還となった特攻機は五〇四を数えた。これはフィリピン作戦の全期間にあたる三か月の間に特攻で失われた五三九機（陸軍二二九、海軍三一〇）に迫る数であり、四月一六日に始まる「第三次航空総攻撃」（「菊水三号作戦」）では、さらに一五七機（陸軍五一、海軍一〇六）が未帰還となっている。

全軍を挙げて特攻作戦が行われるなか、非情な采配もふるわれた。二月に「第二御楯隊」を硫黄島に送り出した六〇一航空隊の一員である藤本速雄・一飛曹は菊水一号作戦が始まった四月六日、海軍特攻隊の拠点のひとつだった鹿児島県国分基地にいた。この日藤本さんは、沖縄に向かう特攻隊に先駆けて敵艦隊上空に侵入し、敵の戦闘機をひきつけて特攻機の突入を掩護する「露払い」の任務を与えられていた。

国分基地から出撃した特攻隊の中に、二人乗りの「九九式艦上爆撃機」一〇機からなる「第一正統隊」があった。整列した隊員たちを前に号令台にあがったのは、海軍の沖縄特攻作戦の中心を担った「第五航空艦隊」の司令長官、宇垣纏《うがきまとめ》中将だった。その周りを取り囲むように整列していた藤本一飛曹も、その訓示に耳を傾けていた。

宇垣長官の言葉が終わった時、「質問がありますか」と特攻隊員のひとりが手を挙げた。甲飛四期出身のベテラン操縦員で敵艦船攻撃の豊富な経験を持つ沓名《くつな》達夫《たつお》・飛曹長だった。藤本さんは言う。

割と古い人だった。奥さんもおったというから。その人がね、「一〇〇%当てる自信があります」と。「当てたら還って来てもよろしいですか」という質問をしました。それに対して長官は一言、「まかりならん」と。

見送るためにその周りにいた私はそれを見て、ああこれが戦争か、とその時思ったね。それは、言う方もつらいかもしれん。「おお、還って来い」って言うたら、他の人に示しもつかんでしょうし、後から行く人に示しもつかんでしょうが。でもね私はね、こういう言葉が欲しいなと思った。「成功を祈る」と。「絶対当てろ、当てて成功したら、生きて還って来い」と。そういう言葉が欲しかったなと思う。その人もね、特攻で行くんだから、どんなにしてでも生きて還ろうとは思っていないはずよ。ただもしうまいことといって一〇〇%当てて、還るめどがあるなら還って来てもみんなに文句も批判もされんから、そういう機会があったら還ろうという気もあったのだと思う。それをぴたっと切ってしまうのは、私は残酷やったと思う。

敵艦に爆弾を命中させることができれば、ふたたび出撃し、再度相手に打撃を与えるチャンスも生まれる。正論を述べた沓名飛曹長は、「全軍特攻」のかけ声のもと火ぶたが切られた沖縄戦において、その先駆けとなって死ぬことを求められた。「まかりならん」と宇垣に言い放たれた沓名飛曹長は、その場にいた旧知の搭乗員に「あと二時間半の命です。ではお先に」とだけ述べ、出撃の途についたという。

沖縄に向けて飛び立った特攻隊員は、ある者は沓名飛曹長のように疑問を抱いて、ある者は役に立つ死に方ができると勇んで、またある者は自分だけが逃げるわけにはいかないと諦めて、美しい海を埋め尽くすアメリカ艦隊に降り注いでいった。その中には、二月二一日に硫黄島沖に突入した「第二御楯隊」が出撃する直前、隊長機の偵察員だった原田嘉太男さんと一緒に写真に収まった中川紀雄・飛曹長もいた。中川飛曹長は菊水一号作戦二日目にあたる四月七日、六〇一空が編制した「第三御楯隊」の隊長機の操縦員として一一機の「彗星」艦爆の先頭に立って出撃し、戦死している。

彼らの捨て身の攻撃が、戦果をあげなかったわけではない。最初の一〇日間だけで、アメリカ側では一〇隻が沈没し（駆逐艦四、輸送船二、戦車揚陸艦三、上陸支援艇一）、八隻が戦列復帰不能となり（すべて駆逐艦）、二三隻が人的・物的に大きな被害を受け（空母二、戦艦三、駆逐艦一四、掃海艇一、上陸支援艇三）、他にも三二隻が損害を被っている。

一方、地上でも烈しい戦闘が始まっていた。沖縄の守備にあたる陸軍の第三二軍は司令部が置かれていた首里の北方でアメリカ軍を迎え撃ち、一進一退の攻防を繰り広げた。四月二三日、アメリカ太平洋艦隊司令長官のニミッツ提督は沖縄地上作戦の指揮を執るアメリカ陸軍のバックナー中将と会談を行うため、急遽ハワイから沖縄に飛んだ。バックナーは洞窟に潜む精強な日本兵を相手に、なるべく危険を冒さないよう、圧倒的な物量を投入して陣地をひとつずつつぶしていく作戦を採っていたが、海軍内ではバックナーの作戦は慎重すぎて積極性に乏しいという不満がくすぶり始めていた。しかし、ニミッツの要請を受けてもバックナーは頑として譲ろうとしなかった。それに対して普段は温厚なニミッツも激昂《げっこう》し「俺は毎日二隻ずつ艦を沈められている。もしこのまま戦線が膠着《こうちゃく》するようであれば、誰か別の人物を司令官にして、戦線を進めてもらうつもりだ。そうすれば私の艦隊も、あの、いまいましいカミカゼ攻撃から解放される」と怒鳴ったという。それほどまでに、このかつてない規模の特攻はアメリカ軍を苦しめていた。

その後も、五月一一日にはアメリカ軍機動部隊の旗艦だった空母「バンカーヒル」が二機の零戦の突入を受け大破して四〇〇名近い戦死者を出し、代わって旗艦となった「エンタープライズ」もその三日後の五月一四日に一機の零戦の突入を受け大破した。両艦は戦争が終わるまで戦列に復帰することができず、アメリカ艦隊は大きな打撃を受けた。

上陸支援の戦艦部隊を束ねる「第五四任務部隊」の旗艦だった戦艦「テネシー」上で指揮を執っていた司令官のモートン・デイヨー少将は、特攻機の搭乗員たちに一種の憐憫《れんびん》の情を覚えたとしながらも、次のように回想している。

彼らの一人一人はその悩み抜いた意識のなかに、一つの目的を持っているだけである。彼はミサイルの生きている部品であり、その結果ミサイルと彼自身とはほんの僅かばかりの生存の可能性もなく、仮借ない鋼鉄を破壊するため突進することになる。したがって、特攻機はすべて目標に到達しないうちに、命中弾をあたえて操縦不能にしなければならない。さもないと、それにたいして、われわれが支払いを余儀なくされる代価は、パイロット一人と飛行機一機の価格の何倍にも達することになるだろう。
一二〇〇ヤード！　八〇〇ヤード！　一体全体、奴らの体は何でできているのだろうか。五〇〇ヤード！　艦首から突っこんでくる一機の機体が四散して墜落していく。その敵機は狂ったように飛行をつづけ、クルクル舞いながら海面に突入した。他の一機も機体がバラバラになって飛散した。バラバラになった機体の大きな部分が、爆発して消えてしまった。射撃が中止された。左舷の砲員たちが歓声をあげて喜んだ。そのあと、ほとんどのものが気づくほどの沈黙がつづいた。

デニス・ウォーナー他著、妹尾作太男訳『ドキュメント神風』下巻より

「Kill Japs」と煽《あお》られ、日本人の命を奪うことに慣れっこになっていたはずの男たちが言葉を失うほどの、烈しくそして空しい戦いが、繰り広げられていった。「テネシー」は特攻機の執拗な攻撃を受け、四月一二日には、猛烈な対空砲火をくぐり抜けた一機が命中して二三名が戦死、一七六名が負傷している。この空しい戦いを終わらせるため、なるべく多くの敵を殺す。

殺して、殺して、殺し続ける。最前線に立たされた日米の将兵に許されたのは、ただそれだけだった。

特攻隊員や第三二軍の将兵による奮闘の甲斐なく、次第に日本軍は劣勢に立たされていく。特に、洋上で叩くはずだった輸送船団にほぼ無傷のまま上陸を許したこと、そして上陸地点の読谷付近にあった日本軍の中飛行場と北飛行場が無抵抗のまま四月一日に早々と占領されたことが戦いの行方に大きく影響していた。アメリカ軍は傷ついた滑走路をただちに整備し、七日には戦闘機隊を進出させ、以後、特攻機の邀撃や地上軍の掩護に力を発揮していくことになる。

それにしてもなぜ、アメリカ軍の輸送船団を上陸前に叩くことができなかったのか。敵の上陸日時を予測できていなかったからか。しかし調べてみると、日本側はアメリカ軍の動きをほぼ正確に予測していたことが分かる。作戦部長の宮崎周一の日記には、上陸前の三月二〇日、次のように記されている。

敵機動部隊の今後の判断
四月一日（四日）（八日）に南西諸島方面に上陸企図あり。
右の判断は陸海一般に同様なり、
但GF（聯合艦隊）は一応左記の如く

決定的に判断しあり。

イ．二十日頃　敵空母は一旦洋上補給
ロ．二十四、五、六日　沖縄来襲
ハ．二十七、八、九日　沖縄艦砲射撃
ニ．此頃空母再度九州に遮断来襲す
ホ．三月三十一日又は四月一日上陸決行

宮崎周一中将日誌より

アメリカ軍の動きは読めていたにもかかわらず、それを迎え撃つことができない原因は、フィリピンであまりに多くの搭乗員と航空機を失い、その損失から立ち直れていないことにあった。三月一日に結ばれた「航空作戦に関する陸海軍中央協定」により、敵輸送船を攻撃するのは陸軍の特攻隊、空母など敵機動部隊を攻撃するのは海軍の特攻隊と役割分担が決められていたが、陸軍では三月末になっても特攻隊の編制が間に合っておらず、輸送船団を迎え撃つ準備が整っていなかった。宮崎中将は戦後、陸上自衛隊の幹部学校が発刊する部外秘の月刊誌に「比島決戦において陸海航空の骨幹戦力——飛行機の消耗もさる事ながら、最大の痛手は優秀

	隊名	出撃基地	突入地点	未帰還機数	
3月26日	陸軍　誠第一七飛行隊	石垣島	沖縄周辺	機種不明	8
3月27日	陸軍　誠第三二飛行隊	中飛行場	嘉手納沖	九九式襲撃機	9
	陸軍　赤心飛行隊	中飛行場	嘉手納沖	九九式軍偵察機	1
	海軍　第一銀河隊	宮崎	沖縄方面	銀河	5
	海軍　第二菊水隊彗星隊	国分	沖縄方面	彗星	8
3月28日	陸軍　赤心飛行隊	中飛行場	那覇西方	機種不明	4
	陸軍　誠第一七飛行隊	石垣島	奥武島	機種不明	1
3月29日	陸軍　誠第四一飛行隊	中飛行場	那覇西方	機種不明	4
	海軍　第二菊水隊彗星隊	国分	種子島南方	彗星	2
3月31日	陸軍　誠第三九飛行隊	徳之島	沖縄周辺	機種不明	3

防衛研究所所蔵の服部省吾氏集成の資料より

な戦士と教官要員の喪失である――をほとんど消耗し尽くしたのであるから、僅か二～三月の会戦間隔では応急の準備さえ整う筈がない。一面、航空機生産資源はなくなり、工場は破壊されて、生産機数は毎月加速度的に低下する。航空燃料は底をつき、搭乗員は極端な短期訓練を余儀なくされた。残された唯一の望みは全機特攻の悲痛な意気だけであった」と当時の窮状を記している。

防衛研究所に残された服部省吾氏の資料によると、アメリカ軍艦隊が沖縄周辺に姿を現した三月二六日以降、上陸開始までに沖縄に向け出撃した特攻隊は上記の通りだ。

小出しに出撃させられたわずか四五機で、機動部隊に護られた一三〇〇隻を超える輸送船団を食い止められるわけがないのは当然だ。それでも彼らは、その責務を全うしようとした。アメリカ側の記録によれば、戦艦一隻、重巡洋艦一隻、駆逐艦二隻、揚陸艦一隻、機雷施設艦一隻が大きな損害を被っている。

陸海軍では、遅ればせながら四月六日に始まり、以後六月末の沖縄陥落まで一一次にわたって繰り広げられる航空総攻撃に望みを託していくこととなる。第二次総攻撃が始まった翌日、四月一三日付の陸軍作戦部長の宮崎周一の日記からは、特攻にわずかな勝機を見出そうという心情が見て取れる。

菊水第二号

戦果は判明せず　桜花成功B二轟（戦艦二隻轟沈）

天号作戦は従来に比し、我に後続兵力あり。敵機動部隊の行動は無理あり。

爾後の航空兵力は陸海合計千機以上を投入し得る状況に在り

宮崎周一中将日誌より

日本国内にはまだ特攻機も搭乗員も備えがあり、この「後続兵力」をもってすればアメリカ軍に十分な痛手を負わせることは可能であると考えていたことが分かる。その翌日、四月一四

日には、上奏に対して天皇が発した、「沖縄方面、空中も地上も健斗し逐次戦果を収めたる点よくやって居る」というお褒めの言葉が書き留められている。

その二週間後の四月二九日、陸海軍合わせて一五〇を超える特攻機が沖縄に向け出撃した第四次・第五次総攻撃（「菊水四号作戦」）のさなかには、湧きあがる熱い思いを禁じ得ない心情が記されている。

昨二十八日の沖縄周辺に対する特攻の戦果に関し吉報あり。
詳細は後報に依るへきも相当の戦果ありしは確実なり。
天に謝し若人に謝す

宮崎周一中将日誌より

四月二八日、アメリカ側では、駆逐艦一隻、病院船一隻、傷病者輸送船一隻がそれぞれ大きな被害を受けているが、「相当の戦果」と言えるほどのものではない。宮崎を高揚させた「特攻の戦果に関」する「吉報」とは何なのか、「後報に依る」とした詳細がその後書かれることはなかったため、定かではないが、この二八日には、ある特殊な特攻兵器が戦場に投入され、重巡洋艦を一隻撃沈したと海軍が報告している。その兵器とは、四月一三日の記述にもある

「桜花」だ。「桜花」とは、機体の先端に装着された一・二トンの高性能爆薬の後ろに操縦員がひとり乗り込み、尾部に備えられたロケットエンジンの噴射で機体を制御して敵艦に突入するという、体当たりのためだけに開発された「人間爆弾」だった。

沖縄での戦いには、日本の陸海軍がそれまでに開発してきたありとあらゆる特攻兵器がつぎ込まれており、数ある特攻兵器の中で海軍が早くから開発を進め、軍令部の航空参謀・寺井義守中佐の残した資料の「攻撃威力判定」では最大の「五点」がつくほどの期待を集めていたのが、この桜花だった。桜花の開発が始まったのは、昭和一九年五月頃。フィリピンで最初の特攻が始まる半年近く前のことだった。海軍の航空技術廠、航空本部、そして東京帝国大学の航空研究所が中心となって試作機の製作が進められ、昭和一九年末にはほぼ完成にこぎつけた。一機で戦艦一隻を沈める威力があるとも言われ、戦局を挽回する切り札と期待されたが、自力では離着陸できないという難点があった。敵艦隊の上空まで大型の陸上攻撃機「一式陸攻」で運び、切り離さなければならなかった。

その桜花隊が初めて出撃したのが、沖縄攻略を目指すアメリカ軍機動部隊が九州東方沖に姿を見せたところを迎え撃った「九州沖航空戦」のさなか、三月二一日のことだった。この日出撃した一式陸攻は、一八機。六機ごとの中隊を組み、中隊長機を除いた各五機の胴体に桜花が取りつけられた。一五人の桜花隊員と一三五人の陸攻搭乗員からなる、大攻撃部隊だった。し

昭和20年5月11日、2機の零戦が突入し、激しく燃える空母「バンカーヒル」

一式陸攻と、その胴体下に取りつけられた人間爆弾「桜花」

昭和20年3月21日、米軍機のガンカメラが捉えた一式陸攻。胴体下に桜花。全機撃墜された

かしこの作戦には、出撃の前から危うさが指摘されていた。敵戦闘機の邀撃を受けた場合、重い桜花をくくりつけて動きが鈍い一式陸攻に逃れる術《すべ》はないからだ。この陸攻を護るためには出撃機数の三倍の戦闘機が必要と考えられた。初出撃の二一日の場合は、五四機が必要な計算となるが用意できたのはわずか三二機。しかも出撃後にエンジントラブルなどが相次ぎ、実際に護衛の任に就くことができたのはわずか一九機だった。

この時点で攻撃を取りやめることも可能だったはずだ。しかし桜花隊に出撃命令を下した第五航空艦隊の司令長官・宇垣纏中将は、アメリカ軍機動部隊が近海までやって来た今が好機、とあくまで攻撃にこだわった。桜花を搭載した陸攻隊は敵艦隊上空およそ一〇〇キロの地点まで迫ったが、敵空母から飛び立った戦闘機の攻撃を受け、全滅した。アメリカの国立公文書館には、桜花隊を迎え撃った戦闘機に取りつけられていたガンカメラの映像が残されている。桜花には、母機から発進する直前に搭乗員が乗り移ることになっていた。敵艦隊上空までの残り時間から見て、既に搭乗員が乗り込んでいたとも考えられる桜花を切り離せなかったのか、フィルムには、敵戦闘機から逃げきれず桜花ともども撃ち落とされていく攻撃隊の姿が収められている。

桜花による攻撃はその後も続けられた。菊水二号作戦が始まった四月一二日には、一式陸攻九機が出撃。今度は一機ずつバラバラに沖縄周辺の敵艦隊を目指した。うち二機は桜花発進の電信を打つことなく消息を絶ち、一機は敵戦闘機に邀撃されて鹿児島県トカラ列島の口之島《くちのしま》沖に不時着水した。残る六機は桜花の発進に成功したが、うち三機は桜花発進を打電後、撃墜されている。一方、母機から切り離された六機のうちの一機は、駆逐艦「マンナート・L・エーブル」に命中して大爆発を起こし、わずか三分でこれを沈没させた。この桜花は土肥三郎《どいさぶろう》中尉が操縦する機体だったと考えられている。土肥中尉を発進させた一式陸攻は、敵の追撃を振り切り、辛くも九州の基地に帰還した。電信員として搭乗していた菅野善次郎《かんのぜんじろう》さんは、桜花に乗り込む土肥中尉と最後の言葉を交わした時のことを、次のように証言している。

まあ立派というか、堂々たるもんでしたね。穏やかな口調でね。とにかく落ち着いて、穏やかな話し方をしてましたよ。首に下げていた自決用のブローニングの拳銃を遺品に預かってくれと言って、飛行帽を取って鉢巻きを締めて、「これもいらないな」と言って、救命胴衣も脱いで。そして「どうもご苦労さま、お世話になったな」って。何とも言えなかったですね、その時は。もう死ぬのはっきりしてるわけですからね。で、桜花にストンと乗り移って、自分で風防を閉めました。とにかく成功させなけりゃいけないという、そういう責任感でいっぱいでしたね。ああ、この人の頭の中はもう成功させることだけだなと。そういう感覚でしたね。そんな生易しいものじゃないんでね。

桜花は、一式陸攻につながる懸吊索《けんちょうさく》を爆破することで切り離されるようになっていたが、この時、機長がいくら爆破ボタンを押しても、電気系統に問題が生じたのか、爆発が起きなかった。攻撃の機会をのがさないよう、機長はただちに、電信員の菅野二飛曹に手動の投下索を引くよう命令を下した。

――急がなくちゃだめだと。爆破装置の故障で一度攻撃をやり直しているわけですから――

ね。それで何十秒遅れてるわけですからね。敵艦めがけて攻撃態勢に入ってるわけですから。人間の感情とかなんか働かせる暇がないですね。一秒一秒の争いですから。一秒遅れればそれだけ狂うんですからね。人間の感情をはさめる余地がないんじゃないですか。
　土肥さんの顔を見られなかったですね。土肥さんは（桜花の）操縦席で前を見てるわけですから。落ちるのを、こう待ってるわけですからね。敵の艦を見てたんでしょうけど。とにかく落ちる瞬間、落ちる時は見ていられなかったというのが本当の気持ちですね。目つぶると一緒に引いたと、こういう形でしたね。

　この日、一式陸攻から発進した残り五機の桜花のうち、駆逐艦「ジェファーズ」を狙った一機は、命中できなかったものの五〇ヤード離れた海面に突入しその衝撃で甲板を損傷させ、駆逐艦「スタンリー」の右舷艦首に命中した一機はそのまま左舷まで貫通して海面で爆発した。ロケット噴射で突き進む一・二トン爆弾の威力は、すさまじかった。しかし、多くの若者の命を犠牲にした割には、期待したほどの戦果をあげたとは言い難かった。この後も、桜花隊は敵の守りが手薄になる黎明・薄暮を狙い出撃を繰り返したが、四月一二日を最後に、敵の艦に命中することはできなかった。宮崎が「天に謝し若人に謝す」と記した前日の四月二八日にも、一六時三〇分頃、鹿児島県鹿屋基地から四機が出撃し沖縄を目指した。一機が桜花の切り離しに成功し、消息を絶つ前、「敵重巡洋艦一隻撃沈」を報告してきたが、アメリカ側の記録によれば、この日、桜花の攻撃を受けて損傷を受けた軍艦は一隻もいない。

桜花と同様に、宮崎中将の日記にしばしば登場する特攻兵器が、人間魚雷「回天」だ。海軍が開発し大きな期待を集めた「回天」の搭乗員たちにもまた、その崇高な覚悟が報いられたとは言い難い、過酷な運命が待っていた。

潜水艦から発射される魚雷を、搭乗員がひとり乗り込んで操縦できるよう改造したこの特攻兵器が初めて実戦に投入されたのは、昭和一九年一一月八日のことだった。日本から二〇〇〇キロ以上離れた太平洋のウルシー泊地に対し、二隻の潜水艦から放たれた五基の回天が攻撃をかけ、油槽船一隻を撃沈している。この攻撃が戦果をあげることができたのは、相手が碇泊中の艦船であるためで、敵からの攻撃を想定せず油断していたことも大きかった。しかし沖縄を巡る戦いで回天搭乗員に求められたのは、外洋にいる戦闘行動中の艦船を攻撃することだった。三月二八日から四月三日にかけて「多々良隊」（潜水艦四隻、回天二〇基）、四月二〇日から二二日にかけて「天武隊」（潜水艦二隻、回天一二基）が、回天基地のあった山口県の大津島基地や光基地を出撃し沖縄方面の敵艦隊の攻撃に向かった。そのうち多々良隊の潜水艦二隻（回天一〇基搭載）は攻撃前に消息を絶ち、残る四隻から八基の回天が出撃したものの、アメリカ軍の記録では被害を受けた艦艇は見当たらない。

昭和二〇年五月五日、「振武隊」と命名され五基の回天を搭載した伊三六七潜水艦が、大津島基地を出港。沖縄東方、敵艦隊の補給航路を目指した。出撃して一〇日を過ぎた頃から、連日のように「回天戦用意」が発令され、そのたびに搭乗員たちは潜水艦から回天に乗り移り、出撃の瞬間を狭い操縦席の中で待ち続けた。潜水艦では水中聴音機で敵艦を感知し、そこで得られる「感度」から相手との間合いを測っていた。「感度」は最も低い「一」から最も高い「五」までの五段階。その「感度」が「四」にまであがれば回天を出撃させられる状況が整ったと判断されたという。回天に乗り込んだ搭乗員たちの耳には、「感度」を読みあげる潜水艦長の声だけが、電話線を通して刻々と伝えられてきた。それは国のために死ぬことを決心したとはいえ、戦場経験の一度もない二〇歳前後の若者たちにとっては、酷な状況だった。

土肥三郎中尉。第13期予備学生出身

当時一九歳だった吉留文夫《よしとめふみお》・一飛曹は、伊三六七潜水艦で出撃を待っていた五人の回天隊員のひとりだった。日米が南太平洋で一進一退の攻防を繰り広げていた昭和一八年、お国のために役立ちたいと予科練に志願し甲飛一三期生となったものの、翌一九年八月に卒業した時には彼らが訓練に使える航空機は既になく、その代わりに募られたのが、「挺身肉薄一撃必殺を期する」「生還の望みのない」兵器への志願だった。人間魚雷であるとは一言も知らされないままに志願した彼らの多くが、実物を見て大きな衝撃を受けることになるのだが、もはや後戻りはできず、せめて戦果をあげて立派に死のうと訓練に励むより他になかった。伊三六七潜水艦に乗り込んだ「振武隊員」五人のうち吉留さんを含む四人が、甲飛一三期の同期生だった。

毎日のように「回天戦用意」でもってあんた、きょう死ぬか、きょう死ぬかっていって何日ぐらい引っ張られたのかな。まな板の上の魚みたいなもんだって言うんだけども、早く殺せっていう感じだもんね。今度は死ぬと思って緊張して行くだろう。すると一時間半ぐらい乗ってて「下りろ」とこう来るだろう。そういう死の緊張感というのは毎日のようにあるわけだよ。そして死ねねえわけだよ。もうつらくて。
回天に乗ってると、艦長の声が聞こえるわけさ。感度が四ならば出てくんだけども、四にならねえわけだよ。「感三」て来ると、次来るぞとこう思うわ、緊張するわけだよ。そしたら次、「感二」になってくわけだよ。だからね、まあその連続はね、もう

潜水艦の甲板に固定された「回天」。潜水艦内との連絡筒から乗り移った

「振武隊」集合写真。吉留文夫・一飛曹（後列右端）の同期、千葉三郎・一飛曹（前列右端）と小野正明・一飛曹（後列左端）が戦死

ほんとにつらかった。

出港して三週間が過ぎた五月二七日午前三時三〇分、伊三六七潜水艦はまたも敵船団を発見。そして午前七時二五分、「回天戦用意」が発令された。「今度こそ出撃できる。お国のために死ぬことができる」。そんな気持ちで回天に乗り込み、発進準備を整えた吉留さんは、艇内に備えられたジャイロコンパスが正しく方位を示していないことに気づき、連絡用の電話で潜水艦内へと伝えた。艦長が下した判断は「発進停止！」だった。他にも故障で発進できない艇が相次ぐなか、午前九時一三分、同期の千葉三郎・一飛曹が乗る三号艇が、続いて同じく同期の小野正明・一飛曹が乗る五号艇が発進。吉留さんは回天に備えつけられた「特眼鏡」という小型の潜望鏡を通して、その様子を呆然と眺めていた。二人は潜望鏡を左右に振り、残る者に別れを告げながら、出撃していった。

太平洋の水きれいだから、五〇メートルくらい潜ったって、潜水艦の先から後ろから全部見えるから、出てくとこが全部こうきれいに見えるんだよ。特眼鏡（潜望鏡）を振りながら、かーっと。これが最後だと思って、一生懸命振ってたんだろうな。まあ、もうおれは何しろ発進停止で頭が真っ白になってしまったから、もう寝たっきり、横になったっきりで。

潜水艦を離れた千葉一飛曹、小野一飛曹の乗った回天は、その後いったいどうなったのか。もし回天が敵艦に命中すれば、敵艦の船体を破壊する大きな爆発音が聞こえてくるはずだという。出撃から一時間以上が過ぎた頃、じっと耳を澄まして待つ乗組員たちのもとに聞こえてきたのは、甲高い「カーン」という音だった。一度潜水艦から放たれたら最後、ふたたび艦に戻る術のない回天には、目標を見失い、艦内の酸素が尽きるのを待つしかない状況に陥った事態も想定して、操縦席に自爆装置が備わっていた。吉留さんは言う。

「これは、自爆だ」って、潜水艦の連中がみんな言うんだよ。我々は音のわずかな違いで命中か自爆かは聞き分けられんけど、潜水艦の連中が「ああ、あれ自爆だ」と。その自爆したやつの気持ちをやっぱりおれも魚雷の中で考えたよな。どんな気持ちでなあ、ま、何分か、なあ、油がなくなってから海に漂ってて、まあ死んでいく心情をこう思ってた時はもう何ともやりきれなかったな。

今の人は「特攻作戦とは無策だ」と言うけども、当時としてはやっぱりこれに一縷の望みをかけたっていうことだけは確かなんだよな。で、それに甘んじようとしたのが我々だったわけだよ。身内が目の前で殺されてる時に、特攻でもいいから敵をやっつけようっていうのは、これは自然の気持ちでねえかと。

この日、潜水艦からの魚雷攻撃によって損傷を受けたアメリカ軍艦艇は、一隻も記録されていない。狭い鉄の棺桶《かんおけ》に閉じ込められる運命にも「甘んじよう」と悲壮な決意をした回天搭乗員のどれほどが、自爆装置を押す運命に追いやられたのか。それを知る手がかりは、何も残されていない。

他にも、人間爆弾「桜花」の二倍以上にあたる二・九トンの爆薬を搭載し、「四キロ四方を火の海にする」と言われた陸軍の重爆特攻機「さくら弾」や、ベニヤ板でできたモーターボートに爆薬を積み込んで敵艦に体当たりする海軍の「震洋《しんよう》」や陸軍の「㋹艇《マルレ》」などの特攻兵器が次々と送り出されたが、戦果らしい戦果をあげることもないまま、いたずらに若い命が失われていった。

一方、五月に入っても空からの「航空総攻撃」（菊水作戦）は続いていたが、回を重ねるにつれ規模は小さくなり、使われる機体も旧式で整備の行き届いていないものが多くなっていた。それと同時に、出撃を待つ特攻隊員たちの中にも変化が起きてきたという。

沖縄の戦局が悪くなるにつれて、特攻隊員の中にも、戦意のない者や、気持ちの動揺している者が多くなった。何回も引き返してくる隊員もいた。それは、飛行機の悪いこともあったが、また、死ぬ気持ちになれないためであった。

高木俊朗『特攻基地知覧』より

こう書き残しているのは、沖縄に向けて出撃する陸軍特攻隊の拠点があった鹿児島県の知覧基地で、陸軍報道班員を務めていた高木俊朗さんだ。特攻隊員たちと共に三角兵舎に寝泊まりしながら取材を続けていた高木さんは、操縦席を満開の桜で飾られ、女学生がうち振る桜の小枝に見送られて盛大に出撃した四月初めと比べて、長引く戦いのなか、みずからの死の意味を見出せずにいる搭乗員が増えていることを、敏感に感じ取っていた。それでも彼らの多くは、「ひきょう者」と後ろ指をさされることを恥じ、ある者は高木さんに「この戦争は日本の負けですよ。しかし、われわれは命令だから死にます」とだけ言い残し出撃していったが、なかには気持ちの整理をつけられない者もいた。東京で国民学校の教員をしていた時に召集され、「特別操縦見習士官」となり、まもなく特攻出撃を待つ身となった川崎渉《かわさきわたる》という少尉もそのひとりだった。高木さんに対し「この間まで、背広を着て、かばんをぶらさげていた風来坊が、急に飛行服を着るようになったと思ったら、こんどは特攻の神鷲と言われるようになった。自分ながら感慨無量ですよ」と「希望のない笑い」を浮かべながら語った川崎少尉は、新婚の妻を残して死ぬのがしのびず、出撃しては「機体不良」と引き返して来ていた。しかし、いくら調べても引き返すほどの異常は見当たらず、面目をつぶされた整備隊長から「女に未練を残して死ねないでいる、ひきょう者」「死んでしまえ」と罵られ、三度目の出撃から引き返した五月二八日には、参謀から「貴様のような臆病者は、軍法会議にかけて処罰してやる」となじられ、ひどくなぐられたという。その翌々日、知覧を飛び立った川崎少尉は、機首を故郷の鹿児島県隼人町（現・霧島市）に向け、実家の畑近くで謎の墜落死を遂げてしまった。川崎少尉のように生きることを諦めきれず、かといって途中の島に不時着して生き延びるような要領のよいこともできない者たちは、全軍特攻へとまい進する巨大な力の前に、なす術なく押しつぶされていくしかなかった。

特攻隊員ひとりひとりの魂の尊厳は、この期に及んでは、もはや顧みられることはなかった。粗悪な飛行機が増えたことにより、エンジントラブルなどで沖縄までたどり着けず、引き返すケースも多発していたが、そうした隊員たちにも疑いの眼が向けられるようになっていく。彼らには「特攻隊員が出撃して、生きて帰るのは、精神状態がわるい」「死ぬことのできないのは、特攻隊の名誉をけがすことだ」「死ねないようないくじなしは、特攻隊のツラよごしだ。

訓練中の特攻ボート「震洋」

第五十一振武隊の集合写真。隊員の多くは5月11日に戦死。前列右端が川崎渉少尉

国賊だ」といった心ない言葉が参謀たちから浴びせられた。それは恐らく、あまりに多くの若者たちが、当たり前のように命を投げ出していったことと無縁ではないだろう。

しかし、不本意な出撃を強いられたとしても、エンジントラブルに悩まされたとしても、それが戦闘機や爆撃機など実戦機としての体をなしているものであったならば、まだ幸せだった。それを身をもって知ることになるひとり、田尻正人《たじりまさと》少尉が異動を命じられて徳島海軍航空隊に来たのは、沖縄戦が始まる直前の三月末のことだった。田尻少尉は予備学生の一三期出身で、零戦の搭乗員として上海の実戦部隊にいたところ、徳島行きを告げられたという。この時徳島には、全国の航空隊から隊員たちが集められていた。そして四月初め、整列した隊員たちの前に進み出た航空隊司令の口から、「白菊特攻隊員を命じる」という辞令が伝えられた。志願するかどうかを聞かれることは一切なく、命令だったという。

白菊というのは、海軍が航法、電信など偵察員を訓練するために用いていた機上作業用の練習機で、実戦で使われることを想定されていないものだった。翼に至っては、木製骨組みの合板張りだった。田尻さんは言う。

――――
プリウスに乗っていたものが、いきなり今日は軽四に乗るようなものですよ。たとえて言えばね。上海の実戦部隊ですからね、零戦に乗っていたわけですよ。ところが
――――

徳島に来てみたら、私の見たこともない飛行機がおってね。何だろうかなと思って聞いたら、それが白菊だということでね。まあびっくりしたわけですよね。どう言ったらいいかね、まあ情けないという気持ちもあるわね。こんな練習機に乗せられて、しかも特攻機だと言われたらね。正直がっかりしますよね。

海軍はこの練習機に、操縦員と偵察員を乗り込ませ、二五〇キロ爆弾を二発装着し、敵艦に突入する計画を立てていた。爆弾を装着しガソリンを満載すると飛び上がるのがやっとで、最高速度も時速一八〇キロほどと、零戦と比べてわずか三分の一のスピードに過ぎなかった。田尻さんたちに命じられたのは、重い機体を操っての離着陸の訓練だけで、急降下訓練などは一切行われなかった。五〇〇キロの重みが加わった状態で急降下をすれば、機体を引き起こせない可能性が高く危険なためで、急降下は実際に体当たりする際にぶっつけ本番でやることになっていた、と田尻さんは言う。

おもちゃの飛行機ですよ、そんなもの。アメリカのグラマンみたいな優秀な戦闘機と、こんなおもちゃみたいなのと、どだい勝負にならないですよ。撃たれたらいちころですよ。これはもう絶対に無理だと誰でも思うでしょう。小学生でも分かる。だけど、そんなことは言えない。私は嫌です。そんな無茶な特攻は嫌ですなんてこと言えない、そういう時代なのよね。これはもう命令ですから。
だけど、命令とあれば何としてでも成功はさせたい。無駄死にはしたくないという気持ちはある。私に限らず、死んだ人もそうだと思いますよ。

五月二三日、田尻さんたち白菊特攻隊の第一陣となる六〇機一二〇人に、鹿児島県串良基地への進出が命じられた。同じ鹿児島県の鹿屋基地には、高知航空隊で編制された白菊特攻隊も進出してきた。そして五月二四日から始まる「菊水七号作戦」、二八日から始まる「菊水八号作戦」の中心となったのが、これらふたつの練習機特攻部隊だった。

五月二四日、午後八時五二分、徳島空六〇機の第一陣として、串良基地から「徳島第一白菊隊」一四機二八名が出撃を開始した。女学生や地元の婦人会による見送りもなく、暗闇の中をひっそりと一機、また一機と飛び立っていった。このうち隊長機を含む三機が、発動機不調のため引き返し、二機が途中不時着をしたものの、残る九機一八名はそのまま消息を絶った。防衛研究所に残されている「徳島第一白菊隊」の戦闘行動調書には、特攻隊は翌二五日の午前一時三〇分以降に沖縄海域に到達予定と記されているが、「戦果」の項目を見ると、「電信機を搭載せしは只一機のみの処、之よりの通信連絡も無き為、戦果を確認し得ず」とある。白菊隊の機体には、重量を少しでも軽くするため、隊長機などを除いて無線機すら積まれていなかった。彼らは、突入電を打つこともできないばかりか、機体不良などで不時着する際にもそれを司令部に伝えることもできなかった。死ぬからにはせめて戦果をあげて意味のある死に方をしたい、みずからの最期の様子を家族に伝えてほしい、そんな隊員たちの願いすら汲み取ってやれないところまで、特攻は行きついてしまっていた。彼らはその最期の様子を誰に知られることもないまま、夜の海に消えてゆかなければならなかった。

二七日夜には「徳島第二白菊隊」一三機が出撃して七機が未帰還に、二八日夜には悪天候をついて「徳島第三白菊隊」一一機が出撃して三機が未帰還になっているが、どちらも詳しい戦果は分かっていない。「第二白菊隊」の戦闘行動調書にも、二七日深夜に傍受した敵無線から「艦種不詳一隻（大破浸水甚し）は攻撃時間より推定、白菊特攻に依るものと認む」と記してあるだけだ。なお、高知空編制の白菊特攻隊も、二四日、二五日、二七日と計二八機が出撃し二一機が未帰還となっているが、同じく、敵無線電話傍受から判断して恐らく戦果をあげたのだろう、程度のことしか分からなかった。

一方、五月二六日に予定されていた、田尻さんの隊の出撃は、離陸直前になって突如取りやめとなった。身辺を整え、覚悟を決めて白菊に乗り込み、出撃の合図を待っていた田尻さんは、「離陸やめ」と叫びながら滑走路に飛び出してきた整備員に制止された。田尻さんは理由も知らされないままふたたび出撃待機となり、いつ出撃を命じられるとも分からないまま、終戦までの日々を過ごすことになる。

何とも言えないですよね。特攻に限らないけれどもね。そういう参謀の連中は、東京の大本営におってね、みずから第一線に出て来ることはない連中ですよ。だから、絶対死ぬ心配はない。そういう連中がね、考えることだから。まあ上の連中の考え方というのは、もうむちゃくちゃですよ。虫けらぐらいにしか思っていないのね。私たちが出撃しようとしていた串良基地からは白菊だけじゃなしに、「天山」っていう艦上攻撃機も出撃しているんですよ。当時の海軍の最新鋭機ですよ。だから、そういう飛行機に乗って華々しく死にたいという気持ちはみんなありますよ。だけど、そんなこと言えない時代ですからね。命令とあらば、もう何であろうがその通りにしなければいけないわけですからね。

日本軍による「全軍特攻」が行き詰りを見せていたのと同じ頃、沖縄ではアメリカ軍が、大きな犠牲を払いながらも三二軍の司令部のある首里へと迫っていた。アメリカ海兵隊師団史に「敵の砲撃は、これまでの太平洋戦線で出会ったことがないほど、優れた統制と正確さの下で

機上練習機「白菊」

5月26日に出撃予定だった白菊特攻隊集合写真。田尻正人さんは前列左から3人目

実施されていた」と評されるほど日本軍の地上部隊はアメリカ軍を苦しめており、想像を超える大きな犠牲を前に、米メディアは、「真珠湾よりも酷い最悪の軍事作戦」との批判を地上部隊の司令官であるバックナー中将に加えていた。「海軍が甚大な損害に耐えている間に、進撃を加速させよ」と圧力をかけられながら前進を続けた地上軍は、五月三一日、二か月に及ぶ戦いの末、ついに首里の日本軍司令部を陥落させる。日本軍は島の最南端にある摩文仁《まぶに》へと撤退し、徹底抗戦の構えを見せたが、もはや戦いの大勢は決していた。

一方、東京の陸軍参謀本部や海軍軍令部では、この絶望的な状況を前にいったい何のために戦い続けるのか、参謀たちの間に動揺が広がり始めていた。沖縄は、アメリカ軍に大きな打撃を与え、和平交渉の場に引きずり出すための戦場、と考えていた海軍作戦部長の富岡定俊少将は、戦後、GHQからの取り調べに対して次のように述べている。

> 自分は四月下旬ころから天号航空作戦の決戦の望みは既に無くなったと判断して居た。但し敵の艦船に甚大なる損害を與《あた》へ、又與へつつあることは信じて居た。(中略)
> 5AF(第五航空艦隊)は六月二十一、二日迄菊水作戦を反覆したのみならず、終戦時迄沖縄に対する作戦を継続して居る。但し五月下旬以降に於ては、天号決戦思想から敵の消耗を企図する出血作戦に変化して居る。

富岡は、特攻を通じて一撃を加えればアメリカを交渉のテーブルに引き出せるという希望を失いかけていた。しかし、作戦課長の田口大佐以下の課員たちには、最後まで敵に出血を強いていくという方針だけが伝えられた。

彼らは毎朝、東京・霞が関にあった海軍省の赤レンガ官舎の地下に設けられた大きな「作戦室」に集まり、大きく広げられた海図を前に作戦の立案にあたっていた。五月二五日の大空襲で海軍省の建物が焼け落ちた後は、別の建物に作戦室が設けられ、会議は続けられた。田口大佐は、当時の作戦課内の様子について、戦後、次のように証言している。

GHQ「沖縄並本土作戦に関する調査」より

作戦会議のある朝ね、私の下にいた軍令部員のひとりが、「課長はこの戦争の推移をいかに考えるか」っていう質問をしたんです、私に。

（質問）それは終戦近くなってから？　沖縄が負けてから？

その時分ですね。その時に私は、「戦争の勝敗は分かっているのだと。初めから分かっているじゃないか」と。もう開戦の時から既にアメリカを完全に屈服させるのは難しいと分かっていたので、「その精神で戦って今日に来ているのだと。勝敗は明らかであると。しかしそれはこの一、二年で終わるこの戦争のことを言っているんであって、民族としての長き将来にわたる戦争のことで言えば、必ず日本民族は立ち上がって勝つのだということを確信して、我々はその精神の糧のために今日戦っているんだ」、ということを述べたことを覚えています。

（質問）その課員も疑問に思ったと？

そうでしょうね。（作戦）課員は課員の立場としてね、負けるのが分かりきった戦争をどうしてやるのかというような意味であったかもしれませんね。しかし、私はそういうふうに答えたんです。とにかく属国になって滅びていくよりも、やがて日本民族がひとたびは負けても立ち上がって、立派にまた日本を興すであろうと。その精神の糧になろう、そこまで戦おうと。とどのつまりまで戦おうという腹でした。

田口太郎証言（読売新聞社「昭和史の天皇」取材資料）より

陸軍参謀本部で作戦部長を務め、詳細な日記を書き残していた宮崎周一中将もまた、戦局の見通しに絶望感を抱きつつも戦いをやめることを許されないジレンマを、別の形で昇華させていた幕僚のひとりだった。「天に謝し若人に謝す」と綴った四月二九日以降、宮崎の日記から特攻に期待を寄せるような記述は一切見られなくなる。その代わりに増えてくるのが、昭和二〇年当時から遡ることおよそ三〇年前、第一次世界大戦のフランスの事例を引用しながらみずからを奮い立たせようとするかのような言葉である。

第一次世界大戦でフランス軍は、ドイツ軍を相手に厳しい戦いを強いられながらも、四年余りに及ぶ総力戦を戦い抜き、戦勝国の一員に名を連ねている。大戦が始まって三年後の一九一七年、国民の間に厭戦気分がただようなかフランスの首相に就任し、戦争継続を訴えて人びとを鼓舞し、国を勝利へと導いたジョルジュ・クレマンソーの言葉を宮崎は引いている。

五月三日

クレマンソー曰く

「独軍は巴里《パリ》を取り得るかも知れん。そんな事で俺は戦争をやめるものか。

後にはロアル河がある、ガロンヌ河がある、まだ南方にはピレネー山脈がある。

ピレネー山脈が取られたら、俺は海上で戦争を継《つづ》けるよ。

しかし平和交渉は絶対にやらん。俺を相手に、独人《ドイツ》はそんな馬鹿気たことを考へぬ方がいいよ」と。

宮崎周一の日記より

第一次世界大戦で強大なドイツ軍を相手に勝利を収めたとはいえ、それはイギリスとアメリカという、一九世紀と二〇世紀の覇権国家を味方につけたうえでのことである。片や、日本が頼みとしていた同盟国のドイツは、東からソ連軍、西からアメリカ・イギリス軍の猛攻を受け、亡国の淵にあった。宮崎がクレマンソーの言葉を引用する三日前の四月三〇日には総統ヒトラーがベルリンの地下壕で自殺に追い込まれており、五月八日には連合軍に無条件降伏をしている。とうてい比較にならないことは、欧州からの報告を逐一受けていた宮崎も当然理解していたはずだが、それでも宮崎は、この三〇年前の遠い歴史に、よすがを求めずにはいられなかった。

五月一二日、宮崎は知人から一冊の本をプレゼントされ、激務の合間に読みふけるようになる。昭和一九年に岩波書店から出版され、当時の軍人たちの間でベストセラーになった『戦争と人』である。著者のマリー・ユージーン・デブネもまた、フランス人。第一次大戦当時のフランス陸軍の参謀総長で、ドイツ軍を相手に戦い抜き、救国の英雄となった人物だった。その

『戦争と人』からの引用が、日記の中で急激に増えることから、宮崎がこのデブネの著書に大きな刺激を受けていたことが分かる。

五月一二日
一、戦争に於ては未来を余り探索し過きてはいけない
一、軍の精神状態は、此時を機として全く変化した。攻勢が十分なる効果を発揮して自信と主動との雰囲気を創り出したのである
宮崎周一の日記より

この一二日から一四日にかけて、特に多くの言葉が引用されているのだが、なかでも、宮崎の懊悩《おうのう》の深さを感じたのは、次の言葉を読んだ時だった。

五月一四日
陣地を確保し征服し若《も》しくは喪失して現実を露示するのは歩兵である。
倦《う》まず撓《たゆ》まず独り敵と直接接触してゐる歩兵の態度こそ士気のバロメーターである。
不断の努力を払ふ歩兵の隊列中には戦勝と敗北との可能性が交錯してゐる。

親愛なる日陰の歩兵よ。汝の上に身をかがめ汝の眼を読みとり汝の心臓の鼓動を聞くことを知らぬ上官達に禍《わざわい》あれ。

宮崎周一の日記より

「汝の上に身をかがめ汝の眼を読みとり汝の心臓の鼓動を聞くことを知らぬ上官達に禍あれ」。陸軍作戦部長の宮崎にとっての「汝」とは、敗勢が日に日に濃くなるなか、故郷から遠く離れた沖縄の鍾乳洞《しょうにゅうどう》で死ぬまで戦うことを強いられている将兵たちであり、沖縄の海に肉弾として突撃することを余儀なくされた特攻隊員たちのことであるはずだ。宮崎は何を思いこの言葉を日記に書きとめていたのか。思いの一端をうかがわせる言葉が、戦後宮崎がまとめた手記に残されている。

戦後十三年を経た今日、冷静な立場で反省すると、随分不合理な方策を強行しようと企図したり、非科学的な窮余の戦法さえも敢行したことを思い出して、身のおきどころもない悲しみを覚える。

戦争全局の前途に多大の不安を感じないわけにはいかなかった。しかし、職責の関係上、政治問題に介入することを厳に慎むのはもちろん、直接公務以外には外部との接触を一切ご免こうむる態度をとっていた。
「本土決戦準備の思い出」月刊誌「幹部学校記事」昭和三三年一一月号より

宮崎はまた、自戒を込めて「第一線部隊が余りにも強すぎた。ヘンな話だが事実はそうだ。手足の頑丈さに信頼した頭脳の力が不足したのだ」とも述懐している。宮崎は常々「作戦部長は戦争をどう終わらせるかという政治的な判断に首をつっこむべきではない」という固い信念を持って職に臨んできた。敵に降伏をすることも許されず、圧倒的に劣勢な戦力で戦うことしか選択肢のない宮崎には、笑顔で死地に飛び込んでいく「日陰の歩兵」たちから聞こえてくる偽りの「鼓動」にすがり、「外部との接触を一切ご免こうむ」りながら目先の作戦に没頭する他なかったのかもしれない。

それでは、「降伏」という高度に政治的な決断をなすべき「最高戦争指導会議」はこの頃、いったい何をしていたのか。

最高戦争指導会議の中心となる内閣総理大臣は、この時、海軍大将の鈴木貫太郎が務めていた。前年七月に国防の要であるサイパンを奪われたことから、東条英機の内閣が退陣に追い込まれ、小磯国昭・陸軍大将が総理の座に就いたが、小磯内閣もまた有効な手を打つことができなかった。小磯はアメリカに沖縄上陸を許した直後の四月七日にその責任を取って総辞職しており、それを受けて組閣の大命が下ったのが、鈴木貫太郎だった。

鈴木貫太郎は、この時既に七七歳。徳川幕府が「大政奉還」を行った慶應三年の生まれで、明治一七年に海軍兵学校に一四期生として入校し、海軍軍人となった人物である。日清戦争・日露戦争に従軍し、ロシアのバルチック艦隊を迎え撃った「日本海海戦」では駆逐隊司令として日本の勝利に貢献した鈴木は、聯合艦隊司令長官、軍令部長を歴任し、さらに昭和四年からは八年にわたり天皇の侍従長を務め、厚い信頼を得ていた。昭和二〇年四月、近衛文麿らを始めとする「重臣会議」のメンバーから総理に推挙された鈴木は、頑なにこれを固辞したと伝えられる。そこには「軍人が政治を壟断《ろうだん》するのは亡国の徴《しるし》」という、鈴木の信念があった。しかし「もう他に人はいない」という天皇の強い意向を受け、ついに鈴木は大命を受け入れることを決意し、組閣に踏み切った。

多くの人が直感的に「これは終戦内閣だ」と感じ、陸軍でも、親任式の前夜、憲兵司令官の大城戸《おおきど》三治《さんじ》中将が陸軍軍務局長の吉積正雄《よしづみまさお》中将を訪ね、「鈴木は日本におけるバドリオ政権の樹立をはかるものかもしれない」と警告したという。バドリオとは、昭和一八年にムッソリーニが失脚した後に内閣を組閣したイタリアの軍人で、当時日独側について連合国と戦っていたイタリアを無条件降伏へと導いた人物だが、それが転じて、「裏切り者」「敗北主義者」という意味も当時は持っていた。
しかし就任直後の四月一〇日、ラジオを通じて全国民に伝えられ、新聞やニュース映画でも大々的に報じられた新首相の言葉は、そうした敗北主義とは一線を画した、勇ましいものだった。

今日、私に大命が降下いたしました以上、私は私の最後のご奉公と考えまするとと同時に、まず私が一億国民諸君の真っ先に立って、死に花を咲かす。国民諸君は、私の屍《しかばね》を踏み越えて、国運の打開に邁進されることを確信いたしまして、謹んで拝受いたしたのであります。

日本ニュース第250号「鈴木内閣発足」より

いったいその真意はどこにあったのか。戦後間もなく、鈴木が語り残した言葉がある。

陛下の思召《おぼしめし》は如何なる所にあったであろうか。それは唯一言にして言えばすみやかに大局の決した戦争を終結して、国民大衆に無用の苦しみを与えることなく、又彼我共にこれ以上の犠牲を出すことなきよう、和の機会を摑むべし、との思召と拝された。

もち論この思召を直接陛下が口にされたのではないことは言う迄もないことであるが、それは陛下に対する余の以心伝心として、自ら確信したところである。だがこの内なる確信は当時としては、深く内に秘めて誰にも語り得べくもなく、余の最も苦悩せるところであった。

組閣当夜のラジオ放送に於て「国民よ我が屍を越えて行け」と言った真意には次の二つのことが含まれていた。第一に余としては今次の戦争は全然勝目のないことを予断していたので、余に大命が降《くだ》った以上、機を見て終戦に導く、そうして殺されるということ。第二は余の命を国に捧げるという誠忠の意味から彼のことを敢えて言ったのである。

鈴木貫太郎『終戰の表情』より

しかし残念ながら、このような鈴木の真意は、周囲にはまったく伝わっていなかったと言ってよい。少なくとも鈴木の言葉を聞いた多くが、総理は本土決戦を見据えた徹底抗戦を国民に呼びかけていると受け取った。その後鈴木内閣は、本心を隠した閣僚たちによる化かし合いを常とする場となっていくのだが、その行く末を暗示しているかのようなエピソードだ。

鈴木内閣において「最高戦争指導会議」を構成する「六巨頭」の顔ぶれは、以下のようになっていた。

（内閣）
総理大臣　鈴木貫太郎　　外務大臣　東郷茂徳《とうごうしげのり》
陸軍大臣　阿南惟幾《あなみこれちか》　　海軍大臣　米内光政《よないみつまさ》（留任）
（統帥）
陸軍参謀総長　梅津美治郎（留任）　　海軍軍令部総長　及川古志郎（留任）

この中で「早期講和派」としての立場を一番鮮明にしていたのが、小磯内閣時代からの海軍大臣、米内光政大将だった。対米協調派だった米内は、昭和一五年に結ばれた「日独伊三国同盟」に対しても、部下であった山本五十六、井上成美《いのうえしげよし》と共に強硬に反対し「条約反対三羽ガラス」と呼ばれていた。大臣就任直後の昭和一九年八月には、海軍兵学校の校長に左遷されていた井上を海軍次官として呼び戻しており、その井上と画策して高木惣吉《たかぎそうきち》という海軍少将を「病気療養」という名目で隠遁させ、「いくさをやめる方策の研究」という密命を与えている。

一方、鈴木首相からの要請を受けて外務大臣に就任した東郷茂徳もまた、早期講和を目指すひとりだった。「終戦については開戦当初から念を離さぬのであり、殊に鈴木内閣には殆《ほとん》どそれのみを目的で入閣した」とのちに述べている東郷は、実際、みずから呼びかけ人となって、五月一一日から一四日にかけ六巨頭だけによる秘密会議を開催し、外交上の最重要課題を話し合う場を設けている。その「最重要課題」とはソ連問題だ。ソ連は太平洋の戦場では未だ中立を保っていたものの、鈴木内閣が成立する直前の四月五日には、翌年四月に失効する「日ソ中立条約」を延長しない旨を通達してきていた。その中立は持って一年であり、ソ連の参戦をどう阻止するのかが喫緊の課題となっていたからだ。

この秘密会議の席上で、「ソ連の参戦防止」「ソ連の友好的態度の誘致」「ソ連への和平斡旋《あっせん》の依頼」の三項目が検討され、前二項目を目的とした対ソ工作を進める方向で六巨頭は意見の一致を見ているものの、「和平斡旋の依頼」、つまりソビエトを仲介として英米との和平交渉を進めようという議題が保留とされているのは、やや切迫感に欠ける。これは、会議最終日の五月一四日、「対連合側講和条件」が議題となった際、「日本は決して負けては居ないのだ」「日本が敵の領域を占領して居るのは廣大であるが、敵が占領して居るのは日本領域の僅少部分に過ぎない」と主張し始めた参加者がいたのが原因だった。陸軍大臣の阿南惟幾大将と、陸軍参謀総長の梅津美治郎大将だ。阿南と梅津はあくまで日本に有利な条件での講話にこだわっており、日本本土に上陸して来るアメリカ軍に手痛い一撃を加えたうえで交渉に入り、大東亜戦争を完遂しようと唱えていた。

阿南と梅津は、八月に終戦の聖断が下る際にも、あくまで本土決戦による一撃講和を唱え議論を紛糾させたことで有名だが、明治大学の山本智之氏らの近年の研究によれば、実は阿南も梅津も戦争を早期に終わらせようと考えていた点では最高戦争指導会議の他の四人と同じだった可能性も指摘されており、これについては諸説ある。しかしふたりとも表向きは、名誉ある終戦を勝ち取るため本土決戦により大東亜戦争を完遂すべきである、という建前を崩さなかった。宮崎日記の五月二三日の記述には、幕僚会議における参謀総長からの言葉として「和平思想、陸軍部内にもあり、海軍に多し」「沖縄作戦の終末に際し国民の志気一般に落つること無からしむる手段探求」とあり、あくまで戦争完遂を目指すべきと部下たちを鼓舞している。参謀本部で梅津に次ぐナンバー2だった参謀次長の河辺《かわべ》虎四郎《とらしろう》中将ですら、当時の日誌に「参謀総長は飽《あ》く迄《まで》継戦の意図を有せらる」と記している。

ちなみに、阿南大臣は、五月二二日、首相秘書官の松谷誠《まつたにせい》大佐と秘密裏に会合をしている。松谷大佐は当時の陸軍には珍しい英米通の軍人で、昭和一八年頃からソ連を仲介とした和平交渉の必要性を唱えており、陸軍内における「早期講和派」の重要人物だった。この席で松谷は、もはや日本に抗戦能力はないのであるから、国体の護持以外は無条件の肚を決め、なるべく早くソ連を仲介とした終戦工作を始めるべき、と阿南に迫っている。これに同意を示した阿南だが、同時に、「心の中でそう思っても言葉に出すといけないから、あくまで堂々と善処して行きたい」と松谷に述べたという。そうした阿南の心中を、松谷は戦後このように振り返っている。「継戦派に自分の肚を悟らせないように注意しながら最後に時機が来たら急に講和に持って行く。此の肚の中のカラクリを出さずに肚芸でやって行かねばならぬと云うのが阿南さんの苦労の存するところであった」(山本智之『主戦か講話か　帝国陸軍の秘密終戦工作』より)。

それにしてもなぜ、阿南は講和に向かおうとする動きが漏れることをこれほどまでに恐れたのか。それは陸軍の一部に、確実に、「大東亜戦争完遂」のためにはクーデターも辞さない強硬派が存在していたからだった。そうしたいわゆる「主戦派」たちが多く集まっていたのが陸軍省軍務局で、本土決戦を強硬に叫ぶ中堅将校たちの中には、阿南の妻の弟である竹下正彦《たけしたまさひこ》中佐もいた。実際、竹下らのグループからは、終戦直前に近衛師団を乗っ取り、玉音放送の録音盤を奪おうとする実力行使に打って出た者もおり、そのクーデターの内実は半藤一利氏の『日本のいちばん長い日』に詳しいが、こうした不穏な状況のなかで、日本の命運を握る六巨頭は六者六様の化かし合いを続け、大きく遠回りをしながら和平へと進んでゆこうとしていた。そしてその陰で、多くの特攻隊員、沖縄守備隊将兵、そして沖縄の人びとが、死んでいった。海相の米内を補佐する海軍次官の井上成美は、特攻について「これはもはや、兵術というものと違う」「このままだと、こうした悲惨なことが際限なく続きます。大臣、手ぬるい。一日も早く」と叱りつけるような語調で米内に詰め寄っている姿を目撃されているが、闇僚間の化かし合いが止むことはなかった。

なにより、その化かし合いの混乱に拍車をかけたのは、他ならぬ米内海相だった。海軍次官の井上がその職を解かれ、五月一五日付で退任することになったのだ。人事権を持つ米内海相の意向であり、後任が性格的に井上よりおとなしい多田武雄中将であったことから、「なにぶん井上さんではハッキリし過ぎて、陸軍との間に要らざる摩擦が起る。海軍は緩慢ながらひとつの方向に動き始めているのだから、あとは多田さんのような、失礼だがどうにでもなる人物、悍馬《かんば》でない、むやみに突っ張ったり跳ね回ったりしない次官の方がやりやすいと考えられたのではないだろうか」という見方があるが、その狙いは定かではない。しかも、事はそれにとどまらなかった。米内は五月三〇日付で、軍令部トップの総長に聯合艦隊司令長官として軍民の信望を集めていた豊田副武《そえむ》大将を任命したのだが、それと相前後して、ナンバー2の軍令部次長に据えたのが、あの「特攻生みの親」大西瀧治郎中将だった。フィリピンから台湾に引き揚げ、第一航空艦隊の司令長官として特攻作戦の指揮を執っていた大西が訓示の際に述べていた「敵を殺せ」という烈しい言葉は、内地の新聞にも掲載され、大西は「海軍きっての主戦派」として広く認識されるようになっていたという。終戦に向けて海軍内をまとめていかなければいけない時期になぜ、よりによって徹底抗戦を叫ぶ大西を軍令部次長に据えたのか。陸軍から評判の悪かった早期講和派の井上海軍次官を事実上更迭したことと併せ、米内の人事は陸軍の主戦派たちの不満を抑え込むためだとも見られているが、講和を見据えて沖縄作戦を指揮していた軍令部ナンバー3の富岡作戦部長は、大きな衝撃を受けていた。

いやぁ、こいつは面食らったですね。どうして大西さんを軍令部次長に据えたのかということなんです。分からないんです、終戦行動としたら非常に分からない。軍令部総長が豊田さんになって、次長が大西さんになってからはもう、私なんか苦悶の連続ですね。分からないんだ、どっちへ持っていこうとするんだと、国を。

豊田さんが来たからこれは合理主義者だと。頭の動きっていうものはですね、論理的であって無謀なことではないということで。豊田さんというのは、合理主義者の代表みたいな人ですからね。でもその次長に、大西さんという特攻の親玉を持ってきたんだ。

富岡定俊証言（読売新聞社「昭和史の天皇」取材資料）より

一方、軍令部の中堅幹部たちの中には、大西中将の次長就任を歓迎する人たちもいた。富岡のもと作戦課長を務めていた田口太郎大佐も、そのひとりだった。

私はあれ、発起人なんです。実は。それはね、その本土決戦態勢の主力は、飛行機なんですよ。飛行機。海軍の主力部隊は飛行機になったのだと。そうすると、その飛行機の全容を掌握する最も適当な人は大西さんをおいてないであろうと私は判断をしたわけです。年齢とか階級とかそういうものにこだわりなく、大西中将を海軍最高の地位に就けて、本土決戦態勢に移りたいということを（前任の）小沢次長に進言したんです。初めは非常に抵抗がありました。大西は台湾で死なせるのだと言うんです、小沢さんは。死なせるのだと。特攻を指揮させて死なせるのだとおっしゃいましたね。

田口太郎証言（読売新聞社「昭和史の天皇」取材資料）より

作戦課長の田口大佐からそのような進言があったとしても、一課長にそれほどまでの影響力があるわけではない。米内が大西を次長に登用したのには当然狙いがあるはずだが詳しいことは分かっていないし、大西がどのような思いで東京に戻って来たのかも分かっていない。しかし、東京に戻って来た大西は特攻による徹底抗戦・本土決戦を唱え、豊田軍令部総長を巻き込みながら、海軍内に不協和音を生み出していくことになる。

――軍令部の豊田総長だとか大西次長というのはね、生易しいもんじゃなかったんです――

から、それは。豊田総長を、大西さんが要するにリード、引っ張っていったんですからね。決戦論に引っ張っていたんですから。

私は大西さんと大激論、大げんかしたんですよ。大西さんは、本土決戦をやればアメリカ艦隊をこう引きつけておいてね、特攻で叩けるからね、一戦《ひといくさ》ができるんだと、そこで終戦を考えればいいじゃないかというような考え。私はね、そんなことできない、絶対にできないと。アメリカ艦隊がね、日本の特攻機も何もみんななくなるまで、機動部隊が一〇回でも二〇回でも攻めて来たらね、こっちはゼロになるじゃないですかと。何もかもなくなった時に向こうはそれこそ無抵抗でスッとあがって来れるんだから。

「おまえなんか、第一線のことを知らんからそんなことを言う」と言ってね、盛んに大西さんに叱られたんですけれどもね。しかし大西さんはもう、部下ばっかり殺して俺が生き残れるかという気持ちでしょう？　だから、このままでどうしたって引き下がれるかという、固い、それこそほんとに決死の意気込みでしたからね。

高木惣吉証言（読売新聞社「昭和史の天皇」取材資料）より

このような混乱のなか、昭和二〇年六月八日、その後の特攻作戦のゆくえに大きな影響を及ぼす重要な会合が開かれる。六巨頭やその随行員、それに軍需大臣や農商大臣、枢密院議長など国政の重要人物が集まり、天皇臨席のもと「今後採るべき戦争指導の基本方針」を話し合う御前会議だ。まず鈴木総理が開会の言葉を述べ、続いて総合計画局長官が「国力の現状」を、内閣書記官長が「世界情勢判断」を述べた後、陸海軍統帥部から今後の作戦に関する所見が述べられた。

まず発言したのは、中国大陸に出張中の梅津参謀総長に代わり出席していた参謀次長の河辺虎四郎中将だった。河辺の所信は敗勢濃い六月にあっても勇ましく、本土決戦にこそ日本の勝機ありとの自信に充《み》ち溢れていた。

本土に於ける作戦は、従来各方面に於ける孤島等の作戦とその本質に於いて趣を異にし、今後愈々長遠となる海路に背後連絡線を保持して来攻する敵に対し其の上陸点方面に我が主力軍を機動集中し大なる縦長兵力を以て連続不断の攻勢を強行し得ますると共に、所謂地の利を得、且忠誠燃ゆる全国民の協力をも期待し得る次第でありまして、此等に本土決戦必成の根基を見出し得ると信じます。

全軍を挙げて刺違《さしちがえ》戦法を以て臨み敵を大海に排擠《はいせい》殲滅せずんば断じて攻勢を中止せざるの強固なる信念的統帥に徹し茲《ここ》に皇軍伝統の精華を発揮し必ず捷利《しょうり》を獲るものと

確信致して居る次第であります。又皇国独特の空中及び水上特攻攻撃は「レイテ」作戦以来敵に痛烈なる打撃を与えて来たのでありますが累次の経験と研究を重ねました諸点もあり今後の作戦に於きまして愈々其の成果を期待致して居る次第であります。

防衛研究所資料「今後採るべき戦争指導の基本大綱御前会議議事録」より

河辺の独演はとどまるところを知らない。そしてその河辺の強気の根拠となっていたのが、「皇軍独特」と自賛する全軍特攻の精神だった。河辺が本土決戦に本気で望みを託していたことは、戦後、GHQの取り調べに対する彼の答えからもうかがうことができる。

日本及び日本軍の矜持《きょうじ》にかけて必然的に踏むべき段階である。而《しか》も渡洋遠征する敵に彼等の予期せざる莫大なる損害を与え、日本本土攻撃の困難と日本国民の強烈なる抗戦意識を自覚せしむることが出来たならば、或いは比較的有利な態勢で終戦に導く「チャンス」を摑み得るであろうとの期待を持って居た。

GHQ「本土決戦などについて」より

「日本及び日本軍の矜持にかけて必然的に踏むべき段階」と何の臆面もなく述べてしまうあた

り、当時の帝国陸海軍人の意識の低さが表れている。「国防は軍人の専有物にあらず」と海軍の加藤友三郎《ともさぶろう》大将が述べたのは、この会合から遡ること二三年前、アメリカ、イギリス、日本らの間で世界初の軍縮条約「ワシントン軍縮条約」が締結された時のことだが、日本に不利な条約内容に海軍内で傲然《ごうぜん》と湧きあがった締結反対の声にひるむことなく、全権代表として国際協調と国民の福祉を優先した加藤のような見識は、満州事変以来一五年にも及ぶ戦争を通じて膨れあがった「夜郎自大」な選良意識に染まった昭和の軍人たちには望むべくもなかったのかもしれない。

勇ましい言葉に終始した河辺の陳述が終わると、軍令部総長に着任したばかりの豊田副武が発言をうながされた。席から立ちあがった豊田は、軍令部員が用意した原稿をもとに、奏上を始めた。

沖縄作戦は、海陸軍航空兵力の累次に亘りまする大規模攻撃に依りまして敵の海上兵力に多大の損耗を与え、地上部隊の敢闘と相俟《ま》ちまして敵に対し至大の出血を強要致しまして敵の進攻を遷延せしめつつあるのみならず、敵機動部隊再整備成るまでの間は、飛躍的進攻を不可能ならしめ得たものと存じます。現在なお、沖縄島周辺に於きましては、敵艦船に対し有利なる航空攻撃を行い得る状況にありまするので引続き

航空作戦を強化し敵の進攻を此上とも遅延せしむる如く致し度《たし》と存じて居ります。

防衛研究所資料「最高戦争指導会議綴」より

練習機「白菊」まで引っ張り出しておきながら「有利なる航空攻撃」はないだろうとは思うが、河辺参謀次長に負けず劣らず、豊田総長の発言は勇ましさを増していく。そして、アメリカ軍の上陸部隊を乗せた大輸送船団が日本本土に攻め寄せて来た場合に話が及んだ際、豊田の口からとんでもない言葉が飛び出すことになる。

敵全滅は不能とするも約半数に近きものは、水際到達前に撃破し得るの算ありと信ず。

防衛研究所資料「今後採るべき戦争指導の基本大綱御前会議議事録」より

一〇〇〇隻以上の輸送船からなる敵の大上陸部隊のうち半数近くを、波打ち際に到達する前に撃破できる。本当であれば、敵と有利な講和を結ぶ糸口になり得るかもしれない大戦果であろうが、素人目に見てもあまりに現実離れした内容であることは明らかだ。実はこの時、軍令部員が豊田のために用意した原稿は、まったく違うものだった。この会議のために軍令部が準備した「発言要旨」が防衛研究所に収められているが、そこには次のように書かれている。

充分なる兵力を整備することが困難で御座いまするので、概ね六、七割程度のものには、遺憾乍ら上陸を許すことになる算大なりと判断致して居りまするので、地上戦生起を覚悟するの要が御座居ます。

防衛研究所資料「最高戦争指導会議綴」より

どんなに甘く見積もっても三、四割の敵兵しか撃退できず、大部分には上陸を許してしまう。軍令部作戦課の出した見通しはそんな悲観的なものだったが、それが豊田によって「半数は撃破できる」という、戦果を強調した勇ましい言葉に変えられてしまった。そもそもこの三、四割という数字ですら盛られた数字だということは、豊田も熟知していたはずだった。本来の軍令部案は、「二割五分を撃破」とされていたが、陸軍側の戦果も盛り込んで考えるべきだという指摘を陸軍から受けて、豊田みずから三、四割と修正したものだったからだ。それではなぜ、豊田は「五割撃破可能」などと発言したのか。GHQの尋問に対し、次のように答えている。

いざ御前会議に臨んで見ると「三、四割」などと云う小刻みな数字を使用するよりも、もっと大まかに「約半数」位として言いのける気持になったものと思われる。戦争継続一本の決議案は今更変える見込もなし、それに合せる為には余り悲観的な数字を述べることは不適当だと考えて「約半数」としたのではないかと思う。

（中略）

首脳者の真意は既に終戦努力に移行した今日、之等会議には余り関心を寄せる気にならなかった。その上あの会議は我々だけの秘密の会議と違って、あんなに多勢の人達が集ってやるのであるから、本当の肚を割って審議することは到底不可能である。そしてこうした会議の常として結局非常に強いことを議決するを得ざる始末になった。これには陛下も相当御不満と見えた。即ち陛下は勿論一言も発せられなかったが御気色は明に不機嫌であらせられた。

GHQ「一九四五年六月六日及び八日最高戦争指導会議に就いて」より

豊田は戦後の回想録にも「こんなに大勢集った会議で和平の肚を吐露して審議することなどは頗《すこぶ》る危険であると云うのが当時の情勢でもあった」と記しており、主戦派たちとの無用の摩擦を避けようという意図があったのは本当なのかもしれない。確かにこの御前会議自体、戦争継続が大前提の「出来レース」であり、「七生《しちしょう》尽忠の信念を源力とし、地の利人の和を以て飽く迄戦争を完遂し、以て国体を護持し皇土を保衛し征戦目的の達成を期す」という大方針からなる「今後採るべき戦争指導の基本大綱」を満場一致で可決し、開会から二時間足らずの午前一一時五五分に閉会している。しかし、大勢《たいせい》におおむねこうした豊田の言動は、陸海軍内で早期和平に向けて秘かに動いていた人びとを大きく失望させるものだった。米内大臣に「いくさをやめる方策の研究」を命じられていた高木少将も、そのひとりだった。

私は訴えたいのはね、肚とね、公式の会議における発言と表裏があっていったいいいものかと。仮にですよ、万々一ですね、多数決になって、決戦派が多数になって自分の肚と違った決定になったら、いったいどう責任を取るんですか、それを僕はね、豊田さんにも反問したいんですよ。豊田さんもやっぱり阿南さんと同じ気持ちなんですよね、軍令部の中に強硬な連中がたくさんおると。それはそうでしょう。大西さん始め、腹切るつもりですから、強硬に違いないんですよ。だから部下を抑えるにはどうしてもね、強硬論を言わざるを得ないんだと。それはね、自分が部下を統御すべき立場におりながら、部下に統御されてるということなんですね。

国家の運命を背負った人がね、責任のある人が、自分の肚と違ったことを公式のところで発言して、それで、もし間違って自分の肚と違った決定になったらいったいどうするのか。腹切ったぐらいじゃ、私は、責任は取れないんじゃないか、と思うんですけれどね。

高木惣吉証言（読売新聞社「昭和史の天皇」取材資料）より

では、豊田がこの会議で不用意に発した「敵の半数は撃破可能」という一言は、いったいどのような影響を及ぼしたのか。調べを進めていくと、その発言は、海軍内に大きな波紋を広げ、独り歩きをし、やがて常軌を逸した特攻計画へとつながっていったということが、海軍の内部文書から明らかとなってきた。

その証拠となる資料のひとつが、防衛研究所に保管されている「軍令部々員　寺井義守海軍中佐参考綴・軍令部作戦指導関係文書」と題された文書綴りだ。これは軍令部航空参謀の寺井中佐が秘かに保管していた海軍の機密文書で、昭和二〇年五月から七月末までの間に軍令部から発せられたさまざまな通達が綴じ込まれている。六月八日の御前会議を経て、軍令部の作戦指導に何か変化があったかもしれないと思いこの綴りを整理したところ、会議から四日後の六月一二日、一通の文書が作成されていたことが分かった。「決号作戦に於ける海軍作戦計画大綱」と題され、「軍機」の刻印が押されたその文書は、次の書き出しから始まっていた。

一　第一　作戦目的　一

本土に来攻する敵上陸船団の過半を海上に撃砕し地上戦と相俟《あいまつ》て敵の進攻企図を挫折し以て皇国を悠久に護持するに在り

第二　作戦方針

一、帝国海軍は其の全力を緊急戦力化し、特に航空兵力の実働率を画期的に向上せしむると共に航空関係竝《ならび》に水上水中特攻作戦準備を促進す

二、敵上陸船団本土に来攻せば初動約十日間に其の来攻隻数の尠《すくな》くも半数は之を海上に撃沈破し残敵は地上に於て掃滅し得る如くす

三、前項作戦実施に當《あた》りては、爾他一切を顧みることなく航空及水上水中特攻の集中可能全力を以て當面《とうめん》の撃滅戦を展開するものとし、凡百《ぼんぴゃく》の戦闘は特攻を基調として之を遂行す

防衛研究所資料「軍令部々員　寺井義守海軍中佐参考綴・軍令部作戦指導関係文書」より。傍線　筆者

驚くことに、御前会議からのわずか四日間で、「決号作戦」つまり本土決戦において、敵上陸船団の少なくとも半分を洋上に撃破するという豊田総長の言葉が、海軍という巨大官僚組織の基本方針になっていた。そしてそれを実現する戦力として期待されたのが、特攻だった。こ

の大綱には、アメリカ軍の上陸を想定したシミュレーションが記されている。敵予想兵力は、一三個師団、輸送船一五〇〇隻。その半数である七五〇隻を撃沈するため、次のような計算が行われた。

海軍は敵の上陸が予想される七月一五日までに三〇〇〇機の特攻機を準備。実働率を八割以上と仮定して、二五〇〇機が出撃し、うち六分の一が突入に成功して四〇〇隻以上を撃沈。陸軍も同程度の戦果をあげると仮定して四〇〇隻以上を撃沈。それに加え、「震洋」「㋹艇」などの水上特攻、「回天」などの水中特攻の全力を挙げて攻撃を加え、九〇隻以上を撃沈。合計九〇〇隻近い敵輸送船を沈められるはずであり、敵輸送船団の半数以上撃滅は可能である。

作戦の困難さ、そして死んでいく将兵のことなどまったく意に介さない、「敵の半数水際撃破」を証明するためだけの「机上の空論」が延々と記されている。

この計算が「空論」であることを示す証拠は、寺井中佐が防衛研究所に収めた資料から見つかっている。「寺井義守海軍中佐参考綴・軍令部作戦指導関係文書」と対になる「附属統計書綴」。そこには沖縄戦の前後に軍令部が作成したさまざまな統計資料が綴じられているのだが、そのひとつが「飛行機実働率状況」だ。四月二一日から五月一五日までの海軍の全作戦機の実働率の推移が記されているが、五〇％前後から四〇％前半へと低下しており、本土決戦での実働率八割という大前提自体、そもそも無理があることが分かる。

また、特攻機が六機に一機の確率で敵輸送船に命中しこれを撃沈させるという計算自体は、既に三章でも触れた、「攻撃威力」と「判定戦果」の二本のグラフからなる「天号作戦攻撃威力判定」の検証がもととなっているが、過剰に見込まれた戦果からはじき出した数字であり、参謀たちが小手先で数字を操っただけの辻褄合わせに過ぎない。

そして、敵輸送船一五〇〇隻の半数以上を撃破というシミュレーションがいかに無謀かを何より雄弁に語る材料が、寺井資料の中には残されている。「七月中旬に於ける予期戦果」と名付けられた資料がそれだ。そこには、一五〇〇隻の輸送船団とそれを護衛するアメリカ艦隊の予想兵力が「合計威力点」として一本のグラフで左側に表されており、陸海軍機および水上水

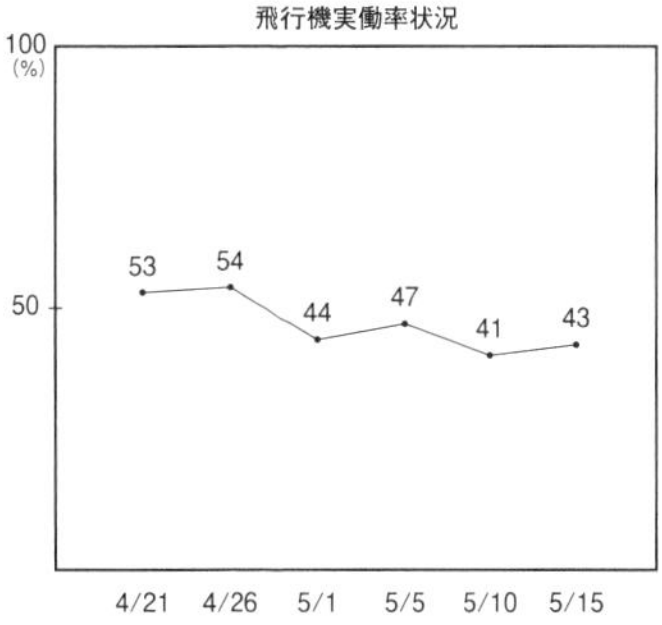

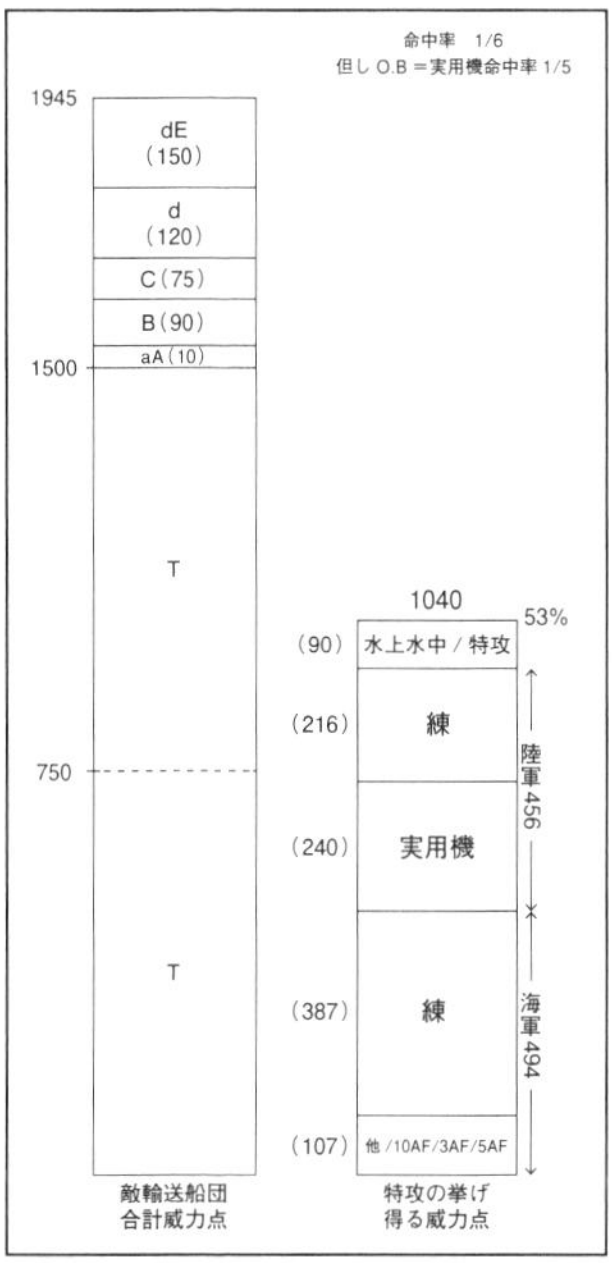

「寺井義守海軍中佐参考綴」より

中特攻隊の出撃数に命中率をかけ合わせれば、その半数以上に相当する威力点があげられる、と右側のグラフで示されている。驚くのは、日本が七月時点で保有する特攻戦力を表す右側の威力点グラフのうちで、「練」という文字で表される部分が、海軍の大部分、陸軍の半数近くを占めているということだ。この「練」は、練習機を意味しているのだが、調べてみるとそれは機上練習機「白菊」の比ではない、実戦にはとうてい役に立ちようのない練習機であることが分かってきた。陸海軍は全国に数千機保有していた複葉の練習機を特攻に投入しようと考えていたのだ。そして信じ難いことに、この計画は本土決戦を見据えて実際に動き始めていた。

複葉機を使った本土決戦計画とはいったいどのようなものだったのか。その内実を知る人物が、ただひとり、神奈川県横須賀市にご存命だ。どんな思いでこのような作戦に関わったのか。手紙を書き、電話をすると、九〇代半ばとは思えないはっきりとした受け答えで、「確かに私は、その作戦の立案に関わった参謀のひとりです。今から考えれば作戦なんて言葉に値しない、なんと馬鹿なことをしたと恥ずかしい限りですが、逃げも隠れもしないので、いらっしゃい」とのことだった。この元参謀の名前は、磯部《いそべ》利彦《としひこ》さん。大正九（一九二〇）年、島根県松江市に一二人兄弟の末っ子として生まれた磯部さんは、見た目がスマートな海軍士官に憧れ、官費で生活一切が賄われる海軍兵学校を志し、昭和一三年四月に第六九期生として入校した。戦艦

霞ヶ浦航空隊の飛行学生、教官、教員。中央で腕を組むのが関行男大尉

「陸奥」「大和」の乗り組みを経て、真珠湾攻撃の直前、昭和一六年一一月に飛行学生となり艦上攻撃機の操縦員となった。兵学校生徒の当時からカメラが趣味だった磯部さんの手元には、多くの写真が残されている。厳しい飛行訓練の合間に見せる潑剌《はつらつ》とした若さ溢れる彼らの表情からは、戦争の暗い影はまったく感じられない。磯部さんのお宅にお邪魔し、そうした写真を見せていただきながら前半生のお話をうかがっていた僕に、磯部さんは一枚の写真を見せてくれた。「これは、飛行学生を卒業したのち、昭和一八年から茨城県にある霞ヶ浦海軍航空隊で飛行学生の教官を務めていた時の写真なのですが、この中央に写っているのが、フィリピンで特攻の第一号となった

『敷島隊』の隊長、関行男大尉です」。艦上爆撃機の操縦員だった関大尉は磯部さんよりも一期後輩の兵学校七〇期生で、共に霞ヶ浦航空隊で教官を務めていたが、この写真が撮られた後の昭和一九年九月、第一線部隊である第二〇一海軍航空隊に転属となり、フィリピンで戦死することとなる。関大尉が体当たり攻撃の先駆けとなって戦死したという知らせは、ただちに全軍に知れわたり、当然磯部さんのもとにも届いていた。

悲痛な感じでしたね。悲痛という言葉が当たりますね。「悲」は悲しみです。「痛」は痛みですけどね、もうひとつは痛快という意味にもなるわけですね。痛快なことをやってくれたと。悲しみと痛みと同時に。悲痛という言葉がぴたっと当てはまる感じですね。いずれ俺たちも、俺もやらなきゃならないなと。九七艦攻（九七式艦上攻撃機。磯部さんの乗機）でやるぞという、そういう気持ちにはなりましたね。当時はね、とんでもないなんていうことは思わなかったですね。

磯部さんはこの知らせを、東京目黒にあった海軍の療養施設で、「美談の勇士」として聞いていた。顔は赤く腫れあがってケロイド状になり、下唇がめくれあがり、指も曲がったまま動かせない状態だった。実は関大尉戦死の四か月前、磯部さんは、複葉の練習機「九三式中間練

習機」を使って背面飛行を教えていたところ、整備不良のエンジンからガソリンが漏れ、空中火災事故にあっていた。落下傘降下したため辛くも命は取り留めたものの、前席にいた飛行学生が脱出するのを見届けてから機外に飛び出したため、磯部さんはひどいやけどを負ってしまった。磯部さんの心をわずかに慰めたのは、「自分の命をかえりみず部下を助けた、飛行教官の鑑《かがみ》」として、軍が美談にしたてあげてくれたことだった。

昭和一九年の大みそか、磯部さんは、築地にあった軍医学校の病棟を退院した。まだ二四歳の海軍大尉で、本来であれば戦いの最前線に投入されるはずの立場にあったが、やけどの後遺症から最前線で操縦桿を握ることはできず、各地の航空隊を転々とした後の昭和二〇年七月、全国の海軍練習航空隊を束ねる「第十航空艦隊」付の幕僚のひとりとなった。茨城県土浦の里山に掘られた十航艦司令部に着任し、「航空乙参謀」、つまり十航艦にいる正規の航空参謀の補助業務を行うよう命じられた磯部さんに、参謀長である神重徳《かみしげのり》大佐が与えたのが、複葉の九三式中間練習機、通称「赤とんぼ」による体当たり攻撃隊を編制する任務だった。

磯部利彦大尉。霞ヶ浦航空隊の教官時代

日本のすべての海軍兵力を全部特攻隊に編制し直すというのが決号作戦なんです。その決号作戦を十航艦にある「赤とんぼ」で具体化するということが、航空乙参謀である私に与えられた仕事になったわけですね。土浦の里山に掘られた地下司令部で、通路の直径は三メートル近くあったと思いますがね、会議室までありましたよ。その裸電球の下で私は一生懸命編制作業をやったわけです。練習航空隊ごとの現有飛行機、教官・教員・練習生、そういう名簿を集めましてね。

作戦の名に値しない自暴自棄の行為じゃないか、という考えには、当時は至りませんでしたね。現在の考えと当時の考えとは違いまして、これはやむを得ないなと。もうそこまで来たのか、大変な事態だなと、しかしやむを得ないなと思いましたね。で真剣に私は、その編制作業をやったんですよ。

(質問)そこまで考えが至らなかったのは、どうしてですか?

航空乙参謀が決めることじゃないですものね。私に与えられた仕事は、最後の特攻隊の編制作業をやるということだったわけです。練習航空隊全部、日本国中、北は北海道から南は九州まで。命ぜられた仕事を、一生懸命壕《ごう》の中で、裸電球の下で鉛筆をなめて書いていったことです。そうして作りあげた編制表を参謀長に見せたら大変喜んでくれました。

七月中旬、霞ヶ浦にある霞月楼《かげつろう》という海軍御用達の料亭の座敷に、第十航空艦隊の司令長官以下、幕僚各位、それに十航艦に属する各練習航空隊の司令、飛行長などの幹部が集まった。将官・佐官クラスがずらりと並ぶなかで、乙参謀の磯部大尉が立ちあがり、説明を始める。練習機の特攻隊が、水際に攻め寄せるアメリカ軍上陸部隊をどう迎え撃つのか、第一次攻撃隊はどこから飛び立ち、第二次攻撃隊はどのように突撃していくのか、みずからまとめあげた作戦を読みあげていった。磯部さんはその時、この悲惨な作戦にそぐわない、不思議な高揚感の中にいた。

これはね、今からそんなことを言って申し訳ないけれども、まあ得意満面というような状態だったと思います。まあ司令や飛行長以下、歴々たる先輩方に説明をしたわけですから。私は単なる一海軍大尉ですから。

九三中練ではとても重い爆弾は積めません。必ずスピードが落ちるでしょうし、仮に突っ込んだとしても効果は限定されますね。翼は布張りのような感じの翼ですのでね。非常に軽いものですよ。決号作戦で九三中練を動員して、本土決戦に特攻作戦を実行したとして、恐らく命中する前にみんな撃ち落とされてしまうんじゃなかろうかと、そういう思いですね、今から考えると。ただし、当時はそこまで考えなかったですね。

どうしてそんな当たり前なことに考えが及ばなかったのか。僕はあえて同じ質問を磯部さんに投げかけてみた。なぜこのような馬鹿げた作戦が、豊田総長の発した不用意な一言をきっかけに、ここまで具体的に動き始めてしまうものなのか。「航空乙参謀が決めることじゃない」ということは、突きつめればどういうことなのか。

僕の問いかけに対し、磯部さんは長く沈黙した。先ほどの答えでは満足できない、という僕の気持ちを敏感に察しておられるようだった。飛行眼鏡に守られ唯一焼けなかった両の眼が、答えを探すように宙を見つめている。僕もそれ以上は声をかけることなく、答えを待った。

やがて、宙を見つめていた磯部さんの視線がふたたびこちらに向けられ、しばらく僕を凝視した後、絞り出すようにこう言った。「命令だからです」。磯部さんはそのまま口を閉ざし、僕を見つめ続けた。僕はその言葉を反芻《はんすう》しながら続きを待ったが、磯部さんは言葉を継ごうとはしなかった。命令だから……。そう言った時の表情からは、「軍隊とは、そういうものだ」という思いと同時に、「苦悶」とも「愧《は》じらい」とも取れるような心の揺らぎが感じられたような気がした。七〇年前の自分は「命令」という大義名分にあぐらをかき、実行に値する作戦なのかみずからの頭で考えることから逃げていた。それに対する「愧じらい」だ。

かといって、磯部さんが無責任だったかといえばそうではない。この命令に従うことを決めた以上、磯部さんもまた、不条理なこの作戦に殉じようと決心していた。十航艦の幕僚たちを前に披露した決号作戦計画の中で、磯部さんは共に出撃し、敵艦に突入することになっていた。縁談が進み、式を挙げるだけとなっていた許嫁《いいなずけ》が郷里にいたにもかかわらず、である。非情な作戦だが、自分が反対と言ったところで状況が変わるわけでもないし、もはややむを得ないのだから、せめて自分の命も投げ出すことで責任を果たそうとする。特攻が始まって以来幾度となく繰り返されてきた「沈黙と引き換えの自己犠牲」によって、成功する当てのない作戦がまたひとつ、動き出そうとしていた。

こうして「決号作戦」では、複葉機を使用した特攻隊が陸海軍を挙げて編制されることとなったわけだが、海軍では既に、沖縄戦の頃から複葉練習機で特攻隊を編制し、実戦に用いる試みが始まっていた。その様子を、偶然目撃していた陸軍の搭乗員がいた。昭和一九年一二月、ラジオから遺言が流された特攻隊「護国隊」の直掩隊長として、遠藤隊長、瀬川隊員ら八名の突入を見届けた有川覚治中尉だった。護国隊の直掩を務めた九日後、フィリピン・オルモック湾への艦船攻撃で負傷し、台湾で療養生活を送っていた有川中尉は、三月末以降、台湾の北東部にあった基地を転々としながら沖縄航空作戦に参加していた。

宜蘭におりました時にですな、海軍の特攻隊だということで、複葉の練習機、赤とんぼが飛んでいるのを見たんです。特攻隊だといって。何と言いますかなあ……。あれを見た時に、もう終わったという感じですかな。終わったと。もう戦いは終わったという感じ。負けたという感じ以上にですな。もう、負けたとか勝ったとかいう感じを超して、ああ終わったと。何と言いますかな、そういう気持ちが湧いたです。まあもっと極端に言えば、人間の世の中じゃないような感じ。人間の世の中ではないような感じで。

昔、中学校の時に、トルストイの『戦争と平和』ですか、あれを読んだ時に、負ける国の状態というものは感じたことがあったんですけど、もうそれを飛び越しておりましたですな。『戦争と平和』を読んだ時に感じたものよりも、全然違った感じです。よたよたして、宜蘭の飛行場の上をこう飛んでおりましたから。

トルストイの『戦争と平和』では、ナポレオン軍に追われるロシア軍、そしてそのロシア軍の返り討ちにあいフランスへと退却するナポレオン軍、それぞれの惨めな逃避行が描かれており、それをも上回る絶望感というのだから推して知るべしなのだが、この時有川さんが目撃したのは、台湾中部の虎尾基地を拠点とする第一三二海軍航空隊が編制した特攻隊だった。「龍《りゅう》虎《こ》隊」と勇ましい名前を与えられたこの特攻隊では、二人乗りの九三式中間練習機の前席にひとり乗り込み、胴体下にくくりつけた二五〇キロ爆弾と共に敵艦に体当たりする任務が与えられていた。隊員の多くは、予科練出身の一〇代後半の少年たちだった。この一三二空で彼らの教官を務めていた原田《はらだ》文了《ふみのり》・飛曹長は、太平洋戦争の中盤、南太平洋のラバウル基地でアメリカ軍戦闘機と一進一退の攻防を繰り広げた歴戦の搭乗員だったが、無謀な作戦に教え子たちが駆り出されていく現実を前に、無力感に襲われていた。昭和二〇年五月二五日に第一龍虎隊の八機が、次いで六月七日に第二龍虎隊の八機が、虎尾基地から、宜蘭、石垣島経由で宮古島を目指した。虎尾から沖縄まではたかだか五〇〇キロ程度だが九三中練でたどり着くのは難しく、そのちょうど中間に位置する宮古島から攻撃をかけようという作戦だった。原田さんはその出撃の様子を、滑走路の脇から見守っていた。

――気持ちはね、何とも言えんね。寂しいようなかわいそうな気持ちでね。隊長が簡単――

な乾杯をして、「成功を祈る」ってね。大きな声で叫んで、みんなで乾杯して、出発するわけですわね。でも大きな爆弾を積んでるけん、なかなか離陸しないんですわ。もう一五〇〇メートルある飛行場いっぱいいっぱい使う。
　練習機だもの。速力は遅いし、もう、狙われたらおしまい。相手は機数が多いしね。一機に一〇機ほど来たら、しょうがないもの。なぶり殺しっていうか。哀れだ、本当にね。ネコにネズミと一緒。ネズミの死にかけにネコが何匹も寄ってたかってやるようなものだわね。

　この二度にわたる出撃は、失敗に終わることになる。敵に撃ち落とされたのではない。攻撃以前に、最終経由地の宮古島にすらたどり着くことができなかったのだ。宜蘭を出発した第一龍虎隊の八機は、エンジントラブルのため一〇〇キロ東にある与那国島に不時着、第二龍虎隊のうちの七機も、スコールに突入した直後から相次いでエンジンが不調となって同じく与那国島に不時着して大破、一機のみ石垣島までたどり着いたものの、宮古島に向かう途中に燃料ポンプに異常をきたし、不時着大破している。九三中練にとって二五〇キロ爆弾は重量オーバーで、スロットルを全開にしてエンジンを常にフル回転にしていないと飛べない状態だったのだが、その負担に機体が耐えきれなかったのではないかと考えられている。

しかし、台湾の新竹にある司令部から龍虎隊の指揮を執っていた第二十九航空戦隊の幕僚たちは、不時着が続く事態を前に、まったく違う解釈をしていた。第二龍虎隊の戦闘詳報を見てみると、一五ページにわたる報告書の最後、「参考」という欄に、次のような一文が記されている。

七機共スコールにて発動機不調、与那国島牧場に不時着せる事例は、七機共同様なる故障生起せるとは思われず、小隊長又は一部の者の特攻精神に欠くるの点ありと認めざるを得ざるの遺憾なり。

「第一三二海軍航空隊中練隊戦闘詳報」より

幕僚たちは、スコールが原因で七機とも同時に発動機が故障するとは考えにくいと判断し、隊員たちがそれを口実に不時着し、わざと機体を大破させたのではないかと疑っていたのだ。第二龍虎隊の八名の隊員のうち六名は、その後、生きて終戦を迎えたことが分かっている。住所がわかったうちのひとり、花上孝《はなうえたかし》さんは第一航空艦隊に所属する海軍の零戦隊「二〇五空」から龍虎隊に転属になった搭乗員で、今から一〇年ほど前に亡くなられていたが、娘さんにお会いして話を聞いたところ、零戦のことはよく話していたが複葉機の特攻の話は初めて知ったと仰っていた。花上さんが負った心の傷がいかほどのものだったか、察するに余りある。隊員たちがわざと不時着したと疑いをかけられているという事実は、龍虎隊の教官を務めていた原田文了さんのもとにも届いていた。

その人らの気持ちは知らないけど、死んでもつまらんとは思っただろうね。だと思う。そう思ったとしてもね、無理ないと思う。まあ一七、一八ですよ。まだまだ乳が欲しいというぐらいの、お母さんのな、乳が欲しいぐらいの年齢だもの。あどけない顔をしてな。まだかわいい本当に、坊ちゃんみたいな顔をしていたものな。かわいそうだった。

飛行機が出ていく時、悲しい顔をして行く人は少ない。たいがいニコッとして行くか、手を振って行くかな。それがかわいそう、余計にな。行ってくるからなとか、ニコッとしてな、一〇人が一〇人手を振るから。見送る人間としてはね、その時が一番つらかったわ。まだまだなあ、家で甘えて、両親に甘える盛りだもの。

特攻に失敗した第二龍虎隊の八名が出発地の虎尾基地に送還されて来たのは六月二四日のことだったが、その前日、沖縄では第三二軍の司令官以下幕僚が自決し、日本軍の組織的な戦闘

九三式中間練習機、通称「赤とんぼ」。出撃前は迷彩柄に塗り替えられた

龍虎隊の集合写真。最後列右から２人目が庭月野上飛曹、その前が三村上飛曹

は終了していた。四月から続いてきた陸海軍による大規模な特攻作戦も、六月二一日からの「第十一次航空総攻撃」（菊水十号作戦）を最後に、幕を閉じた。六月末からの一か月、陸海軍は来る本土決戦に備えて特攻隊を出撃させずに温存しており、沖縄の海には束の間の平穏が訪れていたが、そんなさなかの七月末、突如、第二十九航空戦隊から龍虎隊に三度目の出撃命令が下ることになる。

なぜこのタイミングで、成功の可能性が低い赤とんぼの特攻隊に体当たりが命じられたのか、詳しいことは分かっていない。練習機八機で攻撃をかけたところで大した効果があがらないのは明らかで、何らかの特別な思惑が働いたことは想像に難くないが、それが何だったのか、突きとめることはできなかった。そして皮肉なことに、この第三龍虎隊の八機の赤とんぼが、誰もが予想だにしていなかった大戦果をあげていく。

七月下旬、虎尾基地から新竹基地に進出した八名の隊員は、作戦の指揮を執る第二十九航空戦隊の参謀に迎えられ、「第三龍虎隊」の命名式に臨んだ。その時の写真が残されている（二七三頁）。サングラスをかけた参謀の前に並ぶ搭乗員のうち、向かって右奥に整列した八人が第三龍虎隊の隊員で、一番左端に立つのが、隊長の三村弘《みむらひろし》・上等飛行兵曹だ。三村上飛曹は、海軍の搭乗員の中では一風変わった経歴の持ち主だった。昭和一八年四月、「逓信省航空局

「航空機乗員養成所」という民間航空のパイロットを養成する飛行学校に十三期操縦生として入学し、翌年一月に卒業した三村さんは、そのまま、海軍の航空隊への入隊を命じられた。最前線で搭乗員が次々と命を落としていくなか、その不足を少しでも補うため、全国に一五か所あった乗員養成所のうち、諫早《いさはや》（長崎）、西條（愛媛）、福山（広島）の三か所が海軍系の養成所に指定されており、この頃になると卒業生は全員入隊する決まりとなっていたからだった。軍人になることを志望して入所してきたわけではない訓練生たちを、前線で使いものになる搭乗員に鍛えあげるため、兵学校や予科練にも負けない厳しい教育が行われたという。

三村さんは琵琶《びわ》湖を拠点とする水上機の練習航空隊である大津海軍航空隊で訓練を受け、やがて第一三二海軍航空隊に転属となり、龍虎隊の一員となった。三村さんとは、いったいどのような方だったのか。同じく、海軍系の乗員養成所を卒業した十三期操縦生一八〇名のうちのひとりで、龍虎隊の一員でもあった庭月野《にわつきの》英樹《ひでき》さんがご健在であることを知り、僕はただちに宮崎市へと向かった。庭月野さんは諫早の養成所を卒業後、姫路海軍航空隊で九七式艦上攻撃機の操縦訓練を受け、次いで沖縄県小禄基地を拠点とする沖縄海軍航空隊で敵潜水艦の哨戒《しょうかい》任務などに就いた後、昭和二〇年五月に一三二空の一員となり、台湾の虎尾基地で三村さんと出会った。庭月野さんは七〇年経ってもあせることのない親愛の情を込めて、三村さんの思い出を語り聞かせてくれた。

あれはね、おとなしい立派な青年でしたよ。備中高梁《びっちゅうたかはし》の松山城の城主の末裔《まつえい》。私よりひとつかふたつ上でしたけど。大人でしたね。背もすらっとしていて、精悍な感じで、尊敬できる人間でしたよ。彼には若い人たちがなついていましたね。いろいろ話を聞いたりしていましたね。

責任感の強い男だった。第一次、第二次が失敗しているじゃないですか。八機ずつ行って。第三次がですね、同じ失敗をしたらいかんと思って一生懸命。なるだけ全機で行きたいという気持ちで、責任を持って行ったと思いますよ。

三村さんは、戦地で日記をつけていた。三村さんの死後、生き残った戦友が日本へと持ち帰り、三〇年を経て母親の秀代さんを探し当てて手渡し、今に伝わっている。特攻隊員に指名されてから書かれた四月末以降の日記には、いつ来るとも分からない出撃を前に、死の意味をみずからに納得させようとするかのような記述が並んでいる。

四月三十日
死ぬんだと思った　俺はここで死ぬんだと

天佑神助　身は新竹にあり　死がかなしい　そんな気持ちはない
やるんだ　神に応えて　雲と散るんだ
覚悟は既に出来た　行こう　撃滅に　飛び立とう

五月六日
お母さん　弘はまだ生きている　ああも　斯《こ》うもと
思いしことの半ばすら　死に場所すらも　得なかった
世論に迷わず　政治にかかわらず　唯　己の忠節を
尽くすのみだ　愈　以って　身の責任の重さを知り
感銘するものなり

しかしこの時まだ、三村さんは複葉の練習機で行くことまでは知らなかったようだ。それを伝えられた後の五月一二日には、「近いうちに虎尾に行くらしい　九三中練で死ぬとは」という短い記述が残されているだけで、その心中まで察することは難しい。乗員養成所の同期生で同じく龍虎隊の一員だった庭月野さんは、三村さんの抱いていた思いを、みずからの体験に重ね合わせてこう読み解いている。

仕方がない、行くのだというような。でもやるからには一撃を与えるのだ、という気持ちですね。失敗するつもりで行く人はいませんですからね。

（質問）でも赤とんぼでその「一撃」を加えられるのか、疑問には思いませんでしたか？

それは疑問を持っていました。本当にこの飛行機で行けるんだろうかと思っていましたよ。二五〇キロ爆弾を積んで飛べるんだろうかと思っていましたよ。しかも隊長で行かなければいけないでしょ。まだ飛行時間の短い甲飛の予科練の人たちを連れていくんですから、彼らが無駄死にしないようにするにはどうしたらいいかと。それを真剣に悩みましたね、やっぱり。だから死ぬことよりも、どうしたら成功できるのか考えることで、一心でしたよ。どういうコースを取ったら、どういう高度を飛んだら行けるんだろうなと悩みましたね。無駄死にをさせないと。

でもやってみなきゃ分かりませんからね。それがやっぱり若さですよ。まだ一九歳ですから。やってみなきゃ分かるもんかという感じはね。だから「俺は行かない」ということは隊員の誰も言っていませんでしたよ。

もはや避けることができないと諦めたみずからの「死」をいかに意味のあるものにするか、いかに死に花を咲かせるか、それが庭月野さんらにとっての一番の関心事だった。隊員たちは赤とんぼ特攻についての是非や、死の意味などを語り合うこともなく、粛々と出撃の時を待ち続けていたという。

そんなに話すことはないでしょ、仲間内で。だってもうずっと一緒に暮らしているんだから、やることといえば、将棋かトランプか。それと何かね、「こっくりさん」をやる人もいましたよ。「こっくりさん」をね、やる人がおって、やってもらったりすることもありましたね。

(質問)その時は、こっくりさんに何を尋ねていたんですか?

そうですね……。そういう時は、自分の命のことも聞いたでしょうね、やっぱりね。あとは好きな女性のこと、彼女がどこにいるかとかね。聞いた記憶がありますね。

二〇歳前後の男が集まると、他愛もない女の話が始まるのは、七〇年前も同じだ。三村さんの日記にも、兵舎で暇を持て余し、互いの隠し持つ写真を見せ合いながら女の話で盛りあがる隊員たちの様子が描かれている。そしてその時に三村さんが戦友たちに語り聞かせたのは「何時も決まって彼女克子《かつこ》さんのことだった」と日記にある。「彼女こそ友に話してはずかしくない」「夏の朝のような清々しい感じのする人」などと甘い言葉が綴られた五月一六日の記述は、淡々とした書きぶりが多い三村さんの日記の中で、異彩を放っている。日記によれば克子さんとの出会いは、尋常高等小学校一年（現在の中学一年）の時のことで、三村さんが農業専門学校に進んだ一〇代半ばになる頃には、その思いは深まっていったようだ。

眼と眼はお互いの好意を示すのに充分だった。彼女の好意は身に沁みて私に感じられた。私が気分の悪いような顔をしている時は、彼女も心配そうにして私を見ていた。

何かの会があって、席を一緒にしたことがあった。うすうすと別離を感じていたのではあったが、会の終りで〝暁に祈る〟を合唱したとき私は灼ける様な彼女の視線を左の頬に感じて、孤独の兆しをあわく感じたものだった。

それ以来会わずに彼女は広島に希望を抱いて、去っていった。彼女の情けに対する一言の礼も云わなかったことを私は悔やんだが、純朴な農村の風紀は、それも許さなかった。

養成所（乗員養成所）の試験からの帰り、偶然にも会い一寸《ちよつと》話したが、私の自惚《うぬぼ》れからでなく、彼女がよろこんだことを、その場を見た人は実証するだろう。その頃は、ただ好きだと云うこと以上に、すくなくとも、私の感情は通り越していたかも知れない。

そして、彼女克子さんと私は、永遠に別れた。お互いに清い、その誠を持して。明日は又、戦友に彼女のことを話すであろう。或いは私のことはもう、忘れているかも知れない。それでいい、私はそれで良いと思う。

ただ、彼女から受けた好意を胸に、敵艦に散り咲きたいと思うのである。

三村弘「五月一六日の日記」より

〝暁に祈る〟とは、昭和一五年に発売された戦時歌謡で、故郷に妻と子どもを残して出征した男の望郷の念が綴られた歌詞が人びとに受け大ヒットを記録していた。四章からなる歌詞の最終章は、こう結ばれている。

「ああ　あの山も　この川も　赤い忠義の　血がにじむ

故国《くに》まで届け　暁に　あげる興亜の　この凱歌」

大東亜建設のための聖戦と信じ、故国を守ろうと特攻員となった三村さんと、広島へと出ていった克子さん、ふたりの運命が交わることは、二度となかった。

新竹の基地で命名式を終えた三村隊長は、その後「第三龍虎隊」の隊員七人を引き連れ、宜蘭、石垣島を経て、宮古島まで進出することに、まずは成功した。そんな彼らと歩を合わせて宮古島へとやって来たひとりの参謀がいた。新竹での命名式にも参加していた、第二十九航空戦隊の参謀、冨士信夫《ふじのぶお》少佐だ。出撃した八機中七機が与那国島に不時着した第二龍虎隊の戦闘詳報に、「小隊長又は一部の者の特攻精神に欠くるの点あり」と記したのは、他ならぬこの冨士少佐だった。そして、七月二八日夜八時半、その冨士少佐の見送りを受けて、二五〇キロ爆弾を胴体下にくくりつけた赤とんぼに搭乗した第三龍虎隊八機は、沖縄にいるアメリカ艦隊を目指し、宮古の飛行場を飛び立った。夜に出撃したのは、機上練習機「白菊」の特攻と同様、敵戦闘機の攻撃を避けるためだった。

離陸してから三〇分ほどが過ぎた頃、飛行場にいた冨士少佐の耳に、北東、つまり沖縄の方角から飛行機の爆音が聞こえてきた。整備員が滑走路沿いに並べたカンテラに点灯すると、赤とんぼが次々と着陸して来る。結局、出撃した八機全機が引き返して来た。調べてみると、二、三機のエンジンに異常音が見られる。しかし、三村隊長は冨士少佐に向かって「参謀。もう一

「第三龍虎隊」の命名・出陣式。三村隊長（左から５人目）の右奥に並ぶ７人が特攻隊員。サングラス姿は冨士少佐

度ぜひ出撃させてください。今度は必ず成功させます」と言ったという。そして翌二九日、新竹にある司令部から「第三龍虎隊を本日の夜半に再度出撃させよ」との命令を受け、その日の夜、冨士参謀に見送られ、彼らはふたたび出撃していった。

今度もエンジンの不調を訴え四機が引き返して来たが、残る四機はそのまま沖縄に向けて進撃を続けた。引き返して来た四機も再度整備を行い夜一〇時四〇分頃、再び離陸した。そして、エンジンからの油漏れを起こした一機を除く三機が、帰って来なかった。赤とんぼには無線機が積まれていないため、彼らはその最後の瞬間を基地に伝えることはできなかった。唯一、新竹基地から飛び立った海軍の偵察機が、午前〇時四〇分頃、慶良間諸島付近の海上に大きな火柱があがったのを確認している。

基地に戻って来なかった七機は、果たしてどのような最期を迎えたのか。それは、アメリカ側の戦闘報告書に詳しく記されていた。この日の天気は晴れ。月齢は一九・五六で、満月を少し過ぎた頃だった。先発の四機は午前〇時三〇分、月明りに照らされた海面にアメリカ軍艦隊を発見し、突撃を開始した。それは慶良間列島付近で警戒にあたっていた駆逐艦部隊だった。この時、周辺の空にアメリカ軍の夜間戦闘機隊の姿はなく、布張りでレーダー波を反射しにくい赤とんぼの発見が遅れたこともあり、アメリカ側は後手に回っていた。突撃を開始した彼らに対空砲火が浴びせられたが、翼や胴体を突き抜けるだけで、なかなか撃ち落とすことができない。そうこうしているうちに、時速一五〇キロほどでノロノロと進んで来た最初の一機が、駆逐艦「キャラハン」に命中した。さらに搭載していた爆弾が甲板を突き抜けて機械室で爆発。これが、たまたま近くにあった給弾室に誘爆し、ついに「キャラハン」を撃沈してしまった。この攻撃で、四七名のアメリカ軍将兵が戦死した。

その後も龍虎隊の攻撃は続く。三番機が駆逐艦「キャッシン・ヤング」に向けて突撃を開始。艦首三〇メートルまで迫ったが、こちらは命中する寸前で撃墜されている。さらに午前三時、遅れて戦場に到達した第二陣が、突撃を開始。そのうちの一機が駆逐艦「プリチェット」に命中、爆発し、アメリカ軍将兵七〇名を戦死させた。

こうして、三村弘・上飛曹以下七名の隊員たちの、哀しくも烈しい戦いは、終わりを迎えた。そして彼らが沈めた駆逐艦「キャラハン」は、特攻作戦によって撃沈された、最後のアメリカ軍艦となった。

三村上飛曹と同期生だった庭月野さんは七月上旬に千葉県を拠点とする別の特攻隊に転属となっており、出撃に立ち会うことはできなかった。その知らせを聞いたのは、戦後しばらくが経ってからのことだった。庭月野さんは言う。


すごい精神力ですよ。今でも月夜になると、必ず彼らのことを思い出してね。ああ、あの人たちはよく行ったなと、本当に感心していますね。赤とんぼで攻撃をして、成功して、すごいなと。全部出て、いっぺん引き返しているでしょ。そうしたらやっぱり恥だと思って、また出ていっている。前の一回、二回が失敗しているから、三回目が失敗したら、恥の上塗りだと思って、また行かせてくれと。

みんながその気にならないとだめですね。みんなで「もういっぺん行こう」って言ったんでしょう、やっぱり。みんながその気にならないと。自分だけ行きたくてもですね、技量がなくて行けない人もいるわけだから。「みんなでもういっぺん行こう」

って。誰かが言い出して、そうしようって言ったんでしょう。精神力ですね。すごい精神力だと思います。

第五章　X参謀

若者たちが特攻に命を投げ出せば投げ出すほど、日本という国は、敗戦という現実から目をそむけ、「本土水際決戦」による「一撃講和」という幻想へと突き進んでいった。降伏をみずからの決断として受け入れられない指導者たちを載いたこの国は、戦争を終わらせるためにさらに無益な犠牲を必要としていた。

驚くことに、昭和二〇年八月六日、広島に一発の爆弾が投下されてもなお、戦争継続を叫ぶ声は依然として、軍の中でかなりの数にのぼっていた。広島の街が一瞬で壊滅したという知らせは、六日のうちに東京の陸海軍中枢まで伝わっている。爆心地から一キロの距離にあった広島城周辺には当時、陸軍関係の施設が建ち並んでいて、本土決戦の際に西日本の陸軍部隊を指揮する「第二総軍」の司令部もここに置かれていたのだが、幕僚たちがいた建物は城の陰にあったため全壊を免れており、作戦主任参謀が「本日広島は、敵の特殊高性能爆弾と思われるものから攻撃を受け、大被害を受けり」という電報を起案し、宇品《うじな》の陸軍船舶司令部に伝令を走らせていた。陸軍作戦部長の宮崎周一中将の日記には、八月六日の項の最後に「八時三十分広島に特殊爆弾アリ、いわゆる原子爆弾ならんも発表には考慮を要す」とあり、八日には「広島に於ける原子爆弾の被害は意外に大なる模様なり。技術的に約半世紀の間隔を生ぜる感あり」と綴られている。同じ日、宮崎中将は福島県原ノ町飛行場に練習航空隊の特攻隊を視察しており、訓練の行き届いていない搭乗員二〇〇〇人に特攻機三機のみというお寒い状況を目の当たりにしているのだが、「もはや降伏すべき」という類の言葉は綴られていない。

大西瀧治郎中将の海軍軍令部次長就任を歓迎し、作戦課長として本土決戦に向け準備を進めていた田口大佐は、たまたま立ち寄った日吉の聯合艦隊司令部で原爆投下の知らせを聞いているのだが、人の命が失われても何も感じなくなっていた当時の心境を、「原爆だからいかんな、とは思いませんでしたね。玉砕を決しているんですから。何が落ちようとも、驚きませんでした。全国民、玉砕を決しているんですから。もちろん私もそうです。指揮官としてね」と語っている。

しかし事ここに及んで、重い腰をあげた人物がいた。昭和天皇だ。特攻を後押しする発言を繰り返してきたものの、沖縄での戦いに敗れ、本土決戦の準備が陸海軍とも進んでいないと内々に報告を受けていた天皇は、ついに降伏の決意を固めようとしていた。そんな折に投下されたのが、原爆だった。

八日午後一時から拝謁した情報局総裁の下村宏《しもむらひろし》に「正義人道もあまりこちらだけ偉がられな

い。お互様である」と述べ、米国に対して抗議する必要があると考えていた東郷外相に対して、「此種武器が使用せらるる以上、敵軍の上陸に際する戦争は不可能となるにより、有利なる条件を得んが為に戦争終結の時機を逸することは不可なり、条件を相談するも纏まらざるに非ざるか、成る可《べ》く速かに戦争の終末を見るよう努力せよ」と述べている。

だがそれでもなお、ポツダム宣言受諾に踏み切れないでいた陸海軍に決定的な一撃を与えたのが、彼らが最後まで頼みとし、すがろうとしていたソ連だった。日本時間の八月八日午後一一時、在モスクワの佐藤尚武・駐ソ大使は、ソ連に仲介を依頼していた米英との和平交渉をうながすべくモロトフ外相を訪ねたが、手渡されたのは対日参戦宣言だった。その直後の九日未明、八〇万を超えるソ連兵が国境を越えて満州領内へと進撃を開始し、精鋭部隊を南方に引き抜かれ張り子の虎となっていた関東軍を蹴散らしていった。

九日午前一〇時三〇分、広島に原爆が落とされてから初めて「六巨頭」を中心とした最高戦争指導会議が開かれた。東郷外相が残した手記によると、この会議では、主戦派の暴走を押さえるためあくまで本土決戦を主張する陸軍と東郷との間で、次のようなやりとりが交わされたという。

阿南陸相
最後の勝利を得る確算は立たないが未だ一戦は交えられる。
東郷外相
日本の本土に敵を上陸させないだけの成算があるか。
梅津参謀総長
非常にうまく行けば撃退も可能であるが、戦争であるからうまく行くとばかりは考えられない。結局幾割かの上陸可能を認めなくてはならぬが、上陸に際して敵に大損害を与え得る自信はある。
東郷外相
今の陸軍側の説明からすると、上陸部隊に大損害を与えても一部は上陸して来る可能性があるということであるが、敵は第一次上陸作戦に充分の成果を収めなくても間もなく第二次作戦に出づるは明らかだ。そして我が方では第一次上陸を撃退するために飛行機その他の重要兵器はほとんど全部喪失してその後短期間に補充の見込みは立たないから、原子爆弾の問題は別としても第一次上陸作戦以後の日本の地位は全く弱いものになってしまうではないか。すなわち日本はなお一戦を交え得るがその一戦を交えた後の日本の地位を敵国の地位に比較すれば我が方は第一次上陸作戦以前よりも甚だしく不利な状況に陥るのであるから、なるべく此の際すぐに戦争を終結する以外に方法なしということになる。

東郷茂徳『時代の一面』より

敵上陸前に水際で特攻を仕掛けた場合、第一次上陸作戦以降、迎え撃つ航空機もなくなり、日本は外交交渉のカードを失い、今より窮地に立たされる。本来であれば六月初頭に開かれた最高戦争指導会議でなされるべき議論がこの期に及んで行われていることに衝撃を受けるが、特攻は外交カードになり得るという幻想から、東郷はようやく、解き放たれようとしていた。

そして、九日の深夜から開かれた天皇臨席の御前会議。長崎もまた新型爆弾らしきものにより壊滅という知らせが決め手となり、一〇日午前二時過ぎ、鈴木首相が聖断を仰ぎ、「自分の意見は、外務大臣の意見に同意である」という天皇の言葉を受け、六巨頭はついにポツダム宣言の受諾を決するに至った。

この日本という国に暮らす人びとの福祉を担うと自負してきた軍高官や政治家たちが、ようやく踏み出す決意をした運命の「無条件降伏」まで、残り五日間。しかし、それまで不気味な胎動を続けながら、この日本という国を覆いつくしてきた特攻は、ここに来て大きなうねりとなって、人びとを翻弄しようとしていた。

二〇一五年のある日、東京目黒の防衛研究所でいつものように資料をたぐっていた僕は、ひと綴りの奇妙な文書を見つけた。書かれた日付は、昭和三一年五月。それから六〇年近く経っているにもかかわらず、その文書は、いかなる書籍にも論文にも存在を指摘されたことのないものだった。「特攻隊に対する所見」と題されたこの文書は、陸軍の航空部隊のひとつである「第三十戦闘飛行集団」の集団長だった三好康之《みよしやすゆき》少将が、厚生省引揚援護局の史料室に宛てたものだった。それほど特別な内容が記されているように思えない、ごく普通の題名であり、わずか一〇頁と特段の分量があるわけでもないが、そこに記されていた内容には、特攻というものが内包する深い〝闇〟が隠されていた。

この〝闇〟が、何事もなかったかのように歴史に埋もれていくのを看過できなかった三好少将は、長らく胸のうちに秘めてきた疑問を、義憤と共に投げかけている。

政略攻撃に特攻隊を使用せんとしたる大本営幕僚の企図は大なる誤謬であった。
終戦直前、八月八日頃であったと記憶するが、突然福岡より第三航空軍X参謀が熊本にあった私の司令部に来訪し、「東京では重臣間に和平運動が台頭している。之をブチコワス為になるべく速に沖縄米艦船に特攻攻撃を決行して欲しい。目下沖縄米軍

は日本のポツダム宣言受諾近しと思ひ込み油断している。その虚に乗じ特攻攻撃を決行し、偉效《いこう》を奏すれば、和平運動は成立不能となること必定である。攻撃決行の日時と機数とを至急調査して報告され度《た》い」との連絡であった。

当時私はボロ飛行機も全部洞窟内に格納し本土決戦時近接する敵艦船に対して集団長以下特攻攻撃を敢行すべく準備中であったから、X参謀のこの無造作な気まぐれな政略攻撃実行の命令には心平かならざるものがあった。一幕僚の専断ならば之を拒否しようかとも思ったが、X参謀が軍司令官の命令を持参しているのを確認するに及び謹んで命令拝受、準備にとりかかった。

防衛研究所資料・三好康之「特攻隊に対する所見」より

終戦直前、ポツダム宣言受諾を阻止するためのクーデターまがいの動きが幾つかあったことは、これまでにも知られている。皇居を守る近衛師団を動かし、天皇に翻意をうながそうとする陸軍将校が起こした叛乱である「宮城《きゅうじょう》事件」もそのひとつ。神奈川県の厚木基地を拠点とする「第三〇二海軍航空隊」の小園安名《こぞのやすな》司令が全国の航空隊に徹底抗戦を呼びかけた「厚木事件」などもそうだ。しかし和平を「ブチコワス」ために特攻総攻撃をかけるという叛乱行為については、これまでまったく注目されてこなかった。

では、この告発文が意味するところは何なのか。調べを進めていくと、興味深い事実が浮かびあがってきた。まずは、文中にある「第三航空軍」だが、これは、沖縄をめぐる航空特攻作戦が終わった六月末以降、本土決戦に備えて特攻隊の再編制を進めていた「第六航空軍」の間違いだ。この第六航空軍の配下に、三好少将が率いる「第三十戦闘飛行集団」も所属していた。

この第三十戦闘飛行集団とは、昭和一九年一〇月、フィリピンでの決戦に向けて陸軍が編制した決戦兵力で、圧倒的な数の最新鋭戦闘機を送り込むことで質量共に勝るアメリカから制空権を奪い返すことを目的にしていた。しかし、この部隊の編制に関わった陸軍参謀本部の航空参謀、田中耕二少佐が「この知恵を、もうちょっと早く気付いて、独立空軍的用法ということに思いをいたしたならば、同じ敗けるにしても、もう少し気が利いた敗け方が出来た」と戦後語っているように、この作戦は遅きに失し、機材も訓練も十分でないままに送り込まれた部隊はフィリピンで壊滅し、昭和二〇年初頭に内地へと引き揚げ再建を進めていた。

終戦間際の八月、第三十戦闘飛行集団には一隊六機からなる特攻隊が三五隊あり、そのうち一二隊は、当時の日本陸軍の最新鋭機のひとつ、四式戦闘機「疾風《はやて》」を装備するなど、陸軍航空隊の最後の切り札とも言うべき部隊だった。彼らに与えられていた任務は「九州沿岸に上陸を企図する米軍艦船、特に輸送船に対する特攻攻撃を敢行し、必要に応じ近海に現出する敵機動部隊に対する特攻攻撃をも準備すること」だった。くだんの「X参謀」からの命令とは、その第三十戦闘飛行集団を、本来の主作戦目標である「敵輸送船団」ではなく、沖縄海域にいるアメリカ艦隊に向け出撃させるということを意味していた。一国の軍隊をまるで私兵のように使おうという、軍令の堕落の極みとも言うべきこの命令に対して、三好少将も手厳しい批判を加えている。


本土決戦に満を持して決戦準備中の集団に対し、廟議《びょうぎ》に対する反抗の為に大本営幕僚の一部が陰謀的策動を試み、十分なる準備の時間も与へず突如集団を政略攻撃に駆使せんとするは言語道断である。

過去に於ても当局がシベリヤに又支那大陸に屢々《るる》政略出兵を行って無数の大量犠牲を払った史実をも回想して、少くも軍自ら大いに反省すべきものあるを痛感する。

防衛研究所資料・三好康之「特攻隊に対する所見」より

それにしても、この「X参謀」とはいったい何者なのか。それを考えるヒントが三つ、この文書には隠されていた。一つ目は「X参謀」の階級だ。文書の記述から、第六航空軍の中でも航空軍司令官の命令を持参できるほど力のある参謀のひとりであることが分かる。続いては、陸軍士官学校での年次。三好少将が作成したこの文章には、最末尾に次のような結びがある。

「本件は果して大本営の企図なりしや。幕僚一部の陰謀なりしやはX君現に生存しあるを以て、服部君（研究員）にも御話あって御調査願い度い」。三好少将が「X君」と呼んでいることから X参謀は、士官学校三一期出身の三好少将と同期、もしくはそれより下である。そして三好少将が作成した原文には、さらに大きなヒントが隠されていた。それは、「X参謀」の名前に関わるものだった。この原文は、几帳面だったという三好少将がタイプで打って作成したものだったため、一行二九文字のきっちりした書式で記されている。「X参謀」の部分は、当初タイプ打ちされていた名前に修正が施されて塗りつぶされ、その上からさらに「X」とタイプで打ち直されていた。「御調査願い度い」と記している三好少将が、みずからその名前を匿名にするとは考えにくい。そのためこの修正は、当人の不利益になってはならないという忖度のもと、厚生省引揚援護局の史料室の誰か、もしくはその後この資料を引き継いだ防衛研究所の誰かが施したものである可能性が高いわけだが、その「X」の部分は、タイプにしてきっちり五文字分だった。

この三つの条件を満たす人物が、ひとりだけいた。三好少将と陸軍士官学校の同期で、当時第六航空軍の参謀長を務めていた、川嶋虎之輔《かわしまとらのすけ》少将だ。

川嶋少将は、大正八年に陸軍士官学校を卒業後、主に航空畑を歩み、太平洋戦争の開戦を

「第三飛行集団」の参謀長として迎えた。イギリス領シンガポールを陥落させ、オランダ領ボルネオの油田地帯を制圧し、さらには西部ニューギニアまでの地域を支配下に収めたいわゆる「第一段作戦」に参加したのち、昭和一七年初頭に内地へと戻って来た。そして航空行政を取り仕切る「陸軍航空本部」の総務課長、総務部長を歴任した後、昭和二〇年七月、第六航空軍の参謀長を拝命し、東京市ヶ谷から福岡へとやって来た。

　実は川嶋は航空本部の総務課長だった頃、ある極秘の任務に就いている。その任務とは、原子爆弾の開発に関わるものだった。よく知られている話だが、太平洋戦争が始まるずっと前から、日本も陸軍を中心に原爆開発に乗り出していた。昭和一五年には放射性ウランを用いた高性能爆弾の可能性を論じる調査報告書が陸軍省の航空技術研究所から出されており、翌昭和一六年四月には航空技術研究所長の安田《やすだ》武雄《たけお》中将から、理化学研究所の大河内正敏《おおこうちまさとし》所長宛てに原爆製造に関する研究が正式に依頼され、理研は仁科芳雄《にしなよしお》博士を中心とする専門チームを発足させている。そのプロジェクトで陸軍側のとりまとめをしていたのが、当時大佐だった川嶋虎之輔だった。

　川嶋は既に亡くなっており、その孫にあたる男性を千葉県八千代市にお訪ねした。この男性は幼い頃から川嶋と同居しており、陸軍時代の同僚部下らが頻繁に訪ねて来るのはよく目にしていたが、「終戦間際の特攻作戦については聞いたことがありません」とのことだった。この川嶋虎之輔を読売新聞社が取材した際の肉声が国会図書館の憲政資料室に残されていたので、ご遺族の了承を得て肉声を聞かせていただいたのだが、五〇分以上に及ぶインタビューは、予想通り、ほとんどが原爆開発に関係するものだった。

昭和一八年の、初めの頃だと思う。僕は東条さんに呼ばれて、アメリカとドイツの原爆は相当進んでいると。負けるかもしらんと。おまえがひとつ中心になってやれとこういうことをね、東条さんから命令をもらったわけなんだ。

僕はその当時、航空本部の総務課長だったんだが、原爆っていうのはその時初めて聞いたんだよ。知らなかった、そんなものは。

川嶋虎之輔証言（読売新聞社「昭和史の天皇」取材資料）より

そもそも、原爆の開発を最初に始めたのは、ナチスドイツだった。それに対抗する形で、一九四二年にはアメリカで「マンハッタン計画」が発足し、この二国を中心に開発競争が加速していった。しかし、数千億ドルもの予算と六万人を超える人員が投入された「マンハッタン計画」に比べ、六〇〇〇万円の予算と二〇名の研究チームからなる日本の原爆開発は遅々たるもので、ウラン濃縮に使う高精度のウラン鉱石を集めるところからつまずいていた。本土だけでなく、日本の統治下にあった朝鮮半島などでもウラン探しが行われたが、なかなか成果はあがらなかった。そうしたなか、ドイツが占領地のチェコスロバキアで手に入れた鉱山から「ピッチブレンド」という高濃度のウラン鉱石が産出すると聞いた川嶋は、駐ドイツ大使の大島浩《おおしまひろし》・陸軍中将を通じてその入手に奔走する。

仁科さんの話ではね、どうしても二トンの鉱石がなければいけないと。二トンなければ原爆の実験はできないって言うんだよね。そんなのはね、日本の占領地下ではどうしても得られないんですよ。そこで、チェコスロバキアのピッチブレンドをひとつ何とか取り寄せようじゃないかというので、大島大使にね電報を打ったんですよ。そうしたら何に使うのかと来たんだよ。何に使うかって分かっているじゃないかと、原爆の開発に使うのだと言ってやったところがね、ドイツからやれんって言ってきたんですね。

それでね、僕はその時の電報を起案したことを覚えていますがね、日独伊三国同盟があってですよ、食うか食われるかの戦をやっていると。その時にね、日本が原爆の研究をするのに必要なピッチブレンドをやれんとはいったい何事だという電報を打ったんだよね。そうしたらね、まあ大島さんが交渉されたんでしょう。送ろうということになったんですよ。

川嶋虎之輔証言（読売新聞社「昭和史の天皇」取材資料）より

しかしこのウラン鉱石が日本に届けられることは、ついになかった。ピッチブレンドを積んだドイツ軍の潜水艦「U234」がドイツ北部のキール軍港を出港したのは、沖縄戦が始まる直前の昭和二〇年三月二四日だった。途中、総統ヒトラーの死去ならびにドイツの無条件降伏の知らせを受けたこのUボートは連合国軍に投降し、日本海軍から派遣され同乗していたふたりの士官は自決し、日本の原爆開発計画はここに終わりを迎えた。

川嶋少将には新たに第六航空軍の参謀長が命じられ、原爆が広島に投下される二日前、福岡の山腹に掘られた壕の中に置かれていた六航軍司令部に着任した。そして迎えた八月六日、川嶋のもとにも、「特殊高性能爆弾」で広島が壊滅したという知らせが届いていた。

私らね、何か分からないと初めはね。だけども、これが原爆じゃないかというひらめきはですね、広島の情報を聞いた時に、私はね、頭には来ましたね。

川嶋虎之輔証言（読売新聞社「昭和史の天皇」取材資料）より

ところがこの直後、インタビューは和平を「ブチコワス」ための特攻作戦の真相解明に向けて急展開していくことになる。広島原爆の話を受けて、記者が「長崎へは視察に行かれたんですか？」と質問したところ、川嶋は即座に次のように答えた。

行きません。それどころじゃないもの、あの時になったらもう。とにかくね、九日の日にさ、青木参謀副長とそれから藤井参謀をつけて朝の四時にね、東京に連絡にやったんですよ。そうしたところがね、六時頃になったらね、藤井参謀がひとりで帰って来たんですよ。何だおまえ。東京に行かなかったのかって言ったら、いや、行ってきたって言うんですね。大変だと。これはまあ司令官と参謀長にだけしか話せないことなんだと。菅原中将を起こして、それでふたりで藤井参謀の話を聞いたんですね。終戦の問題ですよね。そんなふうですからね。もう長崎に行くどころの騒ぎじゃないんだ、こっちはね。これいったいどう収拾するかという問題でね。

川嶋虎之輔証言（読売新聞社「昭和史の天皇」取材資料）より

川嶋の話にある「司令官」とは第六航空軍司令官の菅原道大《みちおお》中将、「参謀長」とは川嶋本人のことだ。やはり、東京で進んでいる和平への動きは、かなり早い段階で六航軍にまで伝わっていたのだ。この知らせを聞いた川嶋たち六航軍の幕僚たちがどのように動いたのか、話はいよいよ核心に入るかと思われたが、突如、インタビューはここで中断されることになる。「長い時間、お疲れさまです。お茶でも召しあがってください」というねぎらいの言葉と、お礼を述べる記者の声を最後に、音源はプツリと切れた。折悪しく川嶋の妻が部屋に入って来て、原爆の開発秘話にしか関心がなかった記者がそれを契機に取材を打ち切ったようだった。

あまりに残念な結末に言葉を失ったが、気を取り直して川嶋の証言を整理してみると、新たに見えてきたことがひとつあった。それは、東京で進みつつある和平への動きが福岡に伝わったタイミングだ。川嶋は六航軍参謀の藤井一美中佐が九日の朝四時、東京に向けて出発し、その日の朝六時に福岡に帰って来たと証言しているが、福岡にある板付飛行場（現・福岡空港）から東京までの距離は九〇〇キロ近くあり、飛行機で移動したとしても二時間で帰って来ることは不可能だ。「菅原中将を起こして」という具体的な証言があることから、帰って来たのが早朝だということが正しいと仮定すると、考えられる可能性はふたつある。出発が九日のもっと早い時間で、同じ日の早朝六時頃にとんぼ帰りしたというのがひとつ。九日の朝四時頃に出発し、翌朝の六時頃に帰って来たというのがもうひとつ。御前会議の席でポツダム宣言受諾が大筋で決まったのが九日の深夜であり、それをきっかけに、陸海軍内での不穏な動きが始まったであろうことを考えに入れると、青木参謀副長と藤井参謀が福岡を発ったのは、長崎に原爆が落とされる前の九日早朝四時で、翌一〇日の朝六時に藤井参謀のみ帰って来たと考えるのが一番妥当なように思われる。

とすると、第三十戦闘飛行集団の三好集団長が「八月八日頃」と記憶していた、和平を「ブチコワス」ための特攻命令が出されたのも、八月一〇日以降であった可能性が高くなる。だが、ここで注意しなければならないのは、川嶋の証言からは、そうした命令が三好少将に出された〝ウラ〟が取れたわけではないということだ。三好少将の狂言である可能性も、ないわけではない。その真偽を見極めようと第六航空軍、および第三十戦闘飛行集団の幕僚たちが残した記録を調べてみたところ、飛行集団の航空参謀のひとり、河内山譲《かわちやまゆずる》少佐の回想が防衛研究所に残されていることがわかった。昭和二〇年三月に飛行集団の参謀を拝命した河内山少佐は、六月一五日、他の司令部要員と共に熊本市に進出した。熊本市にある立田山に掘られた全長一キロに及ぶ司令部壕には、発電設備、居住環境が整えられ、七月中旬以降と伝えられていた本土決戦に向け緊張が高まっていた。第三十戦闘飛行集団では、敵の上陸ギリギリまで関東の飛行場で隊員たちに訓練を積ませ、作戦が始まる直前に知覧や万世、都城など南九州の各基地に進出して敵輸送船団を攻撃する計画だった。そしてその河内山参謀の回想の中に、次のような記述が見つかった。

八月九日、長崎にＡＢ（原爆 Atomic Bomb の略）が投下された直後、翌一〇日と思われるが、大本営から一大佐参謀が派遣され、集団長と参謀のみを招致し、30ＦＣ（第三十戦闘飛行集団）の作戦計画のＸ日を繰上げる交渉を受けた。

理由として、宮中の上層部で和平の動きが強くなって来たので、軍はこれらの機運を打破する意味から何とかして決号作戦開始を早めたい、といふにあった。

若干のやりとりはあったが、逐次値切られたような形となり、遂に30ＦＣはＸ日を八月一六日と改めて処置するところがあった。

防衛研究所資料「河内山譲少佐回想」より

集団長の三好少将の告発の通り、和平を「ブチコワス」ための特攻作戦が実際に動き始めていたことが、これで確認できた。河内山少佐の回想には「大本営から一大佐参謀」とあるが、その後新たに見つけた資料により、川嶋参謀長と一緒に第六航空軍の高級参謀である鈴木京《たかし》大佐（陸士三五期）が熊本に来て立田山の司令部に泊り込み、攻撃を督促していることが判明したため、鈴木大佐のことを大本営からの参謀と記憶違いした可能性が高い。いずれにしても、和平の「機運を打破する」ため一刻も早く攻撃を仕掛けたいという要請を受けた30ＦＣだが、二〇〇機近い陣容が整っているとはいえ、特攻隊員の多くは下館（群馬）、成増、調布（とも

第 51 戦隊 （下館）	4 式戦・疾風	第 181 振武隊 檜 壹・大尉 （陸士 55 期）	第 182 振武隊 井本 剛・中尉 （陸士 57 期）	第 185 振武隊 増田 収蔵・大尉 （陸士 55 期）	第 186 振武隊 落合 成郎・中尉 （陸士 57 期）
	キ 115	第 229 振武隊 木下 勇・中尉 （陸士 57 期）	第 230 振武隊 武田 孟敦・中尉 （陸士 57 期）		
第 52 戦隊 （下館）	4 式戦・疾風	第 189 振武隊 前原 延造・少佐 （陸士 53 期）	第 190 振武隊 室山 五男・中尉 （陸士 57 期）	第 191 振武隊 原口 一善・少佐 （陸士 53 期）	第 192 振武隊 内藤 博弼・中尉 （陸士 57 期）
第 47 戦隊 （成増）	4 式戦・疾風	第 187 振武隊 服部 利三郎・中尉 （陸士 57 期）	第 188 振武隊 藤井 常男・中尉 （陸士 57 期）	第 193 振武隊 松田 二男・中尉 （陸士 57 期）	第 194 振武隊 堀山 久生・中尉 （陸士 57 期）
	キ 115	第 231 振武隊 郷田 克・中尉 （陸士 57 期）			
第 17 独立飛行中隊 （調布）	100 式司偵	第 267 振武隊 紫垣 次之・少佐 （陸士 53 期）	第 268 振武隊 浜辺正男・大尉 （陸士 55 期）	第 270 振武隊 折原 志津夫・中尉 （航士 57 期）	第 272 振武隊 長沢 隆徳・中尉 （少飛 5 期）
		第 269 振武隊 工藤 敏雄・大尉 （陸士 56 期）	第 271 振武隊 萩原 清臣・中尉 （陸士 57 期）		
第 244 戦隊 （調布）	2 式戦・鍾馗	第 161 振武隊 渋田 一信・中尉 （陸士 57 期）	第 162 振武隊 二宮 嘉計・中尉 （陸士 57 期）	第 163 振武隊 天野 完郎・中尉 （陸士 57 期）	第 164 振武隊 柴山 信一・少佐 （陸士 53 期）
第 62 戦隊 （西筑波）	4 式重爆	第 263 振武隊 渡辺 光男・中尉 （陸士 57 期）	第 264 振武隊 近藤 典郎・中尉 （陸士 57 期）	第 265 振武隊 内田 寧義・中尉 （陸士 57 期）	

第三十戦闘飛行集団の主な特攻隊編制表

に東京）などの各基地で訓練中であり、沖縄まで飛べるだけの練度にあるのはごく一部に過ぎなかった。そして、四式戦闘機「疾風」を装備し下館で訓練中だった四つの隊、計二四機に九州への進出が命じられた。編制表の中の第一八一、第一八二、第一八五、第一八六の四つの振武隊がそれだ。

30FCの元隊員らが戦後にまとめた資料によれば、第一八一振武隊の檜壹大尉は「一三日（九州に向け）出発を決める。出陣食を受領し、隊員は士気旺盛」と書き記し、第一八六振武隊の落合成郎中尉は、命令を受けた際の心境を「澄み切って、益々任務達成の念しか無い」と語り残している。そしてこの四隊に続いて、第一六一から一六四、第一八九から一九二までの計八隊、四八機にも、出撃命令が出されようとしていた。

第一八六振武隊長の落合中尉と陸軍士官学校の同期で、第一九四振武隊の堀山久生《ほりやまひさお》中尉が、東京練馬にご存命と知り、お話を聞かせていただいた。堀山さんは五月二五日に振武隊長を命じられたものの、「疾風」に搭乗して訓練をしたのはわずか二〇時間ほどだった。超低空飛行で敵艦船の喫水線下に突入し、一機一艦を撃沈しようという意気は高かったが、それを実行する技術が伴っていなかったと堀山さんは言う。

僕は特攻隊長としては、半分ぐらいの値打ちしかない男なんだ。超低空の飛行訓練をやっていないから。通常やっていなくても、やったように言う人は多分多いと思うけど、僕は言わない。僕は残念ながら編隊での飛行訓練までしかやっていませんと。だから超低空の本当の怖さっていうのは体験がありませんと。特に超低空で飛んでくると、戦闘機の操縦桿は非常に敏感だから、上がったり下がったりして、修正するのが大変だったと思う。

上の人が与える任務がね、それはきつすぎるとか間違っているとか、そういうこと

は下の方は言えないわけ。上の命令には必ず従わなければならないということは軍人勅諭に書いてある。「朕が命令なりと心得よ」と。軍人勅諭を読んでごらんなさい。それでずっときているわけだ。

でも私どもはね、練習機も含めて一三〇時間ぐらいしか乗っていませんから、「役に立ちません、僕らは捨て石で結構だ」と言った。自分の今置かれた境遇。その存在が意識を決定するとか言うじゃない、フランスか何かの思想家の言葉で。非常に自然だったんですよ。もともとさ、士官学校に来る時点で、命を惜しまない勇ましい男ばかりだから。どんな死に方したっていいじゃないかと。一番怖いのはね、飛行機が焼かれてね、飛行機なしになるのが僕は本当に一番怖かった。特攻隊になれた時はね、ああ助かったと思った。飛行機もらえるから。

死ぬための飛行機でも、もらえるだけうれしかった。この感覚は、沖縄戦以降の戦争末期、実戦経験がまったくないままに特攻隊員となった方たちから聞かされることが多い。フィリピンや沖縄の地上戦では、ろくな武器も持たされないままに死んでいった兵隊たちがたくさんいた。本土決戦では竹槍《たけやり》で突撃しなければならない者もいるだろう。それに比べて、成功すれば多くの敵兵を道連れにできる航空特攻は死に甲斐がある。そんな彼らの悲壮な思いを逆手に取るように、特攻作戦は続けられていった。

30FCの特攻隊長の大部分が、堀山さんと同じ陸軍士官学校の五七期生だ。そして彼らが指揮する隊員たちは、少年飛行兵や特別幹部候補生を出たばかりの、同じく満足に訓練を受けさせてもらえなかった搭乗員たちだ。よほどの僥倖《ぎょうこう》がない限り、戦果などあがるはずもない。そんな攻撃がまさに始まろうとしていた。

こうして動き始めた「X参謀」たちの特攻計画と呼応するかのように、あくまでポツダム宣言受諾に反対する陸軍の主戦派たちも、不穏な動きを始めていた。八月一〇日の朝、降伏を決議した御前会議での結果を踏まえ、阿南陸軍大臣は陸軍省のある東京市ヶ谷台に掘られた巨大な防空壕に省内の高級課員以上を集め、訓示を行った。

諸君に申訳ないが聖断だから致方ない。大切なのは軍が整然と行動することだ。各自が勝手なことをすることはいけない。併し此の度の決定は国体護持を条件としたものである。従って戦争が終ったわけではない。軍は和戦両様の構えで居らねばならぬ。

GHQ「阿南陸相終戦時心境」より

翌、八月一一日。その同じ地下壕に、阿南大臣の義弟である竹下正彦中佐(陸士四二期)を

中心に、稲葉《いなば》正夫《まさお》中佐（四二期）、南清志《みなみきよし》中佐（四三期）、椎崎二郎《しいざきじろう》中佐（四五期）、畑中健二《はたなかけんじ》少佐（四六期）らの陸軍省軍務局の中堅将校らが集った。そして、阿南大臣や梅津参謀総長の翻意をうながし、クーデターを起こして軍政を敷き、和平派を斥《しりぞ》けて天皇に翻意を迫り、陸軍大臣に一切の政治的権力を集中しようと気勢をあげた。彼らは主戦派将校から人望の厚かった軍務局軍事課長の荒尾《あらお》興功《おきかつ》大佐（三五期）を取り込み、一気にその動きを加速させていく。その計画とは、精鋭の「近衛師団」と、本土決戦に備えて関東地方に配置された決戦兵力「東部軍」とを動かし、宮城、重臣閣僚、放送局、陸海軍省、両統帥部を掌握しようという、大胆なものだった。

一方で驚くべきことに、陸軍だけでなく海軍でも、特攻を楯《たて》に取った得体の知れないうごめきが始まろうとしていた。本土決戦に備えて再編制が進められてきたいくつかの航空隊に対し、全機出撃して敵艦隊に突入せよとの命令が下されていたのだ。そうした航空隊のひとつが、フィリピンから台湾に引き揚げて来た零戦搭乗員を中心に昭和二〇年二月に再編され、第一航空艦隊の基幹航空隊として沖縄特攻作戦を戦い抜いた第二〇五海軍航空隊だった。

この二〇五空で最古参の搭乗員だった角田和男中尉は、フィリピンで特攻が始まった直後の昭和一九年一〇月三〇日、「葉桜隊」の直掩隊員として二〇歳前後の隊員たちが次々と敵艦に命中するのを見届けて以来、若者たちの最期を上空から見つめ続けてきた。そんな歴戦の搭乗員にもついに、特攻出撃が命じられる日が来た。

あれは、八月一四日の午後のことでした。宜蘭飛行場の西の山際に新しくできた待機所にいたんですが、搭乗員総員集合がかけられました。二〇五空の指揮を執る第二十九航空戦隊の司令部からひとりの大佐参謀が来て、大本営から「魁《さきがけ》作戦」が発令されたと告げられました。一億総特攻の「魁」として、台湾にあるすべての飛行機は突入せよ、との命令でした。半紙に印刷された書類がひとりひとりに配られて、細かい計画の説明が行われました。二〇五空では沖縄戦を通じて台湾から特攻を繰り返していましたけど、それまでの出撃では、そんな紙が配られたことありませんでしたね。

この時参謀が指示した作戦とは、爆弾を装着した零戦八機と直掩一機がひとつの「中隊」となり、中隊ごとに敵艦に突入し、無事に基地へと戻った直掩機の搭乗員と飛行長などの幹部が第二次攻撃隊となり、爆弾を装着した零戦に乗り全機敵艦に突入する、というものだったという。

私も、ひとつの中隊の直掩を命じられました。この編制表は、あらかじめうちの司令が作ってあったものを提出したのかもしれないですけど、他の隊からやって来た参謀からいろいろと細かな注意を受けていると、司令や飛行長もおられるのにおかしなことをされるな、と思いましたね。すべてが何か、いつもの特攻とは違う感じでした。

この二〇五空に出撃命令を伝えた第二十九航空戦隊の司令官の副官を務めていたのが、大西瀧治郎中将が第一航空艦隊司令長官だった時の副官、門司親徳大尉で、そのいきさつが戦後の回想録に記されている。それによると八月一三日、第二十九航空戦隊を含む台湾の全海軍部隊を束ねる「高雄警備府」から「この際、最後の兵力を動員して、総攻撃を行う。台湾所在兵力は、沖縄に総特攻を行うべし」という主旨の電報が航空戦隊司令部に届いたという。

「この際」という文句が冒頭にあったので、とっさに、ポツダム宣言を受諾する意向が確実であることを直感した。それと同時に、特攻はやるべきではないと思った。戦勢をひっくり返せるならともかく、ポツダム宣言を受諾する方向を決めておいて、前線に体当たりさせることに抵抗を感じた。条件闘争のため、最後の総攻撃を行うのはやむを得ないとしても、今さら特攻攻撃をすることはあるまいと、ひそかに思った。

この命令が「高雄警備府」の独断で出されたものなのか、それとも高雄警備府を管轄する「海軍総隊」から出されたものなのか定かではないが、「海軍総隊」の司令部は、慶應義塾大学の日吉キャンパスに掘られた地下壕に聯合艦隊司令部と共に置かれており、ここから出された何らかの命令が、台湾での特攻準備につながっている可能性は考えられる。

実はこの頃、海軍軍令部では、ポツダム宣言受諾に猛反発する主戦派たちによる、最後の抵抗が行われていた。その中心にいたのが、軍令部次長の大西瀧治郎中将だった。大西は、最高戦争指導会議の一員である軍令部総長の豊田副武大将をたきつけて徹底抗戦を唱えさせていたが、見かねた米内海相が八月一二日に豊田と大西を呼び、一時間半にわたり厳重に注意を与えたという記録が残っている。普段は感情をあらわにすることのない米内が大西を叱りつける大声が、隣の大臣秘書官室にまで聞こえてきたという。

それにも懲りず大西は、翌一三日、午前九時から行われた最高戦争指導会議に「総長に会わせてくれ」と乗り込んでは追い返され、午後には昭和天皇の弟である高松宮を高輪にある宮邸に訪ね「ぜひ、戦争継続のように取り計らっていただきたい」と天皇への言葉添えを願い出ては、「私如き戦わざるものは取り次ぐ資格なし。総長なり次長自身申し上げられたら」と体よく断られている。午後一一時には首相官邸で会談中の豊田、梅津の両総長と東郷外相のもとにやって来て、「日本人の五分の一、あと二千万人が死ぬまで戦えば、最後には日本は勝つ」と持論である「二千万人特攻論」をぶちあげ、次のように述べたという。

私は今次戦争勃発以来、戦争をどうすればよいかということを日夜考えてきたつもりでした。しかし、この両三日ほど、戦争を真剣に考えたことはない。我々は、自分では気づかずにいたが、真に戦争のことを考えたことはなかったのだ。この点は国民全部がそうではなかろうか……。今この真剣さを持って考えたら、必ずよい作戦が策出せられ、陛下を御安心させ申し上げることができよう。

大西はいったいどのような意図で、狂ったとしか見えない行動を取ったのか。特攻隊員として死んでいった前途有為な若者たちの死に報いるためにもっと有利な条件を勝ち取らなければならないと考えたのか、あるいは過激な主戦派をさらに過激な発言で押さえ込み終戦へと導びこうとしていたのか、はたまた日本は徹底的に戦うぞという姿勢を見せることで外交交渉を有利に導こうとしていたのか。大西は本来「狂気の暴将」ではなかったという関係者も多いため、さまざまな可能性が取りざたされてきたが、定かなことは分からない。しかし大西がいかなる意図でこのような行動に出たにせよ、結果的にその行動は、海軍内に大きな混乱を引き起こしていた。

台湾の二〇五空を含む海軍航空隊になぜ、特攻命令は下されたのか。その謎を解く資料を長らく探してきたが、どうしても見つけることができなかった。仮にそのような命令が出されていたとしても、その証拠は失われてしまっているのではないか。もうこれ以上深追いをするのはやめようと考えた僕は、最後にもう一度、軍令部の作戦部長である富岡少将への取材テープを聞き直してみることにした。カセット二本分、三時間以上にも及ぶインタビューであるため、何か聞き漏らしているかもしれないと思ったからだ。

富岡の、淀みのない語りにじっと耳を傾ける。そして、いよいよ取材テープも終わろうかという頃、富岡が突如、気になることを語り出した。

作戦部長は矛を置けと言うまで戦うんだけども、政治問題ですからね実際のところ。それだからもう最後の時まで「総攻撃用意」というのがかかってるわけです、天皇命令としてもですよ、実際言うと。天皇さんそれをお許しになってるわけです。向こうが受諾しなけりゃ総攻撃だと。勝ち目があるないの問題じゃない。その用意

がほんとに出てるんですから。だから部隊の方じゃあ、もう前日まで総攻撃用意まで出て、いつでも特攻で飛び込んでやろうという時に天皇さんの玉音放送があったんですから、これは戸惑ったでしょう。

富岡定俊証言（読売新聞社「昭和史の天皇」取材資料）より

記者がそれ以上追及しなかったため、そこで話は終わってしまったが、この証言こそが、終戦間際に動き出した、海軍の秘密特攻作戦にもまた、政治的な思惑が強く働いていた可能性を示す、貴重な資料だった。

「天皇」が「それをお許しになってる」という点に関しては、終戦間際の天皇の言動を考えると富岡の記憶違いである可能性が高いが、興味深いのは、「向こうが受諾しなけりゃ総攻撃だと。勝ち目があるないの問題じゃない」と語る軍令部の作戦意図だ。終戦の直前、「向こう」つまり連合国側が受け入れるかどうか日本側が気にしていた問題。それは、一〇日未明にポツダム宣言受諾を決定した際に激論となった、はたして国体は護持されるのかという一点だった。阿南陸軍大臣、梅津参謀総長、そして軍令部総長である豊田の三名は、この「国体護持」の条件が受け入れられるまでポツダム宣言は受諾するべきではない、と最後まで強硬に反対していた。

富岡の証言が事実であれば、八月一〇日以降、豊田総長、大西次長、そして富岡作戦部長の軍令部トップ3は、国体護持を確実に勝ち取る交渉材料として、本土決戦のために温存していた特攻隊員に死を命じることを視野に入れた作戦準備に入っていた可能性が高い。それはつまり、国体護持が連合国側から明言されない場合は、特攻隊員たちを突入させることもありうるということを意味している。問題なのは、このポツダム宣言受諾が、天皇の聖断のもと、最高戦争指導会議という場で既に正式に決議されたことであり、「国体護持」のための特攻作戦は、それを覆す恐れが十分にあるということだった。本来は作戦の立案を本分とする組織であるにもかかわらず、みずからの政治的な信念を達成するためにあたかも私兵であるかのように特攻隊員を使う。目的は微妙に違いこそすれ、和平を「ブチコワス」ために特攻隊員の命を利用しようとした陸軍の「X参謀」たちと通じるものがそこにはある。フィリピンで特攻作戦が始まって九か月余り。特攻隊員たちの命は、軍上層部の使い勝手の良い駒に過ぎなくなってしまっていたのではないだろうか。

しかし幸運なことに、台湾の第二十九航空戦隊に特攻出撃命令が届いた八月一三日から翌一四日にかけて、事態は急速に移り変わっていった。一四日朝、大西は米内を再度訪ね、「二千万特攻論」を改めて唱えたが、一時間に及ぶ激論ののち、ついに大西は米内に屈し、無条件降伏を受け入れることに同意した。午前一一時からは、天皇の発意で第二回御前会議が開かれ、あくまで「国体護持」を保証するよう連合国側に求める阿南、梅津、豊田ら三人の反対を押さえ込む形で、ポツダム宣言の無条件受諾が最終的に決定された。

同じ一四日、「X参謀」と通じていた可能性が考えられる陸軍の徹底抗戦派もまた、作戦を断念せざるを得ない状況に追い込まれていった。朝七時、阿南大臣は義弟である竹下中佐らの激しい突きあげに折れ、軍事課長の荒尾大佐を伴い、梅津参謀総長のもとへと向かった。しかし、梅津の部屋を退出し、竹下らの前に姿を現した阿南は、「総長は不同意と言われたので、クーデターは取りやめる」と言葉少なに告げた。竹下らは、国を動かすには全陸軍が一致団結した行動を必要とすると考えており、総長の同意はクーデター実行の絶対条件と考えていた。そして、午前一一時から行われた最後の御前会議で無条件降伏が最終的に決議され、阿南大臣から「最後の御聖断が降り、終戦詔勅発布にとりかかる段階になり、もう何ともならぬ」「もうここ迄事が運んでしまったからには、私が辞職を申し立てたところで詔勅は発布されるであろう」と聞かされ、万事休すと観念した。そして、竹下らのグループの中からは、あくまで決起を諦めきれない椎崎中佐、畑中少佐の二名が中心となり、八月一五日の正午に流される天皇の肉声を吹き込んだ「玉音盤」を奪おうとする、いわゆる「宮城事件」を引き起こしていくことになる。

こうした主戦派たちのつまずきは、陸軍省や参謀本部の中枢にいる者から第六航空軍へ、さらには出撃準備を進める第三十戦闘飛行集団へと影響を及ぼしていったようだ。八月一四日、飛行集団司令部の幕僚のうち、高橋太郎参謀が都城西基地に、河内山参謀が万世基地に赴き、和平を「ブチコワス」ための特攻作戦を実行に移す体制が整おうとしていた。その一方で、六航軍司令部からは不可解な暗号電報が届くようになり、河内山参謀らを混乱させていた。

万世で私が受取った暗号電報がおかしいのですね。「攻撃第一日は一七日に延期する」という命令がきたと思うと、追掛けて「前回の変更命令は訂正する。攻撃は予定通り」。こういう有様です。

田中耕二他編『日本陸軍航空秘話』より

第六航空軍と熊本市立田山にある第三十戦闘飛行集団司令部との間にどのようなやりとりが交わされていたのか、その内実を知る幕僚はひとりも生きておらず、詳しいことは分からない。ただし、飛行集団の司令部には、明確な形で作戦中止命令が届いてはいなかったようだ。一四日の一五時には、30FCの偵察機が、熊本の飛行場を離陸して沖縄の敵艦船偵察に向かっているからだ。この偵察機は、一八時頃に沖縄本島上空に到着。機体を左右に傾けながら時速八〇〇キロで一気に島の上空を通過し、沖縄周辺の敵艦隊の撮影に成功し、夜遅く、熊本飛行場に

着陸した。立田山の司令部までサイドカーを飛ばし至急写真を現像したところ、そこには、四〇〇隻にも及ぶ敵艦船が碇泊していることが確認されたという。たかだか数十機で四〇〇隻の敵艦隊に特攻をかけたところで効果はなく、返り討ちにあうのが関の山だが、知覧や万世に進出しつつあった振武隊の隊員たちに攻撃中止が命じられることはなかった。

その頃、二〇五空の角田中尉らも、海軍の偵察機が写した沖縄本島周辺に停泊中の敵艦隊の写真を見せられ、中隊ごとに、輸送船団、空母、戦艦などの目標が指示されていった。

いやあ、海の上に敵艦がびっしりという感じでしたね。これなら目をつむっていてもどこかには当たるだろうと思いました。私の中隊が突入するよう命じられたのは、戦艦でした。

戦艦に体当たりしたところで、大した戦果はあげられません。でも、仕方がないなあと思いましたね。「戦いがここまで劣勢になっては、講和はできないだろう。国の行方は心配だけど、戦える飛行機のあるうちは、指導者たちは手をあげられないのだろう」と思いました。行くところまで行き着いてしまったのだ、という感じでしたね。

この言葉には、フィリピンから沖縄まで、特攻の一部始終をその目で見てきた角田さんの、

心情が表れている。特攻がフィリピンで始まった当初は、一機一艦の信念で大戦果をあげれば戦いの流れを変えられるかもしれない、と希望を抱いた。やがて、敵の大艦隊を相手に所詮は多勢に無勢と気づいたものの、特攻は「それほどまでやらねばならぬのなら、戦争はやめよう」と天皇に決意させるための作戦だと聞かされ、「特攻の目的は戦果をあげることにあらず、死ぬことにあり」とみずからを納得させた。そして迎えた昭和二〇年八月、沖縄も敵の手に落ち、もはや降伏するしかないのは分かりきっているのに、それでも誰も手をあげてくれない。結局は、戦える搭乗員が根こそぎいなくなるまで日本は戦争をやめられないのだな、自分が死んでも、まだまだたくさんの人間が死なねばならないのだな、そんなやり場のない思いが、角田さんの言葉には込められていた。

同じ頃、そうした「諦め」は、日本中の航空隊に広がっていた。「遠足にでも行くような気分じゃった。ようやく死ぬる時が来たという。深刻な気分になんてならなかったわい」と語るのは、精鋭部隊「第六〇一海軍航空隊」の零戦搭乗員だった藤本速雄・上飛曹だ。原田嘉太男・飛曹長ら「第二御楯隊」を硫黄島に送り出した後も、第三御楯隊を始め多くの特攻隊を沖縄に送り出した六〇一空では戦力が大きく低下しており、終戦間際は茨城県にある百里基地で特攻訓練を続けていた。飛行場周辺の寺に分かれて宿泊していた藤本さんたちのもとに伝令がやって来て総員集合を告げたのは、八月一五日の朝のことだった。

何時頃だったか、八時頃だったか九時頃だったか、総員集合がかかった。「搭乗員、飛行場へ」って。それで私は駆け足でどんどん行った。その時に飛行場で受けた命令が、「六〇一空は全機東京湾沖、アメリカ機動部隊に突入すべし」だったのよ。全機。百里にいる零戦隊と艦爆隊、それと木更津にいる艦攻隊が東京湾上空一〇〇〇メートルで一二時に集合して、それで敵艦隊に突入するんだと。

いよいよ来たぞと。今日が最後か。よし、行こうじゃないかと。その時はね、他のことは何も考えなんだ。もう何も言うことも残すこともないと。今日は行くぞ、ぐらいだった。悲しみも建前も本音も何もなかった。来たぞ、行くぞ、最後だぞっていう気持ちじゃった。遠足にでも行くような。

（質問）それはどうしてですか？

どうせ死ぬなら今日でいい、という気だったのだと思う。全機突入せよだから。戦争が終わりそうだっていうのは聞いていないんだから。全機突入、今日はやるぞ、激しいぞ、私もそういう気持ちやった。それで私は髪と爪を切って腕時計を外して、ちょうど整備員に、郷里の学生時分の同級生がおったからそれに渡して、もし機会があったら、わし、松山のここだから渡してくれって頼んで渡しておいて。それから飛行機に乗って、出発時間が、一一時前ぐらいだったと思う。

六〇一空だけではない。本土決戦の切り札とされたある部隊にも、出撃命令が出ていた。千葉県の木更津基地を拠点とする第七二三海軍航空隊だ。この部隊に配属されていたのは、海軍の偵察機「彩雲」だった。この「彩雲」とは、アメリカの新鋭機グラマンF6F戦闘機を速度で上回り、「我に追いつくグラマンなし」と搭乗員たちから厚い信頼を寄せられていた高性能偵察機で、七二三空はその彩雲を特攻に使うため六月に編制されたばかりの航空隊だった。七二三空の基地があった木更津で出撃命令を受けたのが、沖縄戦のさなか、台湾虎尾基地を拠点とする赤とんぼ特攻隊「龍虎隊」の一員だった庭月野英樹さんだった。一五日に出撃と告げられた庭月野さんは、死を前にして、不思議な高揚感の中にいた。

この飛行機、彩雲という飛行機なら、棺桶として申し分ないなと思いましたね。他に残っている飛行機が、もう練習機みたいな飛行機ばかりですからね。そんなんで特攻に行かされたのを見てるとですよ、申し分ないなと。この飛行機で成功できなきゃ、どれで成功するんだろうという感覚でしたね。

（質問）その日、出撃まではどのように過ごしたんですか？

もうその時はですね、特に外出もしないし、隊の中で過ごしていましたね。もう考えることもない。それ以前からもう、親のことも考えていませんでしたね。

とにかく、この飛行機で行くほど名誉なことはないと思っていましたね。彩雲で行けるということが名誉だった。

さらに、さまざまな資料をあたっていくと、機上練習機「白菊」の徳島航空隊、複葉の練習機「赤とんぼ」の第一三二航空隊や峯山航空隊など、多くの航空隊に「全機特攻出撃」が命じられていたことが分かってきた。特攻命令を受けた各航空隊では、出撃準備が着々と整えられていった。

正午に東京湾上空一〇〇〇メートルに集合予定だった六〇一空の搭乗員、藤本速雄・上飛曹は、茨城県の百里基地の滑走路脇に並べられた零戦に乗り込み、最後の点検をし、あとは出撃の合図を待つだけだった。

「もう大丈夫だ、行くから下りろ」って整備員を下ろして、もうそろそろ隊長機が出るかなって思ってたらね、前の滑走路を、ひとりの兵隊が旗振って走って来た。待て！　待て！　待て！　って。今さら待てってってどういうことかいなって思ったら、いったん集合ということで。それで、滑走路わきの戦闘指揮所前に集合したら、今から何か大事な放送があるんだということで、それでも私らは、これで戦争が終わるということは気がつかんのよね。いよいよこれから一億総決戦の時が来たっていう訓示でもあるのだと思っていた。

そんなら放送があったでしょうが。あれが割とはっきり聞こえたの。天皇陛下の。ああ、戦争これやめるんか、負けたんか、やめるんかなってピンと来たね。それと同時に、あ、これで命が助かるのかなと、両方がいっぺんに来た。これでもう死なずに済むのかなっていうのと、戦争が終わるのかな、やめるのかなっていうのと、両方がいっぺんにパッと来たね。それから宿舎に戻って、二日ぐらい寝たね。ゴーゴーゴーゴー。あれ精神的な疲れだね。二日間ぐらいゴーゴー、食べては寝て食べては寝てした、みんな。

一方、台湾の二〇五空では、一四日には稼働全機が宜蘭基地や石垣島へと進出しており、一五日午前には出撃する予定だったが、司令の判断で出撃待機が命じられていた。「正午に重大放送がある」という無電を受けていたからだった。「戦争に関して、何か重大な変化が中央で起りつつあることが感じられた。私に限らず、台湾の司令部の人々は、『終戦』と予感したのではなかろうか」と、第二十九航空戦隊の門司大尉は回想している。

ラジオは、雑音が多くて、内容が正確には聞きとれなかった。しかし、私は、間違いなく戦争が終わったのだと思った。涙は流れなかった。あらゆることが、自然のように思われた。(中略)

二〇五空の特攻隊も、出撃することなく終わった。ほっとした気持であった。日本はこれからどうなるのか。われわれはこれからどうなるのか――。こういう気がかりはあったが、台湾の各航空隊は冷静であった。戦争に関して、やるべきことは、もうやってきたのだという感じであったに違いない。終戦に反対する厚木航空隊から、檄文《げきぶん》のような電報も来たが、麾下《きか》の部隊から、動揺の連絡はなかった。

門司親徳『空と海の涯で』より

門司大尉の回想が正しければ、二〇五空は出撃停止命令を受けていない。あくまで現地の判断で出撃が取りやめられ、搭乗員の命が救われたことになる。当時一九歳、四度にわたって特攻出撃したものの、いずれも敵を見ることなく引き返していた長田利平《おさだりへい》・一飛曹も、そうして命を救われたひとりだった。

街をぶらぶらしていたら台湾人の床屋の親父さんがね、「兵隊さん、戦争終わったよ」って言うんだよね。「今ラジオが言った。戦争が終わった」なんて。「馬鹿、親父、デマ放送だから、憲兵に連れていかれるぞ」なんて。「でも今ラジオ言ったよ」なんて言っているんだよね。

そうこうしているうちに、五十嵐さん（要務士）がトラックでまた迎えに来てね、そうしたら耳元へね、「長田兵曹、戦争終わったよ」って。「え？　嘘でしょ？　じゃあ内地に帰れるの？」「帰れるよ」って言うんだよね。「今、電報を受領してきた。司令が発表するまで黙っていろ」って。

いやあその時はほんと、無罪放免になったような感じね。うれしかったねぇ。一五日に突っ込まなきゃいけないやつが、生きて帰れるんだって。夢みたいな話だって。今まで張り詰めてね、死ぬっていうあれが……。死から生を得るんですからね。生きられるっていうことは、いかに大事かっていうのが分かりますよね、生命の尊さがね。生きるうれしさ、生きているうれしさっていうのがね。そうするともう、もうすぐね、郷里の山や川が浮かんできて、ああ、あそこへ帰れるんだって。もう二度と帰れないと思っていたところですからね。ほんとうれしかったですよね。

長田・一飛曹と予科練の同期で、同じく四回出撃しながら敵艦を見つけられず突入できなかった井上廣治《いのうえひろじ》・一飛曹は、後ろ指をさされないようにいかに立派に戦死するかだけを考えて、沖縄戦の三か月を戦っていた。当時まだ一八歳だった井上さんにとって降伏とは、戦争で命を散らすことだけを教え込まれてきた少年兵たちが、世の中には自分の人生を豊かにするさまざまな価値観があるということに初めて気づかされた瞬間でもあった。

いやぁうれしい。戦争終わってよかったなぁと思って。これから先どうなるか分かんないけど、とにかくもう突っ込むことはやらないで済むと。南の島に連れていかれて捕虜生活を鎖でつながれながらやるにしても死ぬことはないから。自分から突っ込むようなことはないんだから、よかったなぁと思って。

なかには元気のいい飛曹長がいましてね、「整備員をおどかして今から沖縄へ突っ込むからついて来い」なんて呼びかけもあったんですよ。だけどそうなるともう、死ぬってことが恐ろしくなっちゃうんですね。それまでは本当に、一八、九で死ぬことは、平気ってことはないですけど、まあこれはしょうがないと思っていたけど、いったん敗戦と聞いたらね、やれ生き延びたと次の生き方を考えちゃうから、とても死ぬ気にはなれなくなっちゃうんですね。

本当に昨日までは、死ななきゃ死ななきゃ、いい死に方をしたいと思っていたのが、死なないで済むとなったらガラッと変わっちゃいますよ、人間。どんな不良生活でもいいから命を捨てることはないんだと。こんないい時代もないよなって思ってね。こんな自由なことが本当に許されるのかなと思って、自分でびっくりするほど楽しかったね。

長田さんや井上さんは、隊の中でも若い年代の搭乗員だったため、新しい人生の門出を無条件で受け入れているが、ベテラン搭乗員となると様子は違ってくる。多くの若者の特攻隊員の最期を見守ってきた角田和男中尉は、この時二六歳、妻子のいる身ではあったが、終戦のこととなると、いつも言葉少なだった。

ようやく、ようやくやめてくれたか、というのが率直な感想です。自分だけ生き残りたいとは思っていません。逃げようなんて思っていません。でも、早くこの戦争をやめなければとんでもないことになるとずっと思っていましたから。
でも終戦時の心境については、私は今になってもうまく言えませんねぇ。フィリピンで特攻隊員を命じられた直後に撮られた写真（二七頁）と、台湾で終戦後に撮られた写真、この二枚の表情からお察しください。

角田さんが台湾からの引揚船に乗って鹿児島に上陸するのは、その年の暮れ、一二月二九日のことで、千葉県房総半島の南端近くにある実家にたどり着いたのは、翌昭和二一年の元日のことだった。日章旗の波と万歳の声に送られて、予科練に入隊してから、一二年の月日が経っていた。

角田和男さん。終戦直後に台湾で撮影

こうして終戦間際に海軍で動き始めた「特攻作戦」は、実行に移されることなく、終わりを迎えていった。それでは、和平を「ブチコワス」ために計画された陸軍の第三十戦闘飛行集団の特攻作戦は、その後どうなったのか。「X参謀」こと川嶋虎之輔少将と共に福岡の第六航空軍司令部からやって来た鈴木京大佐の指示により、都城や万世の基地では当初の予定通り、八月一五日から翌一六日にかけて、大規模な体当たり攻撃の準備が進められていた。一四日の時点で、第六航空軍から第三十戦闘飛行集団に対して、作戦の中止命令が出されていたという証言もあるが、少なくともその命令は、万世基地で指揮を執っていた河内山参謀のもとまでは届いていなかった。河内山参謀はこう述懐している。

明くれば八月一五日。黎明の知覧地区は物凄い濃霧でした。日出直前に発進する予定の特攻隊の出発はやや遅れます。そして編隊長機はようやく離陸したが列機がどうしても離陸できない。霧はなかなか晴れないのです。

立花飛行団長は、その日の特攻発進を延期する事について私に同意を求められました。私は立田山地下壕の幕僚調整と異様な昨日午後の電文の状況が頭をかすめましたので、とりあえず発進を中止、着陸させることに同意しました。

田中耕二他編『日本陸軍航空秘話』より

八月のこの時期には珍しく、基地の周辺は朝から深い霧に包まれていた。そうこうしているうちに正午の玉音放送となり、河内山参謀の独断により攻撃は中止された。一方、同じく出撃準備を整えていた宮崎の都城飛行場では、玉音放送を聞いてもなお、体当たり攻撃をかけようという気運が高まっていた。一六日早朝に出撃を命じられていた第一八三振武隊の隊員だった少年飛行兵、福本忠美伍長が残した手記には、次のようにある。

十五日正午、全員整列し陛下の放送をお聴きしたが、酷い雑音で何を言われたか皆目判らなかった。しかし何はともあれ、お声だけは聞かれたのだから冥土の土産にはなる。〝さあ、明朝の攻撃準備だ〟と全員奮い立った。

その夕方、連絡当番だった私は定時に本部に赴いた。ところが連絡将校の言葉に耳を疑った。曰く「日本は降伏したそうです……」と、私の判断では何も言えないので、急いで隊長のもとに戻ってこの話をすると、しばらく思案した隊長は、「俺が帰ってくるまで誰にも話をするな」と本部に赴いたがほどなく帰ってこられ、全員を集めて「日本は降伏した。命令系統が混沌としているのでよく判らないが、私は師団司令部の命令に従う。よって明朝の払暁攻撃は断固決行する。但し残りたいものは残ってよい」と決意を込めて宣言した。

他の戦友は既に突入している。今まで生死を共にしてきて何で残れるものか、全員口を揃《そろ》えてお供しますと答えた。隊長満足そうに「そうか俺に命を預けてくれるか、それでは明日の準備にかかれ」。

その晩は、整備を終えた機付兵も次々と駆けつけて最後の壮行会となった。程々に切り上げて若干仮眠をとり、翌朝八月十六日四時起床、飛行場へと急いだ。飛行場では、すでに二五〇キロ爆弾二個を装着した四式戦「疾風」が、轟々と爆音をあげ試運転をしている。が、どうしたことであろうか、飛行場は一面の霧が立ち込め、十メートル先も見えない。隊長曰く「是は霧の晴れるのを待つしかない、各自ピストで仮眠をとれ」。昨夜の寝不足を心配しての心遣いである。

どれ程の時間まどろんだか、集合がかかった。見ると霧は僅かであるが晴れてきている。だが飛行場の端はまだ見えない。最後の打合せをしていると、一台の自動車が飛行場を突っ切ってきた。停車するなり

「この攻撃、待ったッ――」と制止の大声、兵団長閣下の使者である。両隊長を呼び、攻撃中止を伝えた。

少飛第十四期生会編『少飛第十四期生のあゆみ』より

この「兵団長閣下の使者」とは、いったい誰なのか。熊本の第三十戦闘飛行集団司令部から都城西飛行場に派遣されていた参謀の高橋太郎中佐の可能性も考えられるが、それが誰であるにせよ、異変に気づいた上官のとっさの機転により、福本伍長ら一二人の隊員たちは、無駄に命を散らすことなく、終戦を迎えることとなった。

間もなく隊長より詳しい状況説明があり、正式に攻撃中止が宣告された。正に劇的である。皆一様に膝から飛行場に崩れこみ、何の涙か頬を伝わって流れ落ちた。正に刀折れ矢尽きた感じである。やがて気を取り直して、三角兵舎に戻った。(中略)

別に纏めるような私物もなく呆然としていたとき、突然裏山で〝バーン〟と銃声一発。はっと我に返り皆で行ってみると、特別操縦見習士官出身の林少尉の壮烈な自決であった。(中略)

彼は一度出撃し、故障のため引っ返し、再度私たちと一緒に出撃するはずであった。自分の本隊は既に出撃し、全員突入したのに自分だけ生き延びては帰れないと、覚悟の自決であった。

私たちの特攻は、林少尉自決の一発で終止符を打った。

福本忠美「私の特攻顚末記」少飛第十四期生会編『少飛第十四期生のあゆみ』より

こうして一〇か月に及んだ特攻作戦は、ついにその幕を閉じた。玉音放送の流れる八月一五日を期して計画されていた特攻作戦に関しては、これまで断片的にその存在が知られてはいたが、どのように命令が伝達され、どのような経緯で中止に至ったのか、詳《つまび》らかにできなかった部分も多々残った。

なぜそれらの事実が、歴史の中に埋もれてしまったのか。僕は当初、その理由は、和平を「ブチコワス」、あるいはそれに準じた政治的な目的を達成するために計画された故の後ろめたさにあるのだろうと思い、取材を進めていた。しかし次第に、その仮説は間違いなのではないかという思いが強くなってきた。彼らは、後ろめたいから記録に残さなかったのではない。罪の意識がまったくなく、特筆すべきという意識がなかったが故に、残さなかったのではないか。だからこそ、終戦から一〇年が過ぎて、第三十戦闘飛行集団の三好・元集団長は、すべてがなかったことにされているこの秘密の特攻作戦の一部始終を検証してほしいと訴えたのだろう。

この特攻作戦の立案に関わった者たちに、今からインタビューをすることはできない。既に全員が鬼籍に入ってしまっているからだ。しかし、彼らの一部が残した著作物を読んだり過去のインタビュー音声を聞いたりしていると、その邪気のなさにしばしば驚かされる。和平を「ブチコワス」ための特攻作戦についてわずかに触れていた『日本陸軍航空秘話』にしても、フィリピンで陸軍特攻の旗振り役となった元参謀の田中少佐を中心とする座談会を収めたものであり、元陸軍参謀たちの昔語り的で和やかな雰囲気の中で、よい思い出としてわずかに言及されているに過ぎない。

昭和二〇年八月、搭乗員たちがみずからの命と引き換えに敵艦に突入していくことはあまりにありふれた、当たり前のことだった。命令する側も、おおよその場合、自分もいずれは国のために死ぬ運命にある、自分も必ず隊員たちの後を追う、と考えていたが故に命じることができたのだろうが、特攻はその一〇か月の間に、一死もって国の命運を救おうという若者たちの純真な心情を利用し、自身の信念や誇り、あるいは保身のための道具として利用して差し支えないという錯誤を生み出してしまうほど、変質してしまっていた。あの夏、この国には、そんな「X参謀」が、溢れていた。

八月一五日午後、第六航空軍の高級参謀・鈴木京大佐は、福岡市の山の中に掘られた六航軍の司令部壕で、特攻隊員たちに取り囲まれていた。

「今から特攻に出させてください」「あれだけ特攻隊を送り出して、このまま降伏ができますか」「高級参謀は命が惜しいのですか?」

沖縄特攻作戦を通じて、六航軍では特攻により七〇〇人近い戦死者を出していた。鈴木大佐自身は沖縄戦終盤の六月八日に着任しているため、直々に送り出した特攻隊員は少ないが、軍司令官の菅原道大中将は、三月末の作戦開始以来、「特攻隊は後から続く。また我々も最後の一機に搭乗して、諸士の後に続く」と訓示をし、特攻隊員たちに死を命じてきた。

「責任を取るべきだ」と考えていた鈴木大佐のもとに、同じ沖縄特攻作戦で多くの若者を送り出した海軍の第五航空艦隊司令長官・宇垣纏中将が、部下を連れて特攻出撃をしたという知らせが入って来た。「よしやろう」と決意した鈴木は、重爆撃機一機を用意し、爆弾を装着させ、出撃の準備を整えさせた。

夜八時。鈴木大佐は、軍司令官の部屋に行き、「軍司令官閣下もご決心なさるべきかと思います。重爆一機、用意をいたしました。鈴木もお供します」と進言した。

その時菅原中将は、参謀長の川嶋少将と共に協議をしている最中だった。終戦直前に六航軍に配属され、X参謀として立ち回ったものの結局は戦死者を出していない川嶋には、死ななければならない理由はなく、軍司令官である菅原中将に視線を投げかけた。その菅原は困惑したような表情を浮かべた後、鈴木大佐に向かってこう述べたという。「海軍がやったとしても、自分はこれからの後始末が大事だと思う。死ぬばかりが責任を果たしたことにならない。それよりは、後の始末をよくしたいと思う」

宇垣は「自分も後から続く」という約束を守ったものの、一七名の部下を道連れにしたことで「浅はかな指揮官」と大きな批判を浴びた。菅原は「死ぬばかりが責任ではない」と出撃しなかったことで部下を巻き添えにしなかったが、「ひきょう者」と罵られた。

そして陸海軍を問わず、特攻に関わった参謀たちのうち驚くほど多くの者が、航空自衛隊の創建に深く関わり、その要職を占めていった。

エピローグ

それぞれの「道」

二〇一六年四月一五日、僕は、電車とバスを乗り継ぎ、静岡県の富士の裾野に広がる、とある墓苑へと向かっていた。よく晴れた、穏やかな一日だった。道中、五合目付近まで雪に覆われた富士山が、春霞のかかった青空をバックに堂々たる姿を見せており、墓苑ではバスの降車場から続く桜並木が満開を迎えていて、いつの時代も変わらぬ季節の移ろいを楽しむ人びとで賑わっていた。ここは、戦後五〇年のすべてを特攻隊員の慰霊に捧げた水野帝さんが、その生前から、みずからの墓所と決めていた場所だった。帝さんは八人兄弟の長男だったが、熊本八代にある家は弟が継いでおり、実家には戦後復員してからの一時期、世話になっただけだった。「帝は、富士山と桜がほんとうに大好きでしたから」。帝さんの長い戦後を支えた妻の妙子さんは、そう教えてくれた。この場所を一目で気に入り、墓をここに決めたのは帝さんだったが、探してきたのは妙子さんだった。

本来僕はこの桜並木を、妙子さん、そして帝さんと同様フィリピンで特攻隊の直掩隊長を務め、戦後は無二の親友となった有川覚治さんと歩いているはずだった。二〇一六年は、帝さんが亡くなってちょうど二〇年目の節目の年にあたる。「春が来て、桜がきれいな時期になったら、一緒に帝さんのお墓参りに行きませんか」。そんな誘いにおふたりは快く応じてくださっていたのだが、妙子さんも有川さんも、今年に入って急に体調を崩し、自由に外を出歩けなくなってしまっていた。無理もないことだ。妙子さんは今年で九一歳、有川さんは九三歳だ。

妙子さんによれば、帝さんの墓は、丘陵に広がるこの広大な墓苑の奥まった場所にあるという。桜並木をぶらぶらと歩きながら、僕はせっかくここまで来たのなら、と少し寄り道をすることにした。この墓苑には、大西瀧治郎中将の副官を務めた門司親徳さんも眠っており、今から四年前、門司さんのご子息の好意で五回忌の法要に参加させていただき、お参りしたことがあった。区画名も番号も分からないなか、何万と並ぶお墓から探し出すのはさすがに難しいかなとも思ったが、五年前に訪れた時の情景がふしぎと脳裡に焼きついていて、その記憶と目の前の景色とを照らし合わせながら歩いていたら、幸運にも見つけることができた。

僕は残念ながら、生前の門司さんにお会いすることはかなわなかった。正確に言えば、お会いするチャンスはあり、勧めてくれる人はいたのだが、先延ばしにしている間に門司さんが体調を崩し、その機会を逃してしまったのだ。誘いをかけられたのは二〇〇六年頃のことだった。僕は元搭乗員の方々への取材を始めたばかりで、「特攻」という重いテーマにどう向き合えばよいのか、まだ覚悟が定まっていなかった。門司さんにお話を聞く以上は「特攻」のことは避けて通れず、「恐ろしくシャープで、うっかり質問ができない」と言う人もいた門司さんに、覚悟のなさを見透かされるのが怖かったのかもしれない。二七歳で終戦を迎えた門司さんが九〇歳で亡くなったのは、平成二〇年八月一六日のことで、それは奇しくも大西中将が自決した日である「昭和二〇年八月一六日」と年号違いの同じ日だったわけだが、亡くなる少し前、もはや門司さんにお話を聞くのは難しいと知らされた時、どんなに未熟であっても話を聞いておくべきだったと深く後悔したことを、今も覚えている。そしてその後悔が、今まで取材を続ける原動力となった。

東京帝国大学の経済学部を卒業し、日本興業銀行に入行した直後の一九四一年四月に海軍へ志願して「主計科士官」となった門司さんは、戦後、銀行員として再出発してキャリアを積み、丸三証券の社長を務めた後、人生最後の三〇年を戦没者の慰霊に捧げた。毎年一〇月二五日、つまり海軍の第一航空艦隊が編制した「敷島隊」がフィリピンで初めて敵艦に突入し戦果をあげたまさにその日に港区芝公園の「安蓮社《あんれんじゃ》」でひっそり執り行われていた特攻隊員の慰霊法要「神風忌《じんぷうき》」にも、門司さんは参加するようになった。この神風忌は、終戦の翌年、特攻作戦の中心にいた海軍の将官や佐官らにより始められたものだった。彼らひとりひとりがいったいどのような思いでこの法要に参加していたのか、今となっては知る術はない。そして、発足以来長らく幹事を務めていた猪口力平・元第一航空艦隊先任参謀が亡くなり、それを継いだ冨士信夫・元第二十九航空戦隊参謀もまた八七歳の天寿を全うした二〇〇五年、六〇回目となる法要を最後に、安蓮社と話をつけ、幕引きをしたのが、門司さんだった。

戦後六〇年余り、日本という国の変遷を見つめ、特攻で死んでいった若者たちの慰霊に力を尽くした門司さんを思い、瞑目した。

門司さんの墓を後にし、なだらかな坂道を一〇分ほど登っていった先、見晴らしのよい丘の中腹に水野帝さんの墓はあった。墓苑が手入れしているのであろう、墓石の周りに並ぶ黄色や紫のかわいらしい花が、ひとり墓に眠る帝さんを慰めているかのようだった。しかしその墓は、周りに並ぶ無数の墓石とは一風変わっていた。普通は「〇〇家」と刻まれている墓石の中央に彫られていたのは、「水野家」という家名ではなく、太い武骨な筆致の「道」という一文字だけだった。この一文字には、特攻隊員の慰霊に生涯を捧げた帝さんの強い思いが込められているに違いない。そんなことを考えながら墓に手を合わせて帝さんにご挨拶をし、墓参りの報告を兼ねて妙子さんに電話をした。桜がとてもきれいであったことをお伝えしたついでに、墓に刻まれている「道」という文字に込められた帝さんの思いを尋ねたところ、いつもの柔らかい言葉遣いで、思わぬ答えが返って来た。

あの文字は、帝に頼まれたものではございません。私が自分の思いで刻んでもらったものでございます。帝の人生は、すべて特攻というものに捧げられたものでございましたし、生半可なものではございませんでした。それでも帝はその生半可ではない道を最後までまっすぐに歩いたと私は理解しておりますので、『道』という一言が帝にはふさわしいかなと思い、刻んでいただいたのでございます。

敗戦の九年後に帝さんと結婚した妙子さんは、特攻というものに翻弄された帝さんの人生を、四〇年以上、その傍らで支え続けた。寝ても覚めても特攻で亡くなった若者たちのことばかりを考え、遺族を慰めることに心を砕き、「ご遺族と靖国神社にお参りに行ってくる」と妻や三人の娘をおざなりにすることもあった夫に対し、時に息苦しさを覚えることもあったという。「喧嘩は一度もしたことはありません。だっていつも正しいことを言うんですから。喧嘩のしようがないじゃありませんか。でも正直、夫の思いを占めているものに対して、妬きたくなることもございましたよ」。ある時、いつものように帝さんが残した資料を調べるため家にお邪魔していた僕に、休憩時間、お茶を飲みながら妙子さんが冗談っぽく漏らしたことがあった。妙子さんは今でも、帝さんの思いをどこまで理解してあげられていたのか、ふと考えることがあるという。「今でも夢に出て来るんですよ、帝が。昔みたいに、何もしゃべらないんですけどね。出て来てくれる。そのたびに、会えたのがうれしいなあって思うんですけど、出て来るのは何か思い残すことがあるのではということだけが、気がかりでございましてね」。

いずれは自分も共にすることになる墓石にまで、特攻の影がつきまとう「道」という言葉を妙子さんが刻んだと聞いた時、僕は改めて、あの戦争の時代をまっとうに生きた人たちの心のありように、深く触れた思いがした。

一方、特攻隊員の遺族たちもまた、それぞれが長く過酷な戦後を生き抜いていった。大黒柱となるべきわが子を亡くした母や父、あるいは若くして夫を亡くした妻たちには、とりわけ厳しい道が待ち受けていた。

昭和二〇年二月二一日、硫黄島沖の敵艦隊に突入した「第二御楯隊」の隊長機に搭乗していた原田嘉太男さんの米子市にある実家には、両親と新婚の妻、四人の妹と二人の弟が残された。三男でのちに原田の家を継いだ昭さんは、当時一〇歳、「家の宝だった」という兄を失い、癒えることなく膨らみ続けた悲しみが、「今度は僕が飛行機に乗って、兄ちゃんの仇を取ってやる」という烈しい怒りに変わりかけたちょうどその頃終戦を迎え、呆然とする日々を送っていたという。

一六歳で原田家に嫁ぎ、一八歳で嘉太男さんを産んだ母のつる子さんは、出征した嘉太男さんの無事を願い、神棚に毎朝陰膳を据え、昼前に下げる時に蓋を開けて露が落ちるのを見ては「今日も嘉太男は元気だ」と縁起をかつぐのを日課にしていた。「とにかく、嘉太男命《いのち》でしたよ。嘉太男命。ベタベタはしませんが、すべてが愛情に満ちていました」と弟の昭さんが振り返るほど特別な思いを寄せていた長男を亡くしたつる子さんだったが、たった一度を除いて、決して昭さんたちの前で涙を見せることはなかったという。その一度というのは、つる子さんが昭和六三年に八六歳で生涯を閉じる少し前のこと、昭さんに手を引かれて居間に行き、飾られている嘉太男さんの飛行服姿の写真を見たつる子さんは、突然大声をあげて泣き出したのだという。嘉太男さんが出撃前に家族に宛てた遺書には、「新聞等で私の名を見て他人様の前でみっともないから泣かぬこと。殊に母上様、達子は弱気ですから、立派に華々しく散ったと喜んで下さい」と書かれていた。その言いつけを頑なに守ることがわが子の供養になると信じ感情を押し殺してきたであろうつる子さんは、一度限り悲しみを解き放つことを、同じく血を分けた昭さんの前でならと、みずからに許したのかもしれない。

新婚四か月で夫を亡くした妻の達子さんにも、つる子さんとは違う形で、嘉太男さんへの思いを胸に秘め生きる日々が待っていた。嘉太男さんが戦死してから一年ほどは、達子さんは原田の家に残っていた。嘉太男さんの遺書には「子供が有るなれば達子は原田家に居ること」、できていなかった場合は「御両親様とよく話して適当にすること」とあり、ふたりの間に子どもはできていなかったが、達子さんが家に残ることを強く望んだのだという。昭さんは、そんな達子さんの姿を今も鮮明に覚えているという。「達子さんが、悲しみを押し殺しながら気丈に振る舞っているのは、子どもながらに見ていて分かりました。でもね、達子さんには本当によくしてもらいましたよ。『アキちゃん、アキちゃん』と呼んで可愛がってくれました。おおらかな優しさを持った、人を大きく包み込んでくれるような人でしたね」。しかし、厳しい食糧難の時代、娘を他家に嫁がせたままにしておくことに気を病んだのか、「達子を引き取らせてほしい」という実家の両親の願いで、達子さんは原田の家から籍を抜き、同じ鳥取県内の実家に帰ることになった。やがて原田の家に「理解ある人と再婚することになった」という知らせが届き、昭さんの両親もとても喜んでいたという。

だが、達子さんの二度目の結婚生活も長くは続かなかった。男の子がひとり生まれたものの、間もなく離婚。この地域の当時の慣習として、家の跡取りが離婚する場合、子どもは夫の家が引き取って育てることが一般的であったため、達子さんはわが子を夫のもとに置いて家を出なければならなかった。さらに、夫のもとに置いてきた息子が、大人が目を離した隙に井戸に落ちて亡くなるという不幸が重なり、達子さんはふたたび独りの身となってしまった。達子さんは、人のつてを頼って大阪に出ていき、大手の生命保険会社に就職し、今から一二年前、独身のまま生涯を終えていた。

会社を定年で退職してからの達子さんは、ことあるごとに、米子までやって来たそうだ。それは、嘉太男さんの墓参りをするためだった。原田家先祖代々の墓は、自宅の目と鼻の先、五〇メートルほど離れた場所に建っている。達子さんは、何の前触れもなくやって来てお参りをし、昭さん夫婦と二、三時間ほど話をしては、帰っていったという。昭さんも、「宝のようだった」兄に思いを寄せ続けてくれる達子さんの来訪を喜び、車で二〇分ほど離れた彼女の実家まで送り届けることも、しばしばだったという。

実は昭さんには、長く心にひっかかることがあった。嘉太男さんの戦死の知らせが届いた時、母のつる子さんが「結婚させておいてよかった。たった四か月だけどな、それでも結婚させておいてよかった」と吐き出すようにつぶやくのを、昭さんは聞いていた。母の思いも分かるが、達子さんの思いはいかばかりだったろう。ある時、いつものように車で達子さんを送る途中、昭さんは達子さんに切り出した。「姉さんも、兄と結婚して、たった四か月で悪かったねえ。姉さんも戦争の犠牲者だね」。達子さんは、昭さんにこう答えたという。「あの頃は、ああいう時代だったから……。でも嘉太男さんには、短かったけれど、とてもよくしてもらいましたよ」。嘉太男さんには可愛がってもらった、大切な結婚生活だった、そんな思いを感じ、昭さんは救われるような気がしたという。

嘉太男さんに思いを抱き続けたという達子さんは、どのような晩年を送られたのか。それを知る手がかりが残されているのではないかと考え、僕は達子さんが生前に暮らしていたという大阪の住まいを嘉太男さんの戦友会名簿で調べ、訪ねてみることにした。新大阪の駅で新幹線を降り、JR大阪駅で地下鉄四つ橋線に乗り継いで八つ目の玉出駅から歩いて一〇分ほど、昭和のたたずまいを色濃く残す住宅街の中に、その小さな一軒家はあった。たまたま、その家の庭先で作業をしていた人がいたので「以前ここに暮らしていた、石原達子さんという方のことをご存知ですか」と尋ねてみた。こちらの意図を説明すると「ほなら、隣の家の方に聞きなはれ」と言う。言われるままに呼び鈴を押し、インターホン越しにこちらの思いをお伝えすると、ひとりの女性が玄関先まで出て来てくださった。聞けばこの家は達子さんの姉が嫁いだ先で、その女性は達子さんから見て、姉の息子の嫁にあたる方だった。達子さんの母親も姉が引き取り、一緒に暮らしていたのだという。達子さんが大阪で天涯孤独に生きていたわけではないと知り、何だか救われる思いがした。一二年前に亡くなった義理の叔母のことを気にかけてくれる人間が突然現れたうれしさからか、女性は達子さんのことをいろいろと教えてくださった。達子さんは芯の強いしっかりした女性で、勤めていた大手保険会社でも男勝りの働きぶりだったこと。魚が好きで、釣りを趣味とする夫が釣りあげた魚をお裾分けに持っていくと、とても喜んでくれたこと。今は、故郷に建てられた立派な墓に、兄弟たちと眠っていること。

その女性は、達子さんの最初の夫が、特攻で亡くなったことも知っていた。達子さんの家には、飛行服姿の嘉太男さんの写真が大切そうに飾られていたという。ガンを患い余命いくばくもなくなってなお、達子さんは最後までその家で暮らすことを望んだという。亡くなる直前、夏の暑い盛りに、達子さんは自宅で倒れ、病院へと運ばれた。そして意識がないなかで達子さんが呼び続けたのは、嘉太男さんの名前だったのだという。抗いようのない巨大な力に運命を引き裂かれながらも、達子さんは達子さんなりの方法で嘉太男さんと生きる「道」を切り開いていった……。そんなことを思いながら、達子さんが嘉太男さんへの思いを胸に暮らしていた家に一礼し、その場を後にした。

四五〇〇柱を数える特攻隊の戦没者、そのひとりひとりに香りある人生があり、別れを強いられた人びとの長い戦後があったことは、改めて述べるまでもない。

太平洋戦争では、二〇〇万を超える将兵が無残に死んでいった。そんななか、特攻隊員は比較的少ない犠牲で多くの敵兵を殺し、日本人の矜持を見せつけた、と考える人もいるだろう。彼らの尊い犠牲の上に今日の平和はあるのだ、と。しかし、特攻がもたらしたものが何だったのかは、この本を通して見てきた通りだ。作戦を立てる参謀たち、終戦への道筋をつけねばならなかった政治指導者たちに、あたら戦争継続の希望を与え、結果的に戦争を長引かせ、より多くの国民を死に追いやる結果となってしまった。フィリピンで特攻の火ぶたを切った大西瀧治郎中将は、天皇に戦争終結をうながすためにこの非情の戦法を始めたとも言われている。しかし日本は、特攻が始まったくらいでは、戦争をやめようと思える国ではなかった。日本人は、原爆によってふたつの街が完全に壊滅し、さらにソ連が参戦して数十万の同胞が命を落とすまで降伏を決断できなかった。国のため、故郷に残した家族のためなら自分の身はどうなってもよいと思い、特攻隊員が死地に身を投じていけばいくほど、国は破滅へと突き進んでいった。そんな悲しい事実を、特攻という物語は内包している。

いまでは、知覧や鹿屋など特攻基地のあった町々に、特攻隊員たちを慰霊するための施設が作られ、多くの人が訪れている。僭越ながら僕は思う。こうした施設に飾られた特攻隊員たちの遺影や遺書を前に僕たちが心に戒めるべきは、こういうことではないかと。

「自分の命を投げ出すことも厭わない特攻隊員たちの気高い精神は、七〇年前、結果的にこの国の人びとを誤った方向へと導いていってしまった。『あの時、彼等は本当はどうすべきだったのか』。それを今に置き替え、考え続けることこそが、特攻で亡くなっていった四五〇〇人の若者たち、そして特攻によって人生を翻弄された人びとの御霊に報いることではないか」

神立尚紀『特攻の真意 大西瀧治郎はなぜ「特攻」を命じたのか』文藝春秋　2011
島原落穂『白い雲のかなたに 陸軍航空特別攻撃隊』童心社　1985
島原落穂『海に消えた 56 人 海軍特攻隊・徳島白菊隊』童心社　1990
鈴木多聞『「終戦」の政治史 1943-1945』東京大学出版会　2011
高木俊朗『特攻基地知覧』角川文庫　1973
高木俊朗『陸軍特別攻撃隊 (1) － (3)』文春文庫　1986
高橋文彦『海軍一軍人の生涯 肝脳を国にささげ尽くした宰相の深淵』光人社　1998
武田利明『珊瑚の湾は、麗し哀し 比島最後の特攻隊』清水弘文館　1990
永沢道雄『ひよっこ特攻 ハイテク艦隊 VS 複葉機特攻』光人社 NF 文庫　1997
永末千里『白菊特攻隊 還らざる若鷲たちへの鎮魂譜』光人社 NF 文庫　2002
林えいだい『重爆特攻さくら弾機 大刀洗飛行場の放火事件』東方出版　2005
林えいだい『陸軍特攻・振武寮 生還者の収容施設』東方出版　2007
三国雄大『高知海軍航空隊白菊特別攻撃隊』群青社　2001
山本智之『主戦か講和か 帝国陸軍の秘密終戦工作』新潮選書　2013
吉見直人『終戦史 なぜ決断できなかったのか』NHK 出版　2013
従軍記者らによる共著『秘録大東亞戰史－比島篇』富士書苑　1953
文藝春秋編『人間爆弾と呼ばれて 証言・桜花特攻』文藝春秋　2005
読売新聞社『昭和史の天皇〈第 1〉』読売新聞社　1967

［歴史資料］

朝日新聞社『陸軍少年飛行兵』朝日新聞社　1944
軍事史学会編『大本営陸軍部作戦部長 宮崎周一中将日誌』錦正社　2003
軍事史学会編『大本営陸軍部戦争指導班 機密戦争日誌〔全 2 巻〕』錦正社　2008
佐藤元英・黒沢文貴編『GHQ 歴史課陳述録 終戦史資料（上・下）』原書房　2002
参謀本部編『敗戦の記録』原書房　2005
史料調査会編『太平洋戦争と富岡定俊』軍事研究社　1971
高松宮宣仁親王『高松宮日記』中央公論新社　1998
『海軍 特別攻撃隊戦闘記録 航空隊編』アテネ書房　2001
『第一航空艦隊の特攻戦果報告資料』（神立尚紀氏所蔵）

［アメリカ側資料］

Samuel Eliot Morrison History of United States Naval Operations in World War II Volume12 “Leyte, June 1944-January 1945” 2002 University of Illinois
アメリカ陸軍省戦史局編『沖縄戦 第二次世界大戦最後の戦い』出版舎 Mugen　2011
デニス・ウォーナー、ペギー・ウォーナー著、妹尾作太男訳『ドキュメント神風（上・下）』時事通信社　1982
マリー・E・デブネ『戦争と人 世界大戦後の省察』岩波書店　1944
チェスター・W・ニミッツ、エルマー・B・ポッター『ニミッツの太平洋海戦史』恒文社　1992
ジェームス・H・ハラス『沖縄シュガーローフの戦い 米海兵隊 地獄の 7 日間』光人社 NF 文庫　2010
エルマー・B・ポッター『キル・ジャップス！ ブル・ハルゼー提督の太平洋海戦史』光人社　1991

主な参考文献

[軍人・政治家の手記]
磯部利彦『火だるまからの生還 磯部海軍大尉の体験と信条』高文研　2012
猪口力平・中島正『神風特別攻撃隊』河出書房　1967
岩井勉『空母零戦隊』文春文庫　2001
鈴木貫太郎『鈴木貫太郎自伝』時事通信社　1968
高木惣吉『高木惣吉日記 日独伊三国同盟と東条内閣打倒』毎日新聞社　1985
田中耕二・河内山譲・生田惇編『日本陸軍航空秘話』原書房　1981
角田和男『修羅の翼 零戦特攻隊員の真情』光人社 NF 文庫　2008
東郷茂徳『時代の一面 大戦外交の手記 東郷茂徳遺稿』改造社　1952
富岡定俊『開戦と終戦 人と機構と計画』毎日新聞社　1968
豊田副武『最後の帝国海軍』国本隆　1984
庭月野英樹『蒼空の彼方に』(非売品)　2003
肥田真幸『青春 天山雷撃隊 ヒゲのサムライ奮闘記』光人社 NF 文庫　2011
升本清『燃ゆる成層圏 陸軍航空の物語』出版協同社　1961
門司親徳『空と海の涯で 第一航空艦隊副官の回想』毎日新聞社　1978
門司親徳『回想の大西瀧治郎』光人社　1989
門奈鷹一郎『海軍伏龍特攻隊』光人社 NF 文庫　2015
山川新作『空母艦爆隊 艦爆搭乗員死闘の記録』光人社 NF 文庫　2004
山本親雄『大本営海軍部』白金書房　1974
横田寛『あゝ回天特攻隊 かえらざる青春の記録』光人社 NF 文庫　1994
和田良信『白線と短剣』昭和出版　1975

[戦友会誌・刊行物など]
甲飛一期生史録編纂委員会編『甲飛の黎明』　1988
甲飛二期会『続・大空の絆』　1983
甲飛十期会『散る桜残る桜 甲飛十期の記録』　1972
航空碑奉賛会編『陸軍航空の鎮魂』　1978
航空碑奉賛会編『陸軍航空の鎮魂＜続＞』　1982
少飛第十四期生会編『少飛第十四期生のあゆみ』　1998
有志編『田中耕二遺稿集』　2008
『航空自衛隊幹部学校記事(昭和 33 年 11 月号)』　1958

[著述]
阿川弘之『米内光政』新潮社　1978
加藤浩『神雷部隊始末記 人間爆弾「桜花」特攻全記録』学習研究社　2009
川崎まなぶ『マリアナ沖海戦 母艦搭乗員激闘の記録』大日本絵画　2007
河内山譲『富嶽隊の十八人 特攻隊長西尾常三郎の生涯』光人社 NF 文庫　2000
神立尚紀『零戦最後の証言 海軍戦闘機と共に生きた男たちの肖像』光人社　1999
神立尚紀『零戦最後の証言Ⅱ 大空に戦ったゼロファイターたちの風貌』光人社　2000

ブックデザイン　寄藤文平＋阿津侑三（文平銀座）
JASRAC 出 1608121-601

NHK スペシャル

「特攻　なぜ拡大したのか」制作スタッフ

取材協力	神立 尚紀　服部省吾
語り	浜田 学　広瀬 修子
声の出演	青二プロダクション
撮影	金沢 裕司　富永 真太郎
音声	鈴木 研二　緒形 慎一郎
照明	安部 力　中山 鎮雄
映像技術	大野 雅信
美術	服部 正子
ＣＧ制作	髙﨑 太介
ＶＦＸ	本多 冬人
リサーチャー	吉見 直人
音響効果	最上 淳
編集	太田 一生
ディレクター	大島 隆之　久保田 瞳
プロデューサー	伊藤 純　宮田 興
制作統括	太田 宏一　井手 真也

特攻 なぜ拡大したのか

2016年7月30日　第1刷発行

著　者　大島隆之
発行者　見城 徹

発行所　株式会社 幻冬舎
〒151-0051 東京都渋谷区千駄ヶ谷4-9-7
電　話　03-5411-6211(編集)　03-5411-6222(営業)
振替 00120-8-767643
印刷・製本所　中央精版印刷株式会社
検印廃止

Printed in Japan
ISBN978-4-344-02969-9　C0095
幻冬舎ホームページアドレス　http://www.gentosha.co.jp/

この本に関するご意見・ご感想をメールでお寄せいただく場合は、
comment@gentosha.co.jp まで。